旧真田山陸軍墓地、墓標との対話

小田康徳 編著

阿吽社

まえがき

いまはもう大阪の都心といっていい大阪市天王寺区玉造本町。この台地上に一万五〇七七平方メートルの広さをもって静かに横たわる旧真田山陸軍墓地がある。

ここには、明治四年（一八七一）の墓地創設から昭和二〇年（一九四五）の敗戦と陸軍解体に至るまでに軍と戦争に関わって死んださまざまの人びとの墓標が、いまも軍の階級別また戦役別などに区画された一定の広がりの中に整然と立ち並んでいる。個人の名を記す墓碑数は五〇九一基以上にのぼり、日露戦争（一九〇四〜〇五）と満州事変（一九三一〜三三）に関しては合葬墓碑があわせて五基あり、昭和一二年（一九三七）日中戦争開始から第二次世界大戦終結までについては、別に八二四九人分のデータをもって数えることのできる戦没者男女の分骨を納めた納骨堂が建てられている。*

*五〇九一基以上という数字の中には、陸軍消滅後の昭和二三年（一九四八）に大阪府南河内郡野田村の遺族会によって建てられた一六九基の個人墓碑も含まれている。また納骨堂内には、氏名から判断して女性と思われる名前の方が少なくとも五人いる。すなわち看護婦長一人、陸軍軍属三人、所属等の記載なし一人である。

ここに葬られたのは、諸階級に編成された軍人だけでないこと、また戦死者ばかりでないことも大事な事実である。個々の墓石に刻まれた碑文がそのことをよく物語っている。旧陸軍墓地とは、全国いずれも同じだが、旧陸軍と戦争に関わって死んだ内外さまざまな人びとの亡骸を葬る場所であった。日清戦争（一八九四〜九五）以後対外戦争で死んだ軍人らを顕彰する傾向が強まるが、上記の機能と照らし合えば、決してそれに止まることはできなかった。

墓地は陸軍がつくったが、葬られたのは一人ひとりの歩みを重ねていた人間である。この墓地に来て整然と並ぶ多数の墓碑を見、また納骨堂で上下一三段にしつらえられた棚に戦没者の分骨を納めた骨壺の並ぶさまを目にする人は、おのずと近代日本の戦争と軍隊およびそれに関わっていかに多くの人の命が消えていったか、粛然たる思いを致し、また軍と国の責任を思い、深い感慨に打たれるであろう。彼らの死の形は、実際さまざまであった。また同時に、彼らは死の直前までたしかに軍とともに生きていたこと、またそれ以前の暮らしもあったのである。

旧真田山陸軍墓地の存在は、今日ひろく社会に知られるようになっている。その認識は、大阪市内のみならず、大阪府をはじめとする周辺府県に広がっている。さらに日本各地においても知る人びとが増えてきていることは間違いない。各種の大阪案内書や地図にその名が記載され、墓地を見学する人びとの数も増えた。たとえば、私に関わるところを挙げて恐縮だが、〈NPO法人旧真田山陸軍墓地とその保存を考える会〉に依頼して墓地を見学する人びとの数もここ数年増加の一途をたどっている。なかには、はるか遠方の方もおられるし、外国の方も見えられることがある。こうした中に、私は陸軍墓地のことをもっと知りたい、そしてその意味を考えたいとする人びとの意思の広がりを感じるのである。

では、旧陸軍墓地をより深く理解するには、どのようなところに眼をつけ、どのような道をたどればいいのだろうか。われわれは、墓地の特性が一人ひとりの生活と不可分であったことに眼を向けた。そして、まず一人ひとりの墓碑等に注目し、その形やそこに記載された文字と対話してみるところから始めてみようと考えた。陸軍墓地とは、軍と戦争に関わって命を落としたさまざまな人びとの生きてきた証となる施設であり。また一人ひとりの生が軍や戦争との関わりで断絶した事実を示す施設でもあること、それを抽象的ではなく、具体的に知っていくことから始めようと考えたのである。おそらく、そこには墓碑の数だけの生きた物語があるはずである。

われわれは、死者一人ひとりの存在を物語るさまざまな墓標に注目し、それと対話するとともに、その生と死を語る他の史料をも探し出して照合する中から、軍隊や戦争における彼らの生きざまをえぐりだし、また同時に、この墓地に葬られるに至ったその時々における陸軍や戦争の真実を明らかにしてみようと考えたのである。幸い関連資料は、少しずつではあるが、その存在が明らかになりつつあり、また探し出せる可能性も大きくなってきている。努力を重ねてこの作業を進めていけば、個々の被葬者にとっても、陸軍によって作成された簡略な墓碑銘文にとどまらない、さらに、なにかもっと生きた確かな墓碑銘の作成にもつながるのではないだろうかと考えるのである。

本書は、このような視点に立って編み始められたものである。編集・執筆にあたっては、ふだん〈NPO法人旧真田山陸軍墓地とその保存を考える会〉を中心に活動する多くの人びとの協力を得た。ただし、具体的な執筆テーマや記述方法はそれぞれの方がたに一任した。数本にわたって執筆された方もいるし、一本のみの記述にとどまった方もいるが、できあがってきた論考は、いずれもこの墓地に埋葬された人びとの姿や、日本の戦争政策、陸軍の対応そして遺族の気持ちを語る力作ばかりである。陸軍墓地とはなんと多様な生と死を表現する場所であったのか。これが正直な感想である。本書はどこから読んでいただいてもいいし、何度にも分けて読んでいただいてもいいと思う。陸軍と関わって亡くなった人の生、陸軍墓地の真実が、そこに示されていることがご理解いただければ幸いである。

小田康徳

旧真田山陸軍墓地、墓標との対話◉もくじ

第5章　真田山陸軍墓地を考える

凡　例

■個人墓碑の位置表現について

・墓地の位置を示す記号のうちA～Gはそれぞれのゾーンを示す。位置は巻末付録1の俯瞰図を参照。

・2番目の数字は、Aゾーンは北端を1として南へ、それ以外のゾーンは西端を1として東へそれぞれ順番に数えた番号。

・3番目の数字はAゾーンでは西から東へ、それ以外は北から南に数えた番号である。

・たとえば、C－3－18はCゾーン西から3番目の列で北から18番目に所在するとなる。

■アジア歴史資料センターHPからの引用は、JACAR（アジア歴史資料センター）Ref. ○○○○○○○○○○○○とするべきところだが、頻出するため、初出を除きJACAR：○○○○○○○○○○○○と簡略化する。

■先行書である小田康徳・堀田暁生・横山篤夫・西川寿勝編著『陸軍墓地がかたる日本の戦争』ミネルヴァ書房、二〇〇六年は、小田他編著『陸軍墓地がかたる日本の戦争』と表記する。

第一部　陸軍墓地の通史をまとめる

はじめに

旧真田山陸軍墓地は、明治初年の陸軍草創期、日本で最も早く大阪に設置された陸軍の埋葬地であった。広い墓域は、昭和二〇年（一九四五）八月の敗戦を契機に陸軍が解体されてからも、今に往時の基本的な姿を残している。それは、まさしく全国的な陸軍墓地認識の基準ともなる存在であり、国家の力で軍隊と戦争に関わらされた国民にとって忘れてはならない歴史的な記憶の装置であるといえよう。ここでは、この旧真田山陸軍墓地を中心に陸軍墓地の歴史をまとめるとともに、かつて全国に多くつくられた旧陸軍墓地が日本の近代の姿をどのように照らしているかを考察していきたい。

叙述においては、素朴かつ本質的な疑問に答えること、重要で基本的な事実を重視し、その事実が語る大きな意味を歴史的文脈の中に位置づけていこうと思う。重要な用語を探しやすくするため太字で表記し、第二部の論考を参照していただきたいときには、その論考名を随時注記する。

本論ができるにあたっては、横山篤夫「旧真田山陸軍墓地変遷史」『国立歴史民俗博物館研究報告』第一〇二集、二〇〇三年、をはじめ多くの先行研究を尊重した。ただ、一部事実関係や歴史的な位置づけなど評価の点で相違点を示すところも出てきた。新しい資料の発見あるいはデータ調査があり、それを重視したことに関わっている。ただし、全体を簡潔にまとめるという本論の性格上、根拠となる資料の出典等は明記したが、正誤についてはその都度の指摘は行わなかった。ご了承を得たい。

1 「軍隊と死」――陸軍墓地の始まり

明治維新と陸軍の創出

慶応四年（明治元年＝一八六八）一月から明治二年（一八六九）五月まで、日本の各地において明治政府側とそれに抵抗する勢力との間で戦闘が展開した。世にいう戊辰《ぼしん》戦争である。この戦争を通し、明治政府は旧い徳川幕府に代わる新しい政権として政治的思想的権威を確立する。新政府は薩長土肥四藩の出身者を中心としていたが、天皇を戴き、中央集権国家の確立に向けて歩み始めた。ここに明治政府を支える軍事力の確立も改めて問われることとなったのである。

このような中、新政府の兵部大輔《ひょうぶたいふ》大村益次郎は、個別藩ごとに異なる兵制と武士だけが軍事力を独占する士族兵主義を捨て、それまで存在したことのない新しい全国的な軍事組織を創出しようとした。大村は襲われて倒れるが、その創設場所として目をつけられた大阪においては、戊辰戦争の後荒廃していた大阪城を中心に、幹部指揮官を養成する兵学寮、下士《かし》（下士官）を訓練する教導隊、様々な府・藩・県から兵隊を集めた兵隊屯所、兵器を製作する造兵司（のちの砲兵工廠）、さらには病院、そして全体を統括する役所である兵部省大阪出張所などの施設がつくられた。「**大阪陸軍所**」の創設とその運営が始まったのである。

陸軍の機構も整備され、歩兵・騎兵・砲兵の基本的な三兵種が改めて確定された。また大将以下少尉に至るまで作戦を指揮する**士官**（将校）を最上位とし、曹長・軍曹・伍長など現場指揮官である**下**

士官（当時は下士と呼ばれた）、そして人数が多くて命令にしたがって行動させられる**兵卒**という三階級が形作られた。明治三年（一八七〇）一一月一三日には徴兵告諭が制定され、府・藩・県に指示が下り、石高に応じた兵卒が一定の地域ごとに段階を経て大阪陸軍所に集められることとなる（**辛未**《しんび》**徴兵**）。

明治四年（一八七一）七月一四日、中央集権化の重要な節目として廃藩置県が断行されると、やがて軍の中心は東京に移り、改めて日本全国にわたる軍団機構の整備も進んだ。初めは国内の反乱や動揺に対処するため東北・東京・大阪・鎮西の四鎮台が置かれ、やがて仙台・東京・名古屋・大阪・広島・熊本の六鎮台となった。また東京には別に近衛兵が置かれた。ちなみに、この**鎮台制**は、明治二一年（一八八八）五月からは外国との戦争を可能とする**師団制**に変わることとなり、その後、明治後半に戦われた日清・日露の両戦争を通じて急速に巨大な組織に変貌していく。

指揮官の指揮によって行動させられる兵卒のあり方にも陸軍創設以来大きな変化が生じていった。陸軍の草創期においては諸藩からの召募兵が中心であった。例外的に身分によらない徴兵制を採用していた和歌山藩からの召募兵を除けば、階層的には士族層が多く、年齢もまちまちなところがあった。しかし、明治六年（一八七三）**徴兵令**発布以後、全国にわたって**徴兵制度**が施行されると、兵役は納税と並ぶ国民の義務とされ、兵卒の年齢構成や身分構成にも大きな変化が生じていった。

徴兵制度はそれを支える国民の生活にも重大な影響を与えていく。徴兵令以後、満二〇歳になる男子は自分の意思ではなく国家の指示によって徴兵検査を受け、合格した者は現役三年間の兵役に就くことになった（兵役の種類と期間については、現役満了後も含めその後何回かの変遷があった）。兵卒のうち圧倒的に多数を占めたのは平民身分であり、その多くは江戸時代までは「百姓」や「町人」とされた人々あるいはその子弟であった。また江戸時代には身分外の身分とされた諸種の被差別民も含まれていた。出身地については、農業中心の時代であったから必然的に農村出身者の比率が高まった。一方、将校や下士となる者については、幕藩体制崩壊後、変化する時代に対応して職業軍人の道を見出そうとする士族層が、少なくとも初期においては、多く含まれることとなった（第二部、堀田暁生「溝部素史大尉の生涯と墓碑の謎——溝部素史資料の発見」）。

陸軍はなぜ兵隊埋葬地を必要としたか

明治三年（一八七〇）一二月、兵部省は大阪真田山の地を**兵隊埋葬地**とする申請を行い、翌年から使用し始める。この兵隊埋葬地（以後、旧真田山陸軍墓地もしくは真田山陸軍墓地と表記する）は、明治の初め兵部省が大阪に創設した全国的視野を持った陸軍施設の一つであった。しかし、陸軍機構が大阪のみならず全国的な規模で整備・拡充されていく中で、陸軍墓地は、初めは鎮台（後には師団）、やがてはその下の聯隊《れんたい》所在地など、陸軍の重要な拠点（衛戍《えいじゅ》地）が置かれた日本の各地に設置されていくこととなる（付録7）。もちろん、真田山陸軍墓地もその一つとして位置づけなおされていく。

兵隊埋葬地は、なぜ陸軍に必要とされたのだろうか。旧真田山陸軍墓地内の納骨堂に保存されていた「埋葬人名簿《じんめいぼ》」を整理し、埋葬年月日順に並べ直し、検討してみると、その秘密が見えてくるようである（付録2・3）。

わが国で、最初に陸軍墓地に葬られた人物は、当時大阪に置かれた兵学寮の生徒下田織之助（享年二五）であった（C３−18）。彼は故郷の周防国（今の山口県）から大阪に出て在営中、明治三年（一八七〇）一二月に死去した。彼の死因は明瞭ではないが、少なくとも戦争で死んだのでないことは確実である。もちろん、このような兵卒・下士の死は、彼の死より以前にもあっただろう。だが、陸軍が問題にしたのは、このように平時においても兵卒や下士が死去する事例が続いていたことではなかったであろうか。軍は、そのようにして生じる遺体の処置が重大問題だと認識し始めていたのであろう。（第二部、堀田暁生「下田織之助、最初の埋葬者にして謎の死――兵隊埋葬地はいかにしてできたのか」）

実際、大阪陸軍所、あるいはその跡を継いだ大阪鎮台だけでも毎年数十人以上の死者を数えていたことが立ち並ぶ個人墓碑によって判明する。明治一〇年代（一八七七～八六）には死者が一〇〇人前後にまで上った年もある（付録2）。軍隊における兵隊埋葬地の設置は、このように、平時においても死者が多数出るという状況の中、各地から兵卒・下士等を集めていた陸軍がやむなく取った対策であったといわなければならない。

こうしたなか、明治六年（一八七四）一二月には**「下士官兵卒埋葬法則」**（明治七年一〇月五日改訂）が制定された。そこでは、下士官や兵卒が死去したときはその所轄の府県庁へ通報し、府県庁から死者の親族に知らせ、二日以内に死体の引き取りを願えば引き渡すが、それを過ぎて願い出ないときには陸軍で葬ることとされた。軍は、下士や兵卒の死去に際しては、その死体を遺族・関係者に引き渡すことを基本的な建前としたのである。

しかし、実際には鎮台や聯隊の近くにある地域など、よほどの便宜がある場合を除いて死体の引き取りはまず不可能であった。このようななか、多くの場合、その埋葬は陸軍の義務と認識されていったのである。明治一九年（一八八六）には、これが常態化するなか、死体の埋葬はむしろ「陸軍一定の埋葬地」に葬ることを基本的に義務化するような規則の改訂を行うに至る（「**陸軍隊附下士卒埋葬規則**」）。遺体は近衛兵については正服を着せたが、それ以外は略服で埋葬された。

陸軍は死んだ人物の生前の階級に配慮し、**墓碑の形や大きさ**を規定していった。明治六年（一八七三）の布達（陸軍省第二一五号）では、墓標は木柱を原則とし、位記・官等・姓名および死亡時年齢を記すこと、墓標が朽敗《きゅうはい》すれば新たにつくることとされた。ただし、物価が安く石柱でつくれるのならばそれも認めるとした。明治七年には、墓標は下士官にあっては高さ二尺五寸（約七五cm）、方六寸（約一八cm）、兵卒にあっては高さ二尺（約六〇cm）、方五寸（約一五cm）と定められた。こうして、各鎮台をはじめ、聯隊所在地など陸軍の主な衛戍地においては、そこで死亡した下士や兵卒を葬るための陸軍墓地がつくられ、軍に関わってその地で死亡した人々の墓碑が、そこに整然と立ち並ぶ光景が展開することとなったのである（第二部、堀田暁生「墓碑の形」）。

このように、陸軍墓地はもともと遺体を埋葬する墓地・埋葬地であった。この点、明治二年（一八六九）東京に置かれた**東京招魂社**（明治一二年からは**靖国神社**）が、戊辰戦争をはじめとする内戦やその後の対外戦争で官軍あるいは日本軍として戦死した軍人等を「英霊」として「霊爾簿《れいじぼ》」（古くは「祭神簿」）に記載して「神」として合祀し、顕彰しようとしたのとでは、その役割が大きく異なっていた。

平時における兵卒の死を考える

陸軍における平時の死について、もう少し立ち入って検討してみよう。今日、戦時において軍が多くの兵卒（兵士）や下士（下士官）、そして将校の命に関わっていたこと、また、その実態の追求が必要なことはよく認識されている。しかしここでの疑問は、陸軍がなぜ戦争のない平時において、かくまで若くたくましかった男子青年の死に日常的に直面しなければならなかったのか、ということである。陸軍墓地における多数の平時死者の墓碑がこの問題へのアプローチを求めている。

旧真田山陸軍墓地に立ち並ぶ多くの個人墓碑には、その死因と死亡場所等がそれぞれ記載されている。このうち、事故に関する死因については、一部の墓碑で訓練中「溺死」などと具体的に記載されているものもある（明治四〜昭和八年で一二件。ただしうち二件は日露戦争時戦地において）。これは、当時の訓練のありようについての検討を求めるものである（第二部、横山篤夫「生兵の溺死」）。しかし死者のうち最も多いのは「**病気**」である。多くの場合病名を記さずに単に「病没」とされている。そして死亡場所はほとんどが「鎮台病院」とされ、一部「病院」あるいは「有馬仮病院」等とされているものである。個々の患者に医療を施したことは明らかである。しかし、肝心な病名や医療の実情は墓碑にほとんど刻まれていない。碑文とは別に、もし特定の個人一人ひとりに関係する治療記録が残されていれば、それはきわめて貴重な検討素材となるだろうが、それも今はわからない（第二部、藤田裕介「陸軍墓地に眠る二人の水兵――公文書から見る兵士の諸相」）。

以下、事実を踏まえ、平時における下士および兵卒の死について確実に推測できることを述べておきたい。

第一に、**病気の問題**である。明治期以来、陸軍においては赤痢や「スペイン風邪」（インフルエンザ）などといった感染性の強い病気にかかって命を失う者が多かった。また感染症ではないが、脚気《かっけ》によって死ぬ者が多かったこともよく知られている。明治一〇年（一八七七）には西南戦争の終戦時凱旋兵たちの間ではコレラが猛威をふるった。

軍隊が濃密な集団生活を不可避とする以上、こうした病気はたしかに広がりやすいものであった。軍もそれはよく承知していた。地域に深刻な感染症が発生しているとき、軍は兵隊をそれらから遮断するために様々な方策をめぐらした。また、兵舎の中に感染症患者が発生したときには、患者を隔離し、養生させるという手段が早くから試みられている。明治一二年（一八七九）以降のコレラ流行では鎮台で死者を出さなかったといったように成果も上げたが、それでも多くの命が奪われた。そのことはまさしく立ち並ぶ多くの墓碑群が暗示している。いったい軍の病気対策とはどのような問題を持っていたのだろうか。ここでは、当時多数の死者を出した病気として人々に恐れられた**脚気への対策**を見てみよう（第二部、今西聡子「中山寺で死亡した大津聯隊の生兵、北川米次郎」、同「三〇年間神戸に眠っていた遺骨」）。

明治初期から脚気に悩んだ大阪鎮台では、患者を郊外の中山寺（兵庫）・有馬（兵庫）・箕面（大阪）・高野山（和歌山）などに転地療養させ、あるいは夜間の歩行運動を試みるなど、様々な試行錯誤を繰り返していた。しかし、脚気の原因が精白米の過剰摂取によるビタミンB_1の不足にあったことは長らくわからなかった。脚気が、古い時代から続いていた、主食としての精白米を喜ぶ社会的意識、あるいは日本特有の文化に関わっていたことに気づかなかったのである（第二部、今西聡子「脚気と陸軍」）。

このような中、大阪鎮台で軍医監にまでなり、旧真田山陸軍墓地に今も墓碑の建つ**堀内利国**（一八四四—九五　G－15－12）は、監獄における事例をもとに食事に病気を治すカギがあると考え、明治一七年（一八八四）以来、脚気を防ぐため四割の麦を混ぜた飯を供するようになった。その栄養効果はてきめんであった。そして、その成果は同じ病に悩む他の多くの鎮台兵・近衛兵にも急速に及ぼされた。しかしそれは科学に基づかない通俗的な対症療法と中央の軍医指導部に位置づけられ、正当に評価され検討されることはなかった。当時の軍医学の主流はドイツ流の細菌理論を至上のものとして研究を深めたが、理論にこだわり、生活の事実から出発して病気の根源を考察することができなかったのである。明治二七〜二八年（一八九四〜九五）の日清戦争においては戦地における兵食として米飯が復活供与され、戦場において再び多数の患者発生という悲劇をもたらした。

第二に、兵営内での生活のありようと関わって生じた死についてである。

墓碑には**兵営生活**のありようを考えさせてくれる碑文もたくさん存在している。特に、平時における兵卒の死亡者がたくさん葬られているFゾーンにはそれらが多い。たとえば、滋賀県で徴兵された士族の子息が在営中トラブルを起こし罰せられ、許された後、今度は外出中巡査と口論してさらに重営倉処分を受け、入営中に病気にかかって死亡したといった記述がある（F−52−2）。また、島根県で徴兵されたが、在営中銃で自殺したと記された碑文もある（F−10−3）。

陸軍では入営後における生活様式の激変、訓練への不適合や上級者・古参兵との関係に悩み、強いストレスに苦しむ兵卒等が多かったことはよく知られている。昭和に入って「兵士」と呼ばれるようになってからも、彼らが内務班、すなわち日常の兵営内で下士官を班長とし、二、三〇人の兵卒を基礎単位として暮らした兵舎内において、上級者からの理不尽ないじめや制裁に苦しめられていたこと、それを苦にした自殺者が多かったことなどは公然たる事実であった[1]。墓碑の銘文は、その原型がこのように明治の初めから形作られていたことを示しているのである。兵卒に対する強圧的な「教育」や、人権に対する無頓着な思想が、兵営内に広がっていたことは大いに想像できる。陸軍におけるこうした状況が先述した病気や事故と無関係だったのかどうかも改めて問われなければならないだろう。(2)

特に、陸軍草創期以来、入営後半年未満の間に多くの死亡事例が発生していることは動かしがたい事実である。この最初の六カ月間は、明治八年（一八七五）以後は「生兵《せいへい》」と呼ばれた訓練期間中の時期と重なっている。生兵とは、明治七年（一八七四）にその制度が定められ翌年から実施された制度で、二〇年（一八八七）一一月に廃止されるまで、徴兵された新兵が共同的な兵営生活に慣れ、兵卒としての基礎的な訓練を受けるためにしごかれる時期でもあった。生兵は、この期間を終了して初めて一人前の兵卒として位置づけられたのである(3)（第二部、横山篤夫「生兵の溺死」、今西聡子「中山寺で死亡した大津聯隊の生兵、北川米次郎」）。

こうして立ち並ぶ個人墓碑、その碑面に刻まれた墓碑銘に思いを寄せ、その死を通して軍隊のことを静かに考えることは、現在に残る全国の旧陸軍墓地の姿がそれを求めているように思える。墓碑の碑文あるいはその並び方は軍隊の日常の解明を今日に語りかけている。

2　内戦と死者の埋葬——鎮台の役割と陸軍墓地

「反乱」「暴動」の続発と鎮台兵

明治初年から一〇年代初頭というのは明治政府に対する国民諸階層の不満に基づく「暴動」や「武

装反乱」が相次いだ時期である。明治二年（一八六九）には幕末維新期を通じても顕著な数を数える百姓一揆や打ちこわしが広がり、明治六年（一八七三）からは徴兵令・「解放令」・学制頒布あるいは地租改正など「新政」に反対する何千、何万人もの庶民の「暴動」が日本各地で展開した。また、維新の内戦における功績が評価されることなく、しかも旧来の武士的な特権を失うこととなった士族層の不満も「勤王藩」を中心に、早くは明治三年（一八七〇）の山口藩脱退騒動、六年（一八七三）の征韓論をきっかけとする政変以後には佐賀の乱、九年（一八七六）には熊本神風連の乱・秋月の乱・萩の乱、そして一〇年（一八七七）には西南戦争と、各地に爆発したのである。

鎮台は、こうした「暴動」や「反乱」の動きを抑えるため常に大きな役割を負った。大阪鎮台も、明治六年五月には北条県（現在岡山県の一部）、九年五月には和歌山県での人民「暴動」鎮圧のため兵を派遣している。[4] なかでも前参議の江藤新平を押し立てた明治七年（一八七四）二月の佐賀の乱、そして同じく西郷隆盛を押し立てた一〇年二月から九月までの西南戦争は、実弾の飛び交う戦場への派遣であった。大戦争であった西南戦争との関わりは後で述べるとして、ここでは**佐賀の乱への参戦**についてまとめておく。

旧佐賀藩士族の不穏な動きに警戒を強めていた政府は、明治七年二月四日、陸軍省に出兵の準備を命じ、九日には内務卿大久保利通を九州に出張させて指揮を執らせた。一二日には大阪鎮台は東京鎮台とともに熊本鎮台に出張を命じられ、歩兵第四および第一〇大隊を派遣した。佐賀では激戦であったが、三月四日には平定が布告され、四月一八日には帰営が命じられた。[5] 旧佐賀藩士族側にも官軍側にも戦死者がたくさん出た。官軍側の死者には、もちろん鎮圧の中心となった大阪鎮台の関係者も含まれている（『靖国神社忠魂史』）。鎮台兵は内乱鎮圧のためその身を銃弾に曝《さら》し始めたのである。ただし、旧真田山陸軍墓地にはこの乱における戦死者墓碑は存在しない。おそらく、死没地に葬るという当時の原則にしたがって、彼らの墓碑は戦死した地点にあたる旧佐賀城内に建てられたのであろう。

ちなみに、旧真田山陸軍墓地にはこの乱に参戦し帰営した者のうちで、帰営後死亡した人々の墓碑が少なくとも一〇基あることがわかっている。墓碑に記された所属は第一〇大隊が最多の七人。激戦に見舞われた隊であったことを示している。残りは第四大隊が二人、そしてなぜか出動しなかったはずの第二大隊が一人であった。墓碑には、いずれも「肥賊征討出戦」と記され、出動の目的が明治政府に対する反乱の鎮圧であったことが示されている。彼らの死の原因が戦闘中の傷などに基づくものであったかどうかは碑文からは明瞭とならない。なお、墓碑に記された階級は、半数の五人が兵卒、残り五人は伍長もしくは軍曹といった下士官であり、また六人は士族出身であった。動員された人々が明治六年（一八七三）の徴兵令実施以前に様々な形で入営した人々であり、そのうちには士族が多かったという、その時期の特徴を反映していた。(6)

西南戦争における大阪鎮台の位置

明治一〇年（一八七七）二月から九月まで九州各地で一進一退の激戦を繰り広げた**西南戦争**は、いわゆる士族反乱の最後であり、また、その中でも最も激しい戦闘であった。政府は全力を挙げてこの戦争に臨み、兵員・兵器・弾薬その他の軍需物資も全国的な規模で動員・補給した。官軍として動員した兵力は、『征西戦記稿』によれば、四万五九七二人に上った（ただし、実際には六万五〇〇〇人を超えるともみられている）。そのうちには徴兵に基づく鎮台兵や近衛兵だけでなく、士族を中心に臨時に召募された壮兵（別働隊）や、巡査として召募された新撰旅団なども含まれていた。西南戦争の結果、政府は、徴兵制を基盤とする軍制をさらに強固なものにすることとし、一方、武力による政権奪取に見切りをつけた士族は、言論による政府批判に方向を転じ、明治一〇年代における自由民権運動に道を開いたとされる。

西南戦争では政府軍・西郷軍ともに多数の戦没者を出した。九州各地には激戦地を中心に戦没者を葬る官軍墓地が多数つくられ、今日に残されている。墓碑の形や大きさは、旧真田山陸軍墓地にあるものとほとんど同一である。大阪鎮台からの出征者についていえば、全国最大規模の六〇〇〇人近く、これまた最大規模の一二〇〇人を超える戦死者を出した[7]。彼らもまた、これら現地の官軍墓地に他の鎮台兵や近衛兵などと並んでそれぞれ葬られ、個々の墓碑には大阪鎮台に所属していたことが記されている（著者の実見）。

一方、戦地からはるかに離れた大阪はこの戦争で大きな影響を受けた。二月二二日、征討総督本営が大阪の東本願寺掛所《かけしょ》に置かれ、全国各地からの兵員・武器・弾薬その他軍需物資等の中継地となり、それらに対応する様々な動きでにわかに活気づいてきた。やがて戦地から傷病兵たちが治療のため送り返されてくる（第二部、堀田暁生「溝部素史大尉の生涯と墓碑の謎——溝部素史資料の発見」）。**大阪陸軍臨時病院**（病院長石黒忠悳）が大阪城南その他の地に急遽設置され、四月一日には明治天皇の見舞いも受ける（天皇は開戦時京阪地方を巡幸中であり、開戦後は京都に移動していた）。その規模は数千人を収容できるとされており、最終的には患者数八五六九人、うち九四二人の死亡者を出した（「大阪陸軍臨時病院報告摘要第一号」)[8]。大阪は、まさに戦場に直接つながる兵站地だったのである。政府は大阪と大阪鎮台を最大限に利用することによって西南戦争を乗り切ったことが見えてくる。

相次ぐ戦病没者と真田山陸軍墓地

現在の真田山陸軍墓地にはBゾーン(兵卒等を埋葬)を中心に、C・Dゾーン(下士)、Fゾーン(兵卒)およびGゾーン(将校)に、西南戦争が戦われた明治一〇年(一八七七)三〜一二月に死亡したとして合計九六八基の墓碑が立っている(死亡年不詳八人を除く)。おそらくその大部分は西南戦争に関わる死者の墓碑と考えられる。戦場から遠く離れた大阪の地に、この戦争の戦没者墓碑がこれだけまとまって存在しているというのは驚きであるのかもしれない。しかしその軍事的な理由については、改めて述べるまでもなく、ここまでの記述で十分理解できるであろう。またもう一つの理由として、軍は、死んだ人々をその所属部隊別に埋葬したのではなく、陸軍墓地創設以来の伝統にしたがって死亡した場所に応じて埋葬したことを見ておかなければならない。大阪にこれだけの墓碑があるということは、西南戦争において大阪で死んだ人々の数がそれだけ多かったことを物語っているのである(第二部、橘尚彦「京都府出身西南戦争戦死者と真田山墓碑——地域史史料としての真田山墓碑群」・冨井恭二「屯田兵はいかに葬られたか——村田政吉と東條敬次郎」)。

彼らの所属について見ると、すべての鎮台、近衛兵、新撰旅団、別動隊さらには屯田兵まで含んでいる。また、警部や巡査の墓碑もつくられ、二人の水兵の墓碑も建てられている。水兵はもちろん海軍であるが、凱旋中コレラに感染して死亡したことと関わっていた(第二部、藤田裕介「陸軍墓地に眠る二人の水兵――公文書から見る兵士の諸相」）。

ちなみに、戦争末期から終戦直後にコレラに感染して死んだ者が多かったことも西南戦争の特徴である。**コレラ**は幕末以来しばしば日本を襲い、猛威をふるったが、このたびの流行は明治に入って最初のものであった。

兵卒らを襲ったコレラは、大阪では九月二四日の官軍勝利後、凱旋する船中から広まった。九月三〇日検疫医官が船上で検査すると三〇〇余人が感染していることが判明、大阪では急遽医官・看病人・看病卒を派遣し、避病院を建設した。神戸に上陸して汽車に乗り換えた者たちが鉄道の駅々や宿駅で罹病していることも一〇月一日には判明する。海軍将校一人以下一七人の患者にも対応した。長崎でも八月以降約一〇〇〇人の感染者が出た。

このように、西南戦争に関わる全体としての戦病死者には、コレラ感染による犠牲者も含まれていたのである。大阪鎮台では、相次ぐ死者をすぐに火葬に付し、感染の広がりを防ぐのに必死となった。真田山陸軍墓地に今も残る西南戦争期の墓碑九六八基のうち、コレラに関わるものは三八四基である。「埋葬人名簿」によると、一〇月一日以降、一〇月末日ごろに落ち着くまで、死亡者数は、たとえば一〇月一日には二三人、二日に一〇五人、三日に六一人、四日に四一人、五日に三九人、六日に三六人というように数え上げられている。病気以外にも急増する墓碑需要に対応し、碑文の記載も簡略化したこと、なかには手違いの発生したことも推測されている(9)（第二部、飯沼雅行「元東京鎮台輜重輪卒木村吉之助の墓碑」）。側面にその病名を記された墓碑は、一三基にとどまった(10)。

3　対外戦争の常態化と陸軍墓地

○この項以後は記述を年号中心から西暦中心に改める。二〇世紀に入る頃より時代の感覚も世界史的な広がりを持つものに移り行くなかでそれに合わそうとするものであって、御了解を得たい。

日清戦争と「軍人名誉」としての墓碑建立の始まり

一八九四年（明治二七）七月二三日、日本軍が朝鮮王宮を占領したのをきっかけに日本は八月一日、清国に宣戦布告し、ここに最初の本格的対外戦争である日清戦争が始まった。日清戦争は表向き朝鮮独立をめぐって起こされ、日本は「文明の戦い」と位置づけたが、背後をみれば、日本側にはアジアにおける対外活動、なかでも朝鮮を根拠としたそれを飛躍させようという狙いが隠されており、清国側には朝鮮に対する伝統的な宗主権の維持およびそれを否定する日本の行動排除の狙いがあった。

日清戦争が始まる直前の一八九四年七月一七日、陸軍は、対外戦争が始まれば外地や洋上で死ぬことが増える事態を想定し、戦死者の埋葬方法に関する規則を策定した（「**戦時陸軍埋葬規則**」）。規則第二条では「死体ハ陸軍埋葬地共同墓地若クハ特ニ選定シタル土地ニ埋葬ス、但場合ニヨリ火葬シ又ハ合葬スルコトヲ得」とされた。「特ニ選定シタル土地」というのが、戦場に近い外地でも埋葬を可とするという文であり、「場合ニヨリ火葬シ又ハ合葬スルコトヲ得」というのが、厳しい戦場における臨機の措置を可能にする文であった。さらに、洋上で死んだ者については同じく第二条で「水葬スルコトアルベシ」ともされていた。ここでは伝統的に遺体は死亡した現地で葬るのを原則とし、内地原隊への還送は特に規定されていなかった。ただし、遺族の改葬願には応じることが可能ともされていた。

日本軍は、黄海海戦で清国の北洋艦隊を、また朝鮮半島・満州を中心に清国軍を次々と破り、一八九五年（明治二八）三月二〇日には講和交渉を開始、有利な条件の下で下関条約を四月一七日締結するに至った。国民は、初めての本格的対外戦争に勝利し、東洋における日本の権威を高めたものとしてその戦争を高く評価し、同時に清国およびその周辺地帯に広がるアジアの各国やそこに住む人々を蔑視し、日本の「指導」を正当化する感を抱くようになる。日本の「国威発揚」が積極的に支持されていくのである。このようななか、日本の各地にこの戦争に従軍し戦没した者の慰霊碑や墓碑などが、様々な主体によって建造されていった。また、軍や市など、より広い範囲で戦没者を日本の国威発揚と結びつけ顕彰するモニュメントも建造されている。まさしく、国家主義的意識が日本近世・近代の歴史を通じ初めて国民的な規模で広がったのである。

こうした状況を受けたのであろうか、軍の戦没者墓碑に対する考えには大きな変化が生じた。一八九五年四月二六日付けの陸軍軍務・経理両局長名の文書には、親族に下付した死体は丁重に埋葬され、立派な墓標が建造されていると記され、その記述を受ける形で、軍当局は「永ク忠烈殉国ノ名誉ヲ表彰スルコトト相成度」として、親族に死体を下付した場合にも「墓標ハ尚ホ之ヲ陸軍埋葬地ニ建設シ、官ニ於テ埋葬シタル者ノ墓標ト同一ニ之ヲ保存シ」との方針を示した（朝第二七五七号。JACAR：C06022088200、「二十七八年戦役日記 甲」明治二八年五月〔防衛省防衛研究所〕）。

建碑は「殉国ノ名誉ヲ表彰スル」ためという考え方が軍においてもここに初めて示され、ついで、五月一三日には先の「戦時陸軍埋葬規則」の改正追加という形で省令第二八号を発布し、陸軍墓地への個人墓碑の建造を規則の上でも明文化した。さらに一八九七年（明治三〇）七月には、戦時にも平時にも適用できるものとして「**陸軍埋葬規則**」を新たに制定し、この方針を改めて確認した。従来は、建碑の行為に大義を求めず、また死没者は死没地に葬るという埋葬原則を持っていたのであるが、これ以降、所属する部隊の編制地に設置された陸軍墓地に埋葬されることが原則とされた。

こうして日清戦争終了直後には、戦争に殉じた名誉を表彰するものとして、戦地に埋葬されていた軍人軍属の遺体（多くは合葬されていた）、あるいは火葬後の遺骨などを基本的にはそれぞれ原隊が管理する陸軍墓地に送り、そこに戦没者すべての墓碑を建立することが決まった。旧真田山陸軍墓地に並ぶ多数の第四師団所属の日清戦争戦没者墓碑はこうして建立されていったものと思われる（Eゾーンを中心に一部はFゾーンにも兵卒、C・Dゾーンには下士、そしてGゾーンには将校の墓碑）。

日清戦争戦病没の実態と台湾領有戦争への派遣

日清戦争では、第四師団は一八九五年（明治二八）四月の講和条約締結直前に大陸に派遣され、上陸は講和条約締結後であった。そのため清国軍との戦闘には加わらなかったけれども、大陸では占領地の警備にあたり、また九月以降は新たに領有が認められた台湾にも送られた。

第四師団は、大陸への船中から流行性の感染症に悩まされ、衛生状態の悪い占領地や台湾では、連日病気で命を落とす将兵や軍役夫等が続出した。しかも、台湾では日本の統治に抵抗する現地住民との戦闘もあった。その抵抗は日本側の想定をはるかに超えるもので、いつ果てるかわからない、文字通り戦争状態の継続であった。Eゾーンを中心とする戦没兵の墓碑銘文のほとんどに、戦没地として中国各地および台湾に設置された軍の病院施設の名が記されていることが、その事実を何よりもよく物語っている。

第四師団関係の兵卒・下士そして将校の墓碑群は、戦闘ではなく、占領地警備や**台湾領有戦争**への派遣に関わって、しかもその大半が病死者によって構成されているところに特徴を持つといえよう。

貴重な歴史遺産——軍役夫・清国軍俘虜等の墓碑

旧真田山陸軍墓地には「軍役夫」とか「看病人」などと彫り込まれ、明らかに軍人以外とわかる多数の墓碑が整然と並んでいる一画がある（Aゾーン）。側面に記された文字から、日清戦争の期間中と、それに続く台湾・澎湖列島等への軍の派遣、現地鎮圧に関わる時期のものであると読み取れる。もっとも、後者については一八九六年（明治二九）五月までにとどまっている。それ以降は規則の変更にしたがい、死亡した現地台湾に埋葬されたものと考えられる。ただ、同年九月二七日・一一月二八日に広島陸軍予備病院で死んだ軍役夫の墓碑があるが（A－4－35、A－2－4）、これは帰国後亡くなった者の墓であろう。

日清戦争とそれに続く台湾領有のための派兵には大勢の**軍役夫**が使われていたことはよく知られている（陸軍省編『日清戦争統計集　下巻1』では一五万二三六五人、『同上巻1』では四万八一八五人とされている——藤岡佑紀「日露戦争の軍役夫—日露戦争時の軍役夫傭役規則と軍夫熱を中心に」『駿台史学』一六一号、二〇一七年九月）。軍役夫の仕事は、新聞に掲載された募集広告などから判断して、主に軍用荷物の運搬であり、それは戦時における兵站《へいたん》と輜重《しちょう》の不備を取り繕うものでもあった。一方、軍役夫は軍にとって不可欠の存在と認識されていたが、その処遇には軍人と大きな隔たりがあった。多くの軍役夫が戦争に関わって亡くなったが、軍はそれについてきちんとした報告も残していない。

真田山陸軍墓地に今も立ち並ぶ軍役夫等の個人墓碑群は、他の陸軍墓地にはどれほど存在しているのであろうか（名古屋陸軍墓地には軍役夫の名前を刻んだ三基の合葬墓碑が知られている）。ここに並ぶ多くの軍役夫あるいは職工・船乗組み・看病人・雇員・鉄道工夫・通訳・通信員等の墓碑群の存在は、こうした民間人が大阪府などその周辺地域からもたくさん戦地に行っていたことを示している。それは、軍と彼らの関係を今日に伝える記念碑群と言っても間違いでない。軍役夫の実情を解明することは、軍にとっての意味にしても、応募した側の事情にしても、大切な課題である。[11] この墓碑群を基礎にした軍役夫についての解明が今後期待される（第一部、堀田暁生「故軍役人夫南方留吉の墓碑」）。

なお、この軍役夫などの墓碑の並ぶAゾーンには、清国軍の兵士等で日本軍の**俘虜**となり収容中大阪で死んだ人々の墓碑も六基存在する。[12] これもまた対外戦争が陸軍墓地の意味を変えていったことを象徴するものであった。この時期以降Aゾーンは、日本軍人の概念には入りにくいが、戦争に関わって死んだ他国兵俘虜あるいは民間人を葬る場として、真田山陸軍墓地全体の中で特別な位置を与えられることとなったと言っていい（第二部、塚﨑昌之「日清戦争時の清国人俘虜の墓碑から見えてくること」）。

日露戦争——急増する死者

一九〇四年（明治三七）二月一〇日の宣戦布告から約一年七カ月にわたって継続した**日露戦争**は、

二〇世紀に入って世界が最初に経験した大国同士の本格的な戦争であり、大口径大砲と機関銃に象徴される近代工業の生み出した大量殺傷兵器が、戦場で実際に、しかも大々的に使われた厳しい戦争であった。この戦争による死傷者数の増大、国家経済の疲弊は、それまでの戦争の概念を文字通り大きく変えるものとなった。戦争の背景には、日清戦争後急速に浮上した朝鮮支配をめぐる日露の主導権争いがあった。日本は国力の限度をはるかに超える戦費に苦しみ、国民に犠牲を強いながらかろうじて戦争を継続し、ロシアもまた国内の動揺に悩まされていた。戦争はアメリカの仲介によって一九〇五年（明治三八）九月五日、アメリカのポーツマスで講和条約を締結してようやく終結した。

日露戦争は、陸軍墓地のありようについても大きな変化をもたらした。まず、戦争が始まって間もなくの一九〇四年五月、「**戦場掃除及戦死者埋葬規則**」が制定された。これは、日清戦争時に確立した戦没者埋葬の思想と方法をより徹底するための規則であった。この規則によって、陸軍は、厳しい戦闘の合間をぬって戦死者の遺体を捜索・収容し、それを戦場で火葬もしくは土葬に付し、仮埋葬し、後日、遺骨・遺髪さらには遺留品を内地の陸軍墓地に送って埋葬し、遺族等の申し出があればそれらを下げ渡すことができるようにしたのである。もっとも、遺骨・遺髪あるいは遺品等を遺族等に下げ渡した場合にも墓碑は陸軍墓地に建てることとされた。ただし、戦地にあって遺体はすべて個別に埋葬することを規定しつつも、それはあくまで原則であって、下士・兵卒は合葬もできることとした。なお、この規則では敵国人の遺体に対する処置方法も規定している。おそらく、文明国として国際社会で生きていこうとする日本の自負心がそうした規定をつくらせたのであろう。

旧真田山陸軍墓地には、戦争の行われた一九〇四年二月から〇五年九月までの個人墓碑が四〇五基並んでいる(「埋葬人名簿」による)。一九〇四年中の死者は三一五人(ただし、第四師団の大陸上陸のあった四月以降にあたる死者は三一一人。さらに大阪や広島等の病院死が数名存在する)、一九〇五年中の死者は九〇人である。ちなみに、一九〇四年七月一五日には遼東半島南山の戦闘での戦死者を中心にする第八聯隊主催の合同葬儀が大阪第八聯隊練兵場で大規模に開かれている。(13)

しかしこれらの数は、日露戦争に関して死んだ第四師団関係者、あるいはその中の第八聯隊・第三七聯隊など大阪に拠点を有する部隊に関わる人すべてとは考えられない。たしかに、一九〇四年秋ごろまでの期間についてみれば、いくつかの激戦に関わって死亡した人々の墓碑が多数並んでいる。たとえば、五月二六日、南山の戦闘で死んだ人の墓碑は八五基建てられている(うち三人は推測。ただしほとんどが第八聯隊と記載されている)。八月二一・二三日の旅順蟠龍山《ばんりゅうざん》の戦闘に関しては五七基(うち四基は推測)、九月二日遼陽付近の戦闘に関しては五九基数えられる(うち一基は推測)。しかし、南山の戦闘では第八聯隊だけでも実は一五〇人、第三七聯隊では五二人が死んでいるとされる。死者数と墓碑数の差は明らかなのである。また第三七聯隊関係者の個人墓碑が真田山陸軍墓地に少ないのも気になる。

これらのことは、右の時期に引き継ぐ一九〇四年一〇月以降の戦没者墓碑の少なさを見ると、さらに明瞭に確認できる。すなわち、〇四年一〇月~〇五年一二月に建てられた個人墓碑はわずかに一五一基。しかも、その内訳は、戦死と思われる者と病院での死者と思われる者が相半ばしている。その内訳をみると、この間、〇四年一〇月初旬の沙河会戦では、第四師団も二四七人の戦死者を出していながらその墓碑は五基にとどまっている。(14)さらに、もっと膨大な死者を出した奉天《ほうてん》の会戦(一九〇五年三月）についてはわずかに一四人の墓があるだけで、大部分については建てられていないのである。なぜ、こうした状況になっているのか。「戦場掃除及戦死者埋葬規則」は、どこまで実効性を持っていたのか。改めて検討されなければならないであろう。また、逆にこのような中で建碑されている人々について、その建碑のいきさつを検討することも求められているともいえる（第二部、横山篤夫「南山の戦い、村田虎吉一等卒の戦死と埋葬――日露戦死者の個人墓碑と『満州』の忠霊塔」）。

ところで、真田山陸軍墓地に建碑されている日露戦争関係の墓碑数が全体としてみれば少なく、欠落が多いとしても、先に見た南山の戦闘などのように、たった一日の戦闘での死者数を物語る多数の墓碑は、戦争全体の死者数のおびただしさをやはりうかがわせてくれる。こうした多数の死者があるという問に生じる。ここに近代の科学技術と工業を基盤とした戦争としての日露戦争の激しさと悲惨さがあることは間違いない。戦後における負傷者の人生を大きく変えていったことも大事である（第二部、今西聡子「日露戦争合葬墓碑の前に立つ石灯籠と廃兵前田梅吉」）なかでも、真田山陸軍墓地に関わっていえば、旅順蟠龍山での戦闘死者を忘れてはならない。この戦闘に関わったのは後備歩兵第四旅団に属する後備歩兵第八聯隊・同第九聯隊そして第三八聯隊等であったが、後備兵とは、予備役までの兵役を終え、帰郷して一家を構える者の多い、いわば社会人部隊であり、戦地では後方での任務を課せられる存在であった。日露戦争では、そうした部隊も大きな被害を被っているのである[15]。

全体のなかに埋没する個々の戦没者――合葬墓碑の出現

戦死者数に比し陸軍墓地に個人墓碑の建碑が少ない理由として、一九〇四年（明治三七）一〇月頃から多くの師団・聯隊から**合葬墓碑の建立**が申請されていること[16]に注目しておくことは大事なことであろう。第四師団でも戦後の一九〇六年（明治三九）三月に、仮埋葬していた遺骨を凱旋に際し持ち帰っていたが、あまりに多数であり、もし、戦死者名等をいちいち彫っていくとしても異様なものとならざるを得ないとして、その埋葬を個人墓碑ではなく、合葬墓碑の建造によって行いたいと申請している（第四師団「遺骨合葬ノ件」――アジア歴史資料センター C03027004400）。軍は、戦没者の遺骨や遺骸の下げ渡しを希望する遺族に渡したとしても、さらに個人墓碑をすべて陸軍墓地に建立するという基本方針を戦時中から再検討し始めていたのかもしれない。

一九〇六年一一月、真田山陸軍墓地には、向かって右から士官・准士官・下士・兵卒の階級別に少しずつ小さくなる四基の戦病死者合葬墓碑が建てられた。しかし、日露戦後第四師団が持ち帰ったとされる遺骨とはいかなる時期といかなる部隊範囲のものだったのか、明らかではないのである。実際、すでに持ち帰っていた遺骨があり、墓碑が建てられた人もいたのだから、第四師団は、そこのところをどう考え、どう対処しようとしていたのか。先の申請書には「別ニ合葬ノ原簿ヲ備置度」と記載されているので、その名簿を見れば合葬者の名前等は判明すると思うが、その所在は不明のまま現在に至っている。

いずれにしても、合葬墓碑の建造は、真田山陸軍墓地のみならず全国の陸軍墓地のありように大きな変化をもたらした。合葬墓碑の碑面には戦争の名前は記されたが、戦没者の氏名をはじめ戦没者に関する具体的な情報は何も記されなくなった。戦没者は戦争の全体的な顕彰の中に埋もれて、個人の顔が見えなくなったのである（ちなみに、日清戦後建碑された広島比治山《ひじやま》の陸軍墓地の合葬墓碑には個人名がすべて彫り込まれている)。軍では、このような合葬墓碑に向かってその後は折あるたびに慰霊の儀式を行うこととなった。

一方、日露戦後には、日本の各地域において日清戦後をはるかに凌駕する規模で戦争記念碑や忠魂碑等が、その土地のよき場所を選んで競うようにつくられ、その地域出身者の名前が彫り刻まれていった。戦死者や従軍者を通し、日本の行う戦争がそれぞれの地域で受け入れられ、記念され、それに参加した個人が顕彰されることとなったのである。また村や町の墓地には大きな戦死者個人の墓碑が遺族や有志の手によって建てられるようにもなった。彼らは、地域におけるその面影の記憶と相まって、それぞれの地域で日本の大戦争に関わった人物として大きな名誉を受けることとなったのである。ただし、戦場や軍隊の中で彼らがどのような境遇に置かれていたのか、悩んでいたのか、病気にはかかっていなかったのか、家族はどうであったのか、もしそこに不都合な事実があったとしても、あるいはなかったとしても、それらが記されることはなかった(第二部、中下秀夫「『朝日新聞』に見る日露戦争――『戦死者家族訪問記』」・小田直寿「近藤元粋撰の宮津隆成墓碑銘――其れ亦以て瞑す可きかな」)。

4 遺骨の帰らぬ戦争へ

日露戦後の真田山陸軍墓地

一九〇五年(明治三八)九月の日露講和条約締結による大陸からの凱旋以後、一九三七年(昭和一二)

四月満州派遣までの約三二年間、大阪に拠点を置いた第四師団は基本的に外地に出征することがなかった。この間、日本陸軍は、一九一四年（大正三）九〜一一月には第一次世界大戦に伴う対独戦争たる中国山東省青島などドイツ租借地での戦闘、一九一八年（大正七）一月〜二二年（大正一一）六月にはロシア革命後のシベリア出兵、一九三一年（昭和六）九月〜三三年（昭和八）五月には関東軍のしかけた満州事変と、戦争を繰り返したが、第四師団については大きな被害を受けることもなかったのである。

この間、真田山陸軍墓地には平時に亡くなる下士・兵卒、あるいは少数だが将校の遺体が埋葬し続けられていた。「埋葬人名簿《じんめいぼ》」によれば、一九〇六年（明治三九）から一九三五年（昭和一〇）までの三〇年間で一五六人以上と数えられる（付録2・3）。その死因あるいは死亡場所については、「戦時期」を除き、大阪衛戍病院での死が多いが、「墓碑銘文録」によれば「高野線轢死」「変死」「城外濠内溺死」「聯隊強行軍死」「自宅自殺」「溺死」「変死（一等症）」といった記載もあって、あいかわらず軍が問題を抱えていたことをうかがわせている。しかし、それにしても全体としての埋葬者数は目立って少なくなっている。明治期に露見していた、軍隊が抱える病気や新兵へのいじめなどの問題はどうなったのか。軍の規模が拡大し、それに反比例して徴兵管区がその都度狭くなったことおよび交通・通信手段の進歩によって遺族に遺体等が渡される便宜が増大したためなのか。その理由は何もわかっていない。もちろん、その解明は今後の課題であることは間違いないと思う。

一方、この三〇年の時期は大阪が経済的に大発展を遂げ、日本を代表する近代的な大都市としての形を整え、「大大阪」と呼ばれるようになる時代でもあった。このことは真田山陸軍墓地のあり方にも大きな影響を与えた。都市の膨張は人口の増大を生み、陸軍墓地の周辺にも都市化の波が押し寄せていたのである。一九二八年（昭和三）には**真田山小学校**の校地に、墓地の南側敷地約二八〇〇坪（九二四〇平方メートル）を譲り、このとき墓碑および遺体やその他の埋葬物を移し替え、個人墓碑と個人墓碑同士の間隔が狭められた。業者がそれを請け負って実施した記録が大阪市公文書館に残されている[17]。現在に見る真田山陸軍墓地の基本的な景観は、その結果つくりだされたのである。

一方、この時期に関して、外地での死が明記されている者は、満州事変に関わる戦没者を除けば五人、そのうち二人は「青島」と明記されていることにも注目しておきたい。第一次世界大戦に関わってドイツの租借地であった**中国青島戦等**に従軍していた者で、所属は深山《みやま》（野戦）重砲兵第三聯隊第六中隊（所在は現和歌山市加太地区）、うち一人は大阪市出身であることが明記されている（B－9－13、C－4－6）。また、この戦争で**俘虜となったドイツ兵の墓碑**が二基建てられていることも指摘しておかなければならない（A－1－50、A－1－51）。彼らの埋葬についてはいろいろな記録が残っているが、埋葬は丁重に行われたと言っていい。第一次世界大戦中のことであり、日本が国際的信頼に足りる国であることを世界に示そうとしていたことがうかがわれる墓碑である。

つぎに、**満州事変**については、朝鮮で編成された第二〇師団の指揮下に置かれた歩兵第七七聯隊には大阪出身者が含まれ、同師団のよく知られた越境出兵により戦没者を出していることが注目される（一九三二年一二月末までに一九人）。真田山陸軍墓地Bゾーンには、住所を大阪市や大阪府とする兵卒で、一九三一年（昭和六）一一月〜三二年（昭和七）一月に満州および朝鮮の各地で死去し、満州事変に関わって戦没したと考えられる個人墓碑が一三基立っている（Bゾーン南側の西部二列。ただし、満州での戦闘は政府が定めた満州事変の終了としての一九三三年五月を越えても実際上は続き、その間の墓碑も何基かある）。そのうち二人は所属が第七七聯隊と明記され、一人は七八聯隊とあり、聯隊名不記載が一〇人である。多分ほとんどが第七七聯隊所属と考えてもいいのだろう。またDゾーンには下士官二名の墓碑がある（「埋葬人名簿」および『歴博墓碑銘文一覧』）。

一八九七年（明治三〇）制定の陸軍埋葬規則では、外地で戦没した者は編成地にある陸軍墓地、すなわち朝鮮に個人墓碑を建てることとなっていた。しかし、この満州事変での戦没者たちは、遺族らの特別の願いによって出身地の大阪に所在する真田山陸軍墓地に遺族の費用で墓碑を建てることが認められたのである。[18]そのことによって、これらの墓碑は他の時期の墓碑とは違った形状（花立の設置、設置者の氏名表記など）を持つこととなった。戦死した者の名誉を遺族の暮らす近くの陸軍墓地の中に示したいという国民の願いがあり、それを軍が聞き届けた形を取ったのである。ここには、満州や中国大陸における軍の行動に期待し、それに寄り添い支持する、当時の国民意識のありようが示されている（第二部、横山篤夫「槍で突かれて戦死した四至本直次郎一等兵」・奥田祐樹「納骨堂発見アルバムにみる、味岡義一少佐の一生」）。

ちなみに、真田山陸軍墓地には、満州事変に関わる立派な合葬墓碑がこれら個人墓碑とは別に一基建てられている。その合葬者名等は日露戦争のそれと同じく碑面に表記されず、また合葬墓誌も不詳のままである。ただ推測であるが、これは、おそらく右に述べた大阪出身で満州事変戦没者をまとめて葬るものとして建造されたものであろう（一九三四年＝昭和九年九月）。ただしこのたびの合葬墓碑は、いわゆる日露戦争の合葬墓碑とは違って階級別の建立とはしなかった。その理由についての説明はないが、いずれにしても、軍の立場からしても満州事変の意義を明瞭にしようとしたものだったことは明らかである。

日中戦争の激化と「合葬墓塔」の計画

一九三七年（昭和一二）一二月三日、日中戦争が激しく展開しているさなか、陸軍省は関係陸軍部隊に宛てて通牒を発し（陸普第七三八一号）、陸軍埋葬地規則については「現行の個人埋葬主義を、遺骨を分骨し合葬するの主義に改正するつもりで目下研究中であるので」、今次支那事変関係戦死病没者等の遺骨の一部を分骨合葬し得るように準備させるよう、関係部隊において遺族を指導するようにと述べている。

翌一九三八年（昭和一三）五月には実際に「**陸軍埋葬規則**」を改正し「**陸軍墓地規則**」とする（陸軍省令第一六号）。そして合葬墓地は内地衛戍地《えいじゅち》ごとに原則として一カ所を設置すること（第二条）、遺族より願い出があるときは、分骨または分髪することなく合葬し、または留守部隊の所在地および当該部隊の編成地以外の衛戍地にある陸軍墓地に合葬することができること（第五条）、合葬墓塔の建設とともに分骨を合葬できるように遺族に通知し準備させておくべきこと（第七条）、また合葬墓塔にはそれぞれ墓塔誌を設けること（第一五条）などを規定した。「陸軍墓地」の呼称は、法的にはこのとき定まった(19)。

この改正の趣旨について陸軍省は、軍人としての死亡者もまた各家墓地に葬ることを本則とし、陸軍墓地に分骨し合葬した遺骨は、そこで公的な祭葬を行い、その栄誉を受けさせるようにすること、さらに現行規則にあるような個人ごとの墓標では個人の参拝には便があっても、近時ようやく盛んになってきた公的・団体的参拝には不利であるのみならず、墓地の経営上も将来困難をきたす恐れが大きいと指摘している[20]。こうしてこれまでの陸軍墓地のありようは大きく変更され、個人の墓標は各家に、団体としての墓標は陸軍墓地にという原則が確立した。陸軍墓地は埋葬地ではなく、戦没者の遺骨をまとめて合葬し、公的・団体的参拝に対応する場となったのであり、それを陸軍墓地と呼ぶこととしたのである。

一九三七年七月に始まった日中全面戦争は、日本の軍事体制を大きく変えていた。中国では、国民党と共産党の連携が成立し、日本に対し粘り強く抵抗を続けていた。日本は一九三六年（昭和一一）の二・二六事件を境に政党内閣制が崩れ、ほとんど軍部独裁に近づいていたが、**日中戦争**開始後は空前の軍事動員体制を組み、国民総動員の戦時体制を強力に推し進めていた。兵士の動員については、徴兵検査のやり方を改め現役兵を増やしただけではなく、予備役・後備役の召集が相次ぎ、一方、現役で徴兵された者も現地で現役終了後すぐに予備役召集に切り替えられるといった状況となり、常時一〇〇万人を超える軍事動員を実現した。また激しい戦闘の中で戦死者も相次ぐこととなっていた。各地で盛大な出征兵の見送りが日常的に行われるとともに、戦死者の遺骨を前に市町村単位で**公葬**が行われ、戦争に協力する社会的雰囲気がつくられていった。真田山陸軍墓地もこのような社会的雰囲気の中、様々な運動団体や個人の参拝が増加し、現在墓地正面に続く参道となっている新道をつけるなど、整備も行われていた。また、市民の墓地奉仕をめぐる美談も新聞の紙面をにぎわしていた[21]。

一九三八年五月陸軍埋葬規則の改正（陸軍墓地規則の制定）はこうした状況に対応しようとするもの

に他ならなかったというべきであろう。「墓地の経営上も将来困難をきたす恐れが大きい」というのも、急速にその数を増大する戦死者で、もしそれに対応してすべての遺骨を陸軍墓地に個別主義で建碑するとした場合の財政上、また用地上の困難な事態の出現を危惧したものであったと思われる。いずれにしても旧真田山陸軍墓地にも、この時期以降、戦死戦病死者あるいは留守部隊としての第四師団関係者にあっても個人墓碑は例外的な二基を除いてつくられることはなかった。

なお、合葬墓塔というのがこのときいかなる形で、いかなる規模のものを想定していたのか、想像することは難しい。おそらく日露戦争後につくられ始めた合葬墓碑に分骨を納める機能を付設したものを想定していたものと想像できるが、確定的なことは何も言うことはできない。

忠霊塔・忠霊堂・納骨堂の建造

日中戦争が戦線を広げながら終局に関する見通しが立たず、戦没者遺骨の還送も後を絶たなくなる中、戦没者の慰霊を市町村等集団で行うための**忠霊塔建設運動**が民間において広まっていく。陸軍中佐桜井徳太郎の提唱した忠霊塔の運動は一九三九年（昭和一四）七月財団法人大日本忠霊顕彰会（会長菱刈隆大将前関東軍司令官）となり、準政府機関のような内容を備えるものとなっていく。[22]

陸軍墓地規則の制定は、民間におけるこうした動きを予測していたものではないが、陸軍もまた、その動きとの関係を明瞭にすることが求められてくる。すでに一九三八年（昭和一三）二月一六日には、陸軍省との合議を得た上でと断って内務省が各庁府県長官に宛てて通達を発し、招魂社又は記念碑の計画が各地方にあり、このうち記念碑については、なるべく個々の建設でなく、市町村または各種有力団体で合同の記念碑を設置するように、ただし神社境内は避けることという指示を与えている。

また翌一九三九年（昭和一四）二月二七日、陸軍省は「いわゆる忠霊塔」の建設について軍はこれを支援すること、忠霊塔は護国英霊の塋域《えいいき》（墓域のこと）として尊崇の中心とすること、陸軍墓地の施設と合致させたいときは陸軍墓地規則の運用により便宜を図り、重複を避けるように、また個人墓碑は遺家族等において身分不相応な墓碑を建てるよりは、永久の名誉顕彰は忠霊塔および陸軍墓地合葬塔によるよう指導せよと指示した[23]。

後半の「陸軍墓地の施設と合致させたい」云々についてはちょっと趣旨がわかりにくいが、ここにいう「便宜」とか「重複を避ける」とかいう言葉の意味は、同年一一月一八日に明瞭にされる。すなわち陸普第七四二八号の通牒では「陸軍墓地所在地若シクハ其ノ近在市町村ニアリテハ別ニ該市町村固有ノ施設ヲナスコトナク、陸軍墓地（移転墓地ヲ含ム）ヲシテ其ノ地方忠霊顕彰ノ中心施設タラシムル為、之カ墓塔建設其ノ他整備ニ協力奉仕セシメ、以テ同種施設ノ重複ヲ避クル如ク指導ニ勉ルモノトス」とされている（JACAR：C01005095400、「來翰綴〔陸普〕第1部」昭和一四年〔防衛省防衛研究所〕）。

要するに、陸軍墓地のある市町村やその周辺地方にあっては、民間で進められている忠霊塔の建設をとりやめ、陸軍墓地の合葬塔建設で代用せよ、その建設に民間は協力せよと言っているのである。なお、個人の墓碑は家墓碑でという陸軍墓地規則の原則は否定しなかったが、それが身分不相応なものとなっているとの批判を強めていることにも注意しておきたい。関連して家墓碑の碑面上部に星印（陸軍の五芒星《ごぼうせい》）をつけるのを禁止することも通達している。陸軍は戦没者個々の墓碑をつくらず、それを個々の家庭に一任しながら、陸軍のマークを付けることは禁止したのである。そのかわり、合葬

（墓）塔の建設を追求し、民間で広まった忠霊塔運動に合流する形で戦没者への慰霊顕彰施設たる「陸軍墓地」の施設を実現しようとしたのであろう。

　ときあたかも、この年四月、全国の招魂社が**護国神社**と改称される。それは中央に靖国神社を置き全国各府県に参拝施設を完備していくという動きの完成であった。仏教界は神道系のこの動きに対抗して軍と連携しつつ忠霊塔建設を目指し、全国で募金活動に力を注いでいた。陸軍は、一九四一年（昭和一六）七月一九日**陸軍墓地規則を改正**し、合葬の墓塔をついに「**忠霊塔**」とすること、陸軍墓地を市町村の忠霊塔にしてもいいとする。陸軍は、民間で言われていた忠霊塔の名を陸軍墓地のものとする規則を定め、「合葬（墓）塔」の名を消したわけである。それはまさに民間の力を陸軍墓地整備に利用するものでもあった。なお、この規則改正については、激戦によって遺骨が帰らないこともあるのだと遺族に観念させ、それにかわる遺髪等でも合葬を認めることも定めている。

　一九四一年（昭和一六）一二月八日、日本は**米英に宣戦布告**し、世界と戦争を始めると（アジア太平洋戦争）、陸軍は、陸軍墓地忠霊塔の建設について「支那事変の忠霊塔および大東亜戦争の忠霊塔」は規則に関わらず、別々につくるのではなく、一つの施設で共用するようにと指示している（一九四二年四月一〇日陸亜普第二二七号）。二つの戦争が実際は一つながりであるとの認識に立っていたこと、また、戦争がとてつもなく費用を使うものであることを考慮し、経費を節減しようとする通牒であったと言ってもいい。

　こうしたなか、真田山陸軍墓地においては、**大阪府仏教会**は寄付金を募り、一九四三年（昭和一八）八月、**仮忠霊堂**を建設し、それを陸軍に献納した。物資の乏しいなかで、建築には様々な工夫が凝らされたようである。内部には中央部に祭壇を設け、それをはさむ左右の両室に戦没者の分骨等を安置する棚が整然としつらえられていた。八月二〇日（『毎日新聞』八月二六日付では二五日）には師団長以下が参列し、あらかじめ別の場所（おそらく本願寺津村・難波両別院等）に保管されていた日中戦争期からの戦没者の分骨のうち一一五人分をここに移して最初の「師団忠霊堂合祀祭」が行われた（祭式の式次第を記した記録が納骨堂内に残されていた）。これが、今日に残る納骨堂である。これが忠霊塔とならず、仮忠霊堂とされ、さらには単に納骨堂とされた理由については、おそらく戦時経済の進展するなかで物資の不足もあり、完成形は将来のこととして、仮の建造物という位置づけにしたものと思われるが、そのきちんとした理由については史料がなく、これもまた確定はできない（第二部、橘尚彦「忠霊塔建設運動と真田山『仮忠霊堂』――『仰ぎ見る』塔から木造納骨堂へ」）。

納骨堂の調査から――「帝国」の崩壊と外地の遺骨

真田山陸軍墓地は、一九三八年（昭和一三）五月の陸軍墓地規則の制定以来、基本的に墓地内に個人墓碑を建てずに来ていたが、ここに仮忠霊堂を有し、戦死・戦病死など戦没した軍人の遺骨をすべて合葬する体制が整った。その数は戦後長らく四万三〇〇〇を下らないと言われてきた。その数は明治の墓地開設以来の個人墓碑埋葬者数の一〇倍前後に上る。その多さを語ることで、日中戦争からアジア太平洋戦争の厳しい戦闘状況を推測し、その凄絶さを感じようとしてきた思いがそこに働いていたのかもしれない。

二〇一〇～一二年（平成二二～二四）、文科省の科学研究費補助金を得て実施した調査がこの数字認識を覆した。納骨堂内に安置されていた骨壺・骨箱は八二四九人分にとどまっていた。しかも、戦局が圧倒的に不利となり、戦没者も急速に増大していた一九四四年（昭和一九）・四五年（昭和二〇）には、それぞれ年紀を記しているものだけだが、一〇八八人分、二一五人分にそれはとどまっていたのである。それは、一九三七年（昭和一二）日中戦争開始からの年紀のわかる骨壺等の総数六〇一七人分に対しそれぞれ一八・一パーセント、三・六パーセントにとどまっているのである。両年合せても二一・七パーセントにすぎない。本当のところ、日本軍戦没者の年次別比率で言えば、この両年で少なく見積もっても七〜八割を占めていることは明らかである。そのなかで、これらの数字はまさにあり得ない低い数字と言わねばならないであろう。

実は、日本軍が守勢に転じてからの戦没者遺骨の回収は恐ろしく困難になっていたのである。「玉砕」と言われる部隊の全滅が各地で続き、あるいは南方戦地への兵員輸送中敵軍に攻撃を受け、空しく海没した人々は三五万八〇〇〇人に達していたといわれている。[24] 納骨堂には、遺骨がなくとも遺族が願い出れば合葬できる制度になっていたが、遺骨もなく戦没したのかどうか確定しがたい遺族が遺髪や遺影の供出を行い、あるいはそんなものがなくても合葬を願う気持ちになったかどうか。また、戦争の大義を語るだけで、大事な親族等を失った遺族等が納得できたのかどうか。一九四二年一二月ガダルカナル島撤収に際し、「魂は帰る」と「陸軍次官の口演要旨」で説明されても（横山篤夫「戦没者の遺骨と陸軍墓地」『国立歴史民俗博物館研究報告』一四七集）、死んだ事実さえあやふやな一枚の通知でその死を受け入れ、納得させることは困難ではなかっただろうか。サンゴや砂あるいは位牌だけといった骨壺や骨箱が増えはじめていたのであって、遺骨も遺髪もいよいよ帰らなくなっていた。まさに、このような中にこそ、アジア太平洋戦争が兵士やその遺族らに突き付けた厳しい状況が反映していたというべきであろう（付録4・5）。

それから、もう一つ。大鳥島（ウェーク島）で死んだ人物で遺骨の入った骨壺が戦後に納められたという事例もあるにしても、遺族の多くは納骨堂への分骨合葬の事実をあまり知らなかったことも押さえておきたい。忠霊塔建造の運動は全国的に行われたが、厳しい戦況に見舞われ続けるアジア太平洋戦争のさなかに行われた真田山陸軍墓地に関してのそれを考えてみるに、銃後の人々にとってもはや忠霊塔建設の意義を確認するどころではなくなっていたのではないか。忠霊堂建設のため寄付を集めたと言われているが、実際に広く国民的に募金したものであろうか。記録が見当たらないのでなんとも言えないが、厳しい戦局の続く中、おそらくその実態は有力寺院の拠出に頼る形式的なものに転じ、陸軍もまた形を整えることに終始したのではないかと思われる。

まさに、遺骨の帰らない戦争の継続、厳しい戦況の進行こそが忠霊堂の建立運動や建立後の忠霊堂の機能をマヒさせていったと言わねばならないだろう。

5　陸軍墓地の歴史をふりかえって

終戦と陸軍墓地の戦後

一九四五年（昭和二〇）八月一五日、昭和天皇はラジオを通じて日本の敗戦を告げた。満州や朝鮮半島あるいは千島列島などでのソ連軍の攻撃はまだ続く中、九月二日には日本は正式に降伏文書に署名調印し、ここに連合国に対し敗戦を正式に認めて、終戦が確定した。日本は、明治以来獲得してきた植民地や勢力圏を放棄させられるとともに、米国を中心とする連合国の支配下に置かれ、ポツダム宣言にしたがって占領下の改革が始まる。改革の方向は陸海軍の解体と全面的な非軍事化、政治・経済・社会に広がる封建的要素の除却と人権の確立、天皇制の廃止と国民主権の実現、民主的制度の構築など、戦前戦中のあり方を否定し、人類普遍の法則の実現を図ろうとするものであった。

終戦時、陸軍墓地は日本内地に九〇カ所以上、そのほか朝鮮半島や台湾などにも設置されていたが、陸軍の解体後は、その管理と祭祀のあり方が大きな問題となり、国は試行錯誤を重ねている。陸軍墓地は一九四五年一二月一日陸軍省の解体を受け、国有財産として大蔵省の管轄下に移っていたが、一九四七年（昭和二二）三月、維持管理については都道府県または市町村、宗教団体、遺族会等に無償で貸与し得ること、そして祭祀は都道府県または市町村を除く特定の団体が担当し、あるいは参列しても構わないこととした。

この方針を受け、旧真田山陸軍墓地および信太山陸軍墓地と高槻陸軍墓地において祭祀を行う組織として**財団法人大阪靖国霊場維持会**が大阪府遺族連合会（田村徳海四天王寺管長）を母体にして五月に設立された（理事長同上）。大阪府はこの財団の基金として一万円を拠出している[25]。こうした中、一九四八年（昭和二三）九月には大阪府南河内郡野田村遺族会が村の戦没者一六九人の墓碑を旧真田山陸軍墓地内に建立するということもあった[26]。

ところで、陸軍墓地とは何であったのか。前項までの記述で明らかなように、陸軍墓地は陸軍の創設とともに設立され、自己の意思とは別に国家の指示によって軍隊に編入された多くの国民の苦い思いをその墓碑の中に体現しつつ、また軍隊側からは、対外戦争とともに国家的な戦争の大義に殉じた軍人たちの「遺徳」を顕彰する場として位置づけられ、変貌を重ねてきたものであった。日中戦争以降の戦没者の遺骨を分骨し合葬した忠霊塔とか忠霊堂は、まさにその完成形に他ならなかった。

戦後の改革の中で問われなければならなかったのは、そのことがもつ国民にとっての意味だったはずである。戦後の変革期、陸軍墓地をどうするか。その存在と記憶を歴史の中で意味づけ、今後のあり方を検討する。こうした視点は存在していたのであろうか。あるいは、それに接近する意見や方針は提起されていたのであろうか。占領軍の民主化政策の強力な実行にもかかわらず、どうもそれはなかったように思われる。一方で、靖国神社の歴史的意味が厳しく問われ、その存続も危ぶまれながら、陸軍墓地あるいは忠霊塔の問題についてはその陰に隠れていたのか、議論の中心は進駐軍の政教分離の原則にどうつじつまを合わせるかの検討に終始したと言わざるを得ない。

戦没者の招魂と慰霊について

戦時・平時を問わず軍隊・戦争に関わって死没した者の慰霊・追悼について検討するにあたっては、墓地内においていかなる祭祀が行われてきたか、歴史的にふりかえっておくことも重要になるであろう。以下、古い過去にまでさかのぼって少し考察してみようと思う。

一八七一年（明治四）真田山に兵隊埋葬地ができたとき、その敷地の中には**招魂社**（祭魂社ともいわれる）も置かれていた。そして毎年市民を集め招魂行事を行い、いろいろな出し物もあってにぎわったことが記録されている（『大阪新聞』一八七二年一一月二〇日）。それによれば、当初それは、対外戦争を特に意識しておらず、死亡者をその流れの中に位置づけ顕彰しようとするものでもなかったようである。まさに、不慮の死を迎えた人々の魂鎮《たましず》め以外の何物でもなかったと思われる。

こうした墓地内の招魂社とその行事がいつまで続いたのか。実はよくわかっていない。これについては、地図上の表記の変遷等の検討と合わせ、一九〇四年六月一五日の内務省通牒に基づいて第四師団がこれを取り払ったとする可能性を指摘する見解もある。(27)

一方、一八七七年（明治一〇）の西南戦争後には市民的なものも含め、いろいろな招魂行事が行われている。その内容は、戦争の目的や意義への同調に移っていくようでもある。同時に、それは、陸軍墓地の地を離れ、中之島に設置された明治記念標あるいは日露戦役後に挙行された臨時招魂祭など、どちらかと言えば整備されつつあった靖国神社と精神的につながる方向に重点が移っていくものでもあった。そして、陸軍墓地の中においては、すでに見てきたように、墓碑の建て方そのものを通して、対外戦争の称揚、それへの部隊の尽力、顕彰の傾向が一八九五年（明治二八）の日清講和後、顕著に進み始める。と同時にそれは、個々の戦没軍人たちの個性を奪い、死の意味をその方向にのみ集中させるものでもあった。一九三八年（昭和一三）陸軍墓地規則の制定に基づき陸軍墓地の中に個人墓碑を建てず、陸軍墓地には戦没者の分骨を合葬する忠霊塔のみとする方針が打ち出され実行されてきたことは、陸軍墓地とは戦死者を祀った国立の墓地であるとの通念を生み出していった。忠霊塔と陸軍墓地は、いよいよ戦没軍人軍属等の戦争への命を懸けた忠義を示す顕彰施設としての観念も強化されていった。

戦後における陸軍墓地の祭祀継続にあたっては、ここのところをいかに評価していくか、あるいは否定していくか。その歴史的なありようを踏まえた検討が行われた形跡は見当たらないのである。一九五一年（昭和二六）九月にはサンフランシスコで講和条約が締結され、国家の独立が国際社会から認められた（ただし、米国との間では日米安全保障条約を締結し、沖縄・小笠原あるいは奄美大島等は米国統治が継続した）。日本の各地では、それを待っていたかのように忠霊塔や忠魂碑が建設され、また村墓地あるいは家墓地において戦没者墓碑がつくられていった。戦没者を慰霊するという気持ちの表れではあるが、日本の対外膨張を肯定し、戦没者をその過程の中において評価する視点が戦後においても強く残っていたことと無縁ではなかっただろう。

なお、内容上ここで述べることが適切かどうか議論の余地はあると思うが、一九四五年八月一五日、昭和天皇のラジオ放送を聞いた後（つまり戦争終結後となる）その日の午後に真田山陸軍墓地内の空き地で、B29搭乗員で俘虜となっていた米軍兵士の「処刑」を軍指導者の指示で実施している事実がある。これは、軍がこの墓地を戦没者慰霊の大事な地として、どの程度それを真剣に考えていたかを実際に示していた事実ではなかっただろうか。真田山陸軍墓地における被葬者の死没の意味をどこまで真剣に考えた対応をするかは、実に歴史が我々に課した大きな課題なのではなかろうかと思う。

（1）たとえば吉田裕『日本軍兵士——アジア・太平洋戦争の現実』中公新書、二〇一七年、一六六頁

（2）横山篤夫「軍隊と兵士——さまざまな死の姿」小田他編著『陸軍墓地がかたる日本の戦争』

（3）同右
（4）同右
（5）新修大阪市史編纂委員会編『新修大阪市史』第五巻、一九九一年、二五二～二六一頁
（6）小田康徳「真田山陸軍墓地草創期墓碑のデータ化」『旧真田山陸軍墓地研究年報』5、二〇一八年
（7）小松忠「西南戦争墓碑群がかたるもの」小田他編著『陸軍墓地がかたる日本の戦争』
（8）小松前掲論文
（9）飯沼雅行「西南戦争戦病没者墓碑の建造に関する公文書について」小田他編著『陸軍墓地がかたる日本の戦争』
（10）小松前掲論文
（11）大谷正「『文明戦争』と軍夫」大谷正・原田敬一編『日清戦争の社会史』フォーラム・A、一九九四年。中下秀夫「大阪真田山陸軍墓地に見る日清戦役軍夫」『旧真田山陸軍墓地研究年報』5、二〇一八年
（12）「旧真田山陸軍墓地見学のしおり」九頁、二〇一六年
（13）堀田暁生「第四師団と日露戦争」西川甚次郎「日露従軍日記」刊行会編『日露の戦場と兵士』岩田書院、二〇一四年
（14）冨井恭二「旅順要塞攻略戦――後備歩兵第九聯隊の壊滅」横山篤夫・西川寿勝編著『兵士たちが見た日露戦争』雄山閣、二〇一二年
（15）冨井恭二「沙河会戦から対陣へ」西川甚次郎「日露従軍日記」刊行会編『日露の戦場と兵士』岩田書院、二〇一四年、三章
（16）「昭和弐年四月起　小学校地買収に関する書類綴　大阪市役所教育部建設計画係」堀田暁生「真田山陸軍墓地墓碑改葬関係書類について」大阪市史編纂所編・大阪市史料調査会『大阪の歴史』第七四号、二〇一〇年一月
（17）横山篤夫「墓碑から見つめる日本の軍隊」小田他編著『陸軍墓地がかたる日本の戦争』五一頁以下
（18）留守第六師団経理部「合葬墓碑新設ノ件申請」ほか――アジア歴史資料センター

(19) JACAR：C01001560200、「陸軍埋葬規則改正の件」永存書類甲輯　第1類　昭和一三年（防衛省防衛研究所）
(20) JACAR：C01001560200（第11画像目から）、「改正ノ要点及理由ノ要旨」永存書類甲輯　第1類　昭和一三年（防衛省防衛研究所）
(21) 横山篤夫「旧真田山陸軍墓地変遷史」『国立歴史民俗博物館研究報告』一〇二集、二〇〇三年、五二頁
(22) 横山篤夫「日本軍が中国に建設した十三基の忠霊塔」『日本研究――国際日本文化研究センター紀要』四九巻、六一～六二頁
(23) JACAR：C01001679200（第11画像目から）、「陸普第一一一〇号」永存書類　甲輯　第1類　昭和一四年（防衛省防衛研究所）
(24) 池田貞枝『太平洋戦争沈没艦船遺体調査大鑑』戦没遺体収揚委員会、一九七七年・吉田裕『日本軍兵士』中公文庫、二〇一七年
(25) 横山篤夫「旧真田山陸軍墓地変遷史」『国立歴史民俗博物館研究報告』一〇二集
(26) 横山篤夫「旧真田山陸軍墓地に建立された野田村遺族会の墓碑一六九基について」『国立歴史民俗博物館研究報告』八二
(27) 横山篤夫「旧真田山陸軍墓地変遷史」『国立歴史民俗博物館研究報告』一〇二集、三二頁

（小田康徳）

第二部　さまざまな死者との出会い

第1章　平時の死没者

下田織之助、最初の埋葬者にして謎の死
――兵隊埋葬地はいかにしてできたのか

C-03-18
下田織之助の墓碑

一　最も古く葬られた人物

旧陸軍真田山墓地において、最も年紀の古いのは、慶応二年（一八六七）没と墓碑銘にある栗原篤である。しかしこの栗原篤の墓碑は栗原寛と連名であり、篤は「実父」と記され、寛は明治五年（一八七二）没とあることから、栗原寛が没した時に、父の遺骨も合わせて建立したと考えられる。したがって、栗原の墓碑は少なくとも明治五年以降の建立といえる。

それでは実質上、最も古く葬られたのは誰かといえば、明治三年（一八七〇）に没した下田織之助である。墓碑は以下のようになっている。

下田織之助　C―03―18

（正　面）　下田織之助墓

（右　側）　織之助、山口県人、生于周防国大島郡久賀村、同県人下田河内養子為子、明治庚午之秋入学兵学寮於大阪、同年十二月朔日以病死、時年二十五

下田織之助は右の墓碑にあるように、山口県大島の出身であるが、下田神社の神職下田河内の養子となり、神職を継ぐ予定であった。ところが織之助は、長州藩内に巻き起こった攘夷の波に飲み込まれ、諸隊の一つに身を投じ、第二次征長戦争（長州では四境戦争という）に参戦し、その後は戊辰戦争にも従軍した。『山口県史　史料編　幕末維新6』（山口県編、二〇〇一年）には、慶応四年（一八六八）の記録の中に、次のようにある。

下田織之輔《ママ》基重　第二奇兵隊　大島郡西方村下田八幡宮神主　弐拾三歳

また、同書には、明治二年（一八六九）八月三日に「西方村下田八幡宮神主　半隊（司脱）令　下田織之輔、（略）以上六人、横浜に残り居るよしの分」という記事もあり、戊辰戦争の終わった後、明治二年八月には横浜にとどまっていたことがわかる、その時には「半隊司令」とあるので、何人かを統率する地位にあったと思われる。

第二奇兵隊は、慶応元年（一八六五）の結成で、大島郡と室積方面の有志が参加したもので、明治元年（一八六八）には膺懲《ようちょう》隊と合併し、健武隊となった。戊辰戦争に従軍した後、明治二年一一月に解散になっている。

この解散は、全国的な常備軍編成に向かう過程の中で、長州藩の諸隊が邪魔になってきたことに一

因がある。長州藩は諸隊に解散を命じたが、諸隊の方では解散に納得せず、反乱を起こした。この騒動は長州藩における諸隊の反乱として知られ、明治二年秋から明治三年まで鎮圧に要している。下田織之助がどういう立場にあったのかは、不明であるが、おそらく藩の側に立ったのではないだろうか。

二　その足跡を考える

ここからは推測になるが、一度故郷に帰ったものの、明治三年（一八七〇）九月二日、山口藩に一大隊の差し出しが命じられた時に、下田織之助もこの一大隊に属して来阪し、兵学寮に入ったと思われる。墓碑の「庚午之秋」は、明治三年であるから、時期的にも一致する。兵学寮は、穏やかならざる雰囲気があったと思われ、ごたごたが続いていたのであろう、一〇月一五日には、山口・岡山両藩から差し出されていた兵卒に、帰国するか、そのままとどまるかは各自の判断に委ねるという通達が出されている。織之助は残留を選択したのであろう。その後何があったのかはさだかではないが、一カ月半後に病を得て没したということになる。しかし、疑問は残る。

「NPO法人旧真田山陸軍墓地とその保存を考える会」会員の中下秀夫氏が、下田織之助の縁の地を訪ねたことがある。その報告によると、織之助は来阪前に神社を訪れ、神職を継がないことを断言したという。さらに、織之助は暗殺されたという言い伝えが残っているとのことであった。

墓碑の「病死」という表現は、そのまま信じることができるのであろうか。織之助は二五歳であり、各地を転戦した壮健な青年であったと思われる。兵学寮に入営後数カ月で病没というのも不自然である。戊辰戦争で負った傷が原因であったのだろうか。

さらには、諸隊の反乱の際の行動が、同じく長州から来ていた兵たちの怨嗟《えんさ》の的になっていたかも知れない。想像を巡らせればきりがないが、単なる病死ではない可能性もあるということを確認しておきたい。

三　なぜ兵隊埋葬地は開かれたのか

さて、織之助の死は明治三年一二月一日である。その四カ月後の明治四年（一八七一）四月に、真田山に兵隊埋葬地（陸軍墓地）が開かれた。

ここで考えたいのは、陸軍墓地という発想がどこから得られたかということである。諸外国に範を求めたのであろうか。明治三年当時、兵学寮のあった大阪城地にはフランスの陸軍武官たちが兵学寮の教師として駐在していた。しかし、当時のフランスには軍人墓地は存在していなかった。アメリカでは南北戦争の後、無名戦士の墓地として、アーリントン国立墓地が一八六四年六月一五日に設置されている。七年後に真田山に兵隊埋葬地が設置されているので、国が管理する軍人の墓地というのは真田山陸軍墓地が世界で二番目である。アメリカのアーリントン墓地を参考にしたかどうかはよくわからない。これからの研究課題である。

また、下田織之助の死が、兵隊埋葬地開設に直接結びつくのであろうか。この点については、十分な論議がされていないような気がする。兵学寮の生徒が一人亡くなったことで、すぐに墓地をつくることになるのだろうか。今までは、下田織之助の死が墓地開設の契機となったと考えられていたが、果たしてそうなのか。

小田康徳氏は、「政府が天皇をいただき、国民を創出していこうとする中で早くもつくられたものであることに注目しておかなければならない」と指摘し、当初の広さが八〇〇〇坪という広大なものであったことを、政府が墓地という施設の必要性を認識していたからであるとする。それは「軍が多くの兵卒たちを一カ所に集めて訓練を施す時、一定数の死者が出ることが避けられず、死んだからといってすぐにその出身地に送り返すことが困難だという実際的な要請もあった」とする（小田康徳「日本の近代と戦争」小田他編著『陸軍墓地がかたる日本の戦争』）。

下田織之助が亡くなった明治三年一二月から墓地開設の四年（一八七一）四月までに何人亡くなっているのであろうか。明治四年中に亡くなったのは一五人である。いずれも五月以降であり、兵隊埋葬地開設（四月）までに亡くなったのは下田織之助だけである。下田織之助の死が訓練中であったかどうかは不明である。訓練中に死者が出ることだけを想定して、兵隊埋葬地を開設したとは思えない。

四　予想される内戦への備えだった？

考えられるのは、内戦が起こった場合に備えて墓地を準備しておくという発想ではなかったかということである。明治三年から四年にかけては、明治政府は安定しておらず、政府の有力者である西郷隆盛は鹿児島に帰っており、木戸孝允も諸隊の反乱鎮圧の指導のために長州に戻っていた。国内はまだ安定しておらず、内戦の危機感は政府内にあったと思われる。内戦を予想し、その内戦での死者を葬る場所（兵隊埋葬地）を準備しようとしたのではないだろうか。その準備の過程でたまたま下田織之助の死があり、これを好機ととらえて兵隊埋葬地の開設に至ったのではないだろうか。こうして下田織之助が最初の被葬者になり、病死であったので平時の死没者も埋葬されることとなったと考えることもできよう。

五　墓碑の謎

最後に一言付記しておきたいことがある。それは下田織之助の墓碑がいつ立てられたかということである。たしかに下田織之助は明治三年一二月に亡くなり、兵隊埋葬地が明治四年四月に開設された。開設されてすぐに下田織之助の墓碑が立てられたと確認できる史料は未見である。

もちろん開設直後に下田織之助の墓碑が立てられたとしても不思議ではないが、墓碑の状態は比較的良好に保たれていると言ってよいであろう。しかし明治四年四月でなく、もっと遅い時期とも考えられるのではないだろうか。

旧真田山陸軍墓地に保存されていた「埋葬人名簿」には符番号・新符番号というものが付されている。新符番号は墓地改葬時（「現景観の原点、墓地南半部の譲渡と大幅改葬の実施」参照）のものであり、符番号はそれ以前のものである。下田織之助の符番号は下－二八である。これは下士官の二八番目という意味だと考えられる。しかし、下－一から下－二七の番号を持つものを調べたが、日露戦争時の死没者がその中にあり、配列の意味はわからなかった。結局疑問は解決できないまま残っている。

（堀田暁生）

生兵の溺死

一　真田山陸軍墓地に残る生兵の墓碑

旧真田山陸軍墓地の墓碑群の中には、「生兵《せいへい》」と階級の刻まれた墓碑が相当数ある。国立歴史民俗博物館の『研究報告』第一〇二集所収の「墓碑銘文一覧」で拾うと一一四基ある。その中に溺死したと記された者がひとりいる。

では、「生兵」とは何か。詳しくは、拙稿「真田山陸軍墓地に埋葬された生兵たち」（『生活文化史』第五四号、二〇〇八年）に記したが、ここでは、概略だけを示しておこう。

一八七三年（明治六）一月一〇日発布の徴兵令は、国民皆兵主義のもと兵役は男子の義務と謳いながら、実際に兵役に従事したのは多くは貧農の次男以下であり、徴兵適齢者人口の三〇分の一にとどまった。徴兵令には多くの免除規定があり、加えて代人料二七〇円を納めれば徴兵免除といった規定もあった。徴兵されるとわずかな手当は支給されるが、三年間兵役に服することが義務付けられた。しかし、徴兵されたのは一家の働き手であった者が多く、徴兵を忌避する空気は強かった。「兵隊に行く」というより「兵隊に取られる」という言い方が一般的であった。

こうした雰囲気であった新兵を訓練し、戦闘可能な兵士に鍛えるためには、教育・訓練の期間が必要であった。陸軍省は一八七四年（明治七）「生兵概則」を定めて、原則六か月間の新兵教育・訓練期間を設けた。この間の新兵を「生兵」（せいへい）と呼んだ（実施は翌年度から）。こうして一八八七年（明治二〇）陸軍省が「軍隊教育順次令」を出して「生兵概則」を廃止するまでの一三年間、生兵は正規の兵士とは扱われず、略服しか支給されず徽章も着けられなかった。六か月の教育・訓練を終え、大隊長の検査で合格と認められてはじめて「二等卒」に任じられた。徴兵された若者にとって生兵期間は厳しく不快な時間であった。逃亡する生兵も少なくなく、入営に際して中隊長の前でわざわざ「平時戦時トモ脱走致間敷事」と誓約・署名する儀式が執り行われた。

生兵の教育・訓練の内容は、歩兵の場合「術科・体操術、生兵教練、小隊教練、撤兵教練、射的術、生兵口授ノ教則（口頭で講義したもの）・陸軍一般ノ心得、勤務一般ノ心得、手銃一般ノ心得、衛戍一般ノ心得」とされ、系統的に教育・訓練が行われた。しかし入営した多くの若者は貧農の次男以下で、洋服を着て靴を履き、椅子に座りベッドで寝、ラッパに合わせて分単位の時間で共同生活をすることは殆ど初めての体験であった。彼らは大変なストレスの中で生活した。たとえば、『大阪日報』一八八六年（明治一九）八月二六日〜一〇月二九日の連載記事の中で衣食住からはじまって生活全般についての体験が具体的に記されている。墓碑銘文の解読からは、生兵は病気に罹る者も多く、死者が出たことも判明する。一方で兵営生活に適応できた生兵は兵卒となって満期除隊すると、衣食住生活の「文明開化」の地域社会における普及者にもなった。

一八七四年（明治七）から一八八七年（明治二〇）の間に大阪鎮台にいた生兵の現存する墓碑は最初に見たように一一四基である。しかし、死亡者全体の人数は実のところ、不明である。第一に、近府県出身者は遺族が遺体を引き取って墓碑が建てられなかった可能性が大きい。第二に、真田山に埋葬され墓碑が建てられても、一三〇年以上の時間の経過で墓碑面が剝落したりして読めなくなった墓碑の存在も相当数に上る。現に歴博の一九九九年時点の調査で記録されていた生兵の墓碑を、今回確認のため真田山に行って確かめようとしても剝落して読めない墓碑があった。

二　溺死した生兵

さて、溺死者の問題について述べていく。

陸軍省は一八七五年（明治八）一一月二二日に「遊泳概則」を定めて、遊泳の目的と実施に関して次のように規定した（句読点、濁点を付した）。

第一条　凡ソ軍人遊泳術ヲ精究熟練スルハ、軍隊一般必須ノ要件トス。遊泳術ニ熟セザレバ溺没ノ憂アルヲ以テ、平時戦時ヲ論ゼズ、渉水ニ望ミ逡巡シテ事機ヲ誤ルニ至リ及ビ水中動作ニ従事スルコト能ハズ。是レ其必須ナル所以ナリ。

第二条　遊泳演習ハ軍隊教練必須ノ一部タルヲ以テ、毎年暑中、各隊ニ於テ之ヲ演習スベシ。

（以下略）

このため一八七八年（明治九）以降に入営した生兵は、毎年夏季には必ず水泳訓練を受けることになった。

「遊泳概則」には、水泳訓練実施にあたっての詳しい規則を定めていた。実施時期は「各地ノ気候ニ依テ斟酌セザル可カラズト雖モ概ネ六月十五日ヨリ九月十五日ニ至ルノ間」に、「軍医ヲシテ水質ヲ検査セシメ」陸軍卿に報告して実施する事と規定した。訓練にあたっては大隊長を責任者として、教官・助教・遊手を任命し、兵卒六〜一二人に一人の遊手が付いて指導を行った。遊手は遊泳術に最も熟達した兵卒から任命されたが、生兵はいかに熟達した者であっても選んではならないとされた。演習の際は「百方ニ注目シテ溺没ノ憂ナキ様警戒ヲ加へ」るよう規定している。

明治初期の徴兵検査は二月実施、入営は原則として四月であった。ただし大阪鎮台の生兵墓碑銘から判明する入営月別人数を纏めると、五月三七人、四月二一人、九月四人、二月と一一月各三人、七月二人、六月と一〇月各一人であった。（明治半ばからのように全国一斉の入営ではなく、幅を持って実施されたが、中心は四、五月であった。）従って生兵としての生活にある程度慣れてから、水泳訓練が実施されたことになる。

これだけ詳細な規定が制定され、その規定のもとで実施したはずの大阪鎮台の水泳訓練でも、生兵の溺死者が出ていたのである。

「生兵文珠梅次郎之墓」（F－7－18）の右側面には「大阪府摂津国東区北新町一丁目二十番地、大阪鎮台砲兵第四聯隊第二大隊第二中隊」と出身と所属を記し、左側面に「明治二十年六月二十九日淀川筋ニ□□遊泳演習際溺□□」と事故死の原因と時と所を記録している。□□は墓碑面が判読できない部分である。入営の年月日や没年齢は分からず家業も記録されていない。文珠梅次郎についてはこれ以上のことは分からない。ただし六月一五日から訓練を始めるという規定から見て、水泳訓練を始めて間もなく溺死したのであろう。

ところで当時の水泳法は、現在の平泳ぎやクロールなどの泳法とは違い、後に「古式泳法」と呼ばれる江戸時代の武術としての水泳法が行われていたようである。「古式泳法」には「立体（立ち泳ぎ）」、「平体（水面に伏した姿勢、または背泳ぎ）」、「横体（横泳ぎ）」の三体があり、各流派でどれを主とするかで違いがあった。熊本出身の岩倉重昌が宝永年間（一七〇四～一七一一）に紀州に於いて創設したという「岩倉流」は立体を主としていた。武州浪人宮発太郎が津藩に招かれて一八五三年（嘉永六）に創始したのが「観海流」といわれ、蛙脚平泳ぎを主とした遠泳法で「海を観る事陸の如し」ということから「観海」と名づけられ、明治時代に学校や軍隊で盛んに採用されていたと伝えられる。

大阪鎮台が淀川筋で訓練する際どの泳法を使ったかは分からないが、文珠梅次郎はこうした古式泳法で訓練中に死亡したものと考えられる。この墓碑銘文から明らかにされる生兵生活の訓練の一面である。

三　他の陸軍墓地の溺死生兵調査の必要性

なお、生兵の溺死については、墓碑銘文の誤刻ではないかという疑問が提起されている。誤刻説の根拠は、①「生兵概則」に例えば「体操術」を課すとはあるが、「遊泳術」を課すとは書かれていない、②生兵墓碑一一四人中溺死者は一人のみで、兵卒には多いのに生兵が一人のみはおかしい、③「遊泳概則」中「遊手」に生兵はなれないというのは、生兵が遊泳訓練を受けていなかったことを示している、というものであった。

しかし、「生兵概則」は一八七四年一〇月に出され、「遊泳概則」は一八七五年一一月に出されたので、①の根拠は成り立たないと考える。②事例一一四人は死亡した生兵のうち一部で、現存する墓碑の中で判読できたもので、溺死した生兵が一人しかいないとは断定できない。③は史料の読み方の相異で、生兵が遊泳訓練を受けていたから、その際いかに遊泳の上手な生兵でも「游手」には採用しないとも読み取れる。以上の判断から、誤刻ではなく、数は少ないが生兵の遊泳訓練中の事故を示す貴重な墓碑と考える。

誤刻説の主張は、規則の解釈に基礎を置くものであるように思われる。しかし、重要なことは生兵の溺死者の墓碑が一基でもあることではなかろうか。その上に立って資料を解釈することが大事であると思う。生兵の溺死は事実なのであり、それが、彼らの兵営生活とどう関わっていたかを考察できる、さらなる資料の調査こそが求められているのではなかろうか。

（横山篤夫）

中山寺で死亡した大津聯隊の生兵、北川米次郎

F-45-21
北川米次郎の墓碑

一　入隊から半年足らずの死

その墓石は、Fゾーンの一角にひっそりと立っている。地下に眠っているのは、入営後わずか五カ月で没した一人の生兵《せいへい》である。彼は近江国蒲生郡日野村井町（現滋賀県蒲生郡日野町村井）出身で、名

墓碑に刻まれた中山寺の文字

前を北川米次郎といった。墓碑銘には米次郎が明治一一年（一八七八）四月二九日に大津の大阪鎮台歩兵第九聯隊第一大隊第二中隊に入隊し、九月二八日に「中山寺」の「療養所」で息を引き取ったことが記されている。徴兵として故郷の近江日野を出て琵琶湖畔にある大津聯隊に入営し、さらに遠く離れた中山寺（現兵庫県宝塚市）で息を引き取るまで、わずか半年足らずの出来事だった。米次郎は「無念だ」と思う余裕すらなく、わけのわからないまま死んでいったのではないだろうか。二三歳二カ月の短い生涯だった。

旧真田山陸軍墓地には中山寺で死亡したことがわかる墓石が他にも四基ある。それぞれ「摂津国中山寺」「中山寺於仮病院」「兵庫県河辺郡中山寺仮病院」「兵庫県下中山寺病院」で没したと刻されている。後述するが、これはいずれも大阪鎮台病院が中山寺に仮設した脚気《かっけ》兵士の転地療養所を指している。中山寺で没したことを記した墓石はこの五基だけで、米次郎を除く四人は第八聯隊（大阪）に所属する兵卒である。ただし、五人とも明治一一年の夏に二〇代前半の若さで病没している。

それにしても、なぜ五人揃って明治一一年の夏だったのか。また、長距離の移動は脚気患者にとって大きな負担となるはずである。それを考えると、第九聯隊の米次郎が大津の兵営から遠く離れた摂津の中山寺で病没というのも、どこか不自然で気にかかる。入隊して半年もたたない生兵の身に何があったのだろう。

二　入隊するまでの米次郎

北川米次郎が生まれたのは一八五五年（安政二）七月である。これは墓石に刻まれた享年から逆算してわかった。当時の徴兵令では戸主は兵役が免除されたこと、そしてまた米次郎という名前から見て、おそらく米次郎は北川家の次男だろう。父親は清兵衛という名の平民だった。ただし、農家であったかどうかはわからない。明治一〇年代前期の調査によれば、日野村井町の人口は一二一八（うち士族二）人、総戸数は二〇三戸で、そのうち農業一二八戸、商業五〇戸、工業二五戸であった[1]。商業比率が二五％を占めている。日野地区全体では商業比率は一九・四％である。日野村井町は「日野商人」の本拠地の一つだけあって、きわめて高い。そのためだろうか、識字率も高かった。明治一〇年（一八七七）の識字率調査では男子の約八九％が自らの姓名を自著できた。その背景として、江戸末期以来の充実した寺子屋教育をあげることができる。日野地区には「町場」だけで六カ所の寺子屋があった。その一つ、米次郎が生まれ育った日野村井町にも「楽只筆耕堂」という寺子屋があり、十字六四文（辻六四文）が読書、習字、算術を教えていた。十字六四文は和算家としても活躍した人物であり、地域の地図製作者でもあった。明治初年には日野村井町の戸長も務めている。明治三年（一八七〇）の調査によれば、この「楽只筆耕堂」で学んでいた子どもは男子六四人女子三二人と、合わせて一〇〇人近くにも上る。おそらく米次郎も幼い頃この寺子屋に通い、読み書き算盤を学んでいたに違いない。

米次郎が一三歳の時に鳥羽伏見の戦いが起こり、あれよあれよという間に世の中が変わり、徴兵令

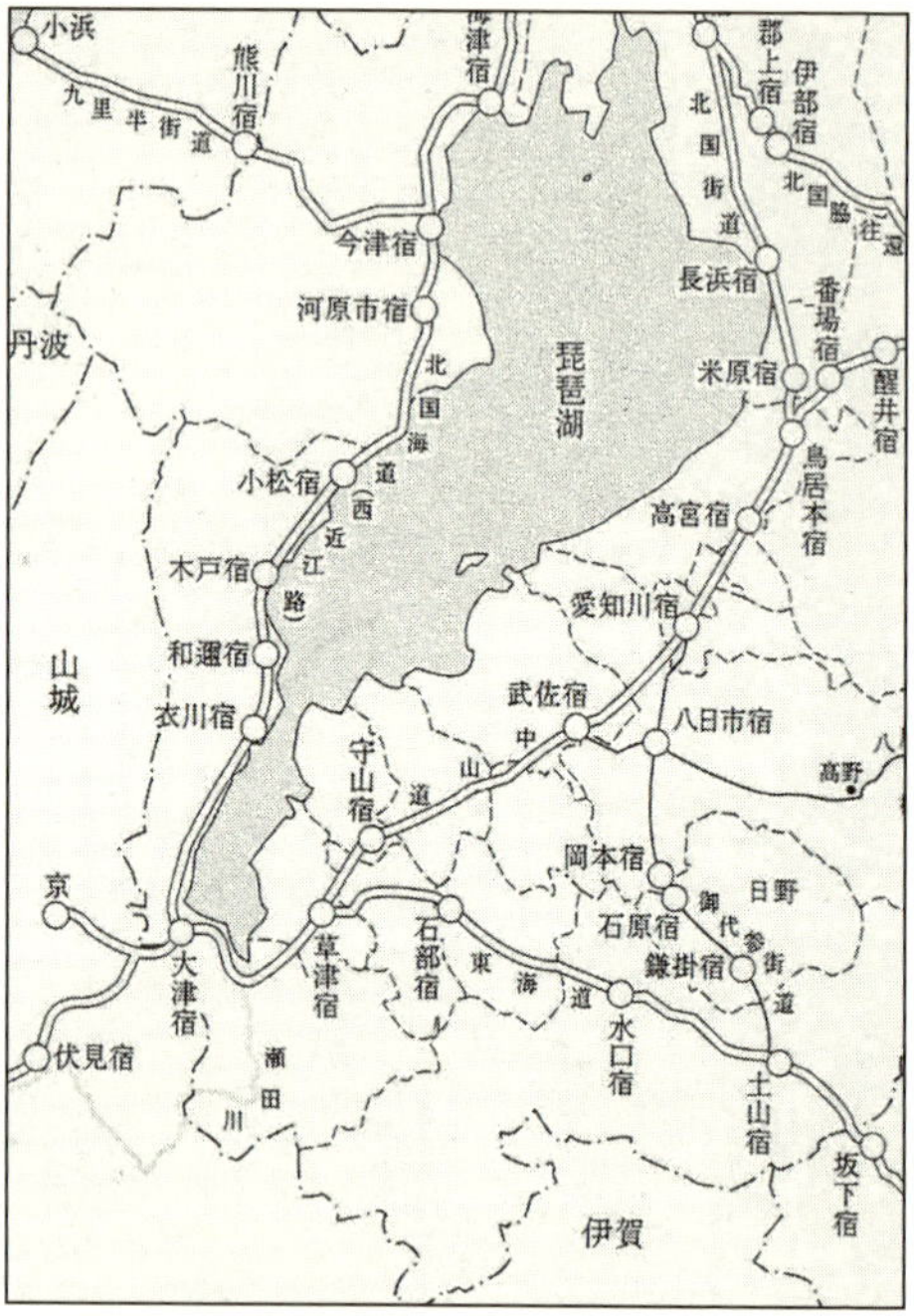

御代参街道と日野地区（日野町史編さん委員会『近江日野の歴史 第3巻〈近世編〉』2013年より）

が布告された時、米次郎は一八歳の青年になっていた。さすがに他人事とは思えなかったに違いない。それから四年後の明治一一年（一八七八）、米次郎は徴兵されて入隊することになった。満二二歳の時である。

　徴兵制では、満二〇歳に達した男子に三年間の兵役義務を課していた。しかし、一口に満二〇歳といっても簡単な話ではない。明治五年（一八七二）に「壬申戸籍《じんしんこせき》」が編製されるまで、年齢計算は数え年齢が主流であった上に、どの町村でもわずかな年齢の違いは微々たることだったからである。初期の戸籍に生年月日や年齢を訂正した跡が見られるのは、そのためである。(2) 米次郎が満二二歳で徴兵されたのも、背景にこうした戸籍上の混乱があったからかもしれない。

　当時、入営時期は四月二〇日から五月一日までの間とされていた。米次郎がどのような道を辿って大津の営所に向かったのかはわからないが、近世以来の街道交通と日野地区との関係を考えると、新緑の御代参街道《ごだいさんかいどう》を通って土山《つちやま》まで行き、そこから東海道を西に向かった可能性が高い。明治一一年（一八七八）四月二九日、米次郎は琵琶湖畔にある大阪鎮台大津分営に到着し、歩兵第九聯隊第一大隊第二中隊に編入された。

当時は免役条項を利用して徴兵を忌避する者が多く、米次郎がどのような気持ちで兵役に臨んだかはわからない。ただ、寺子屋時代の恩師が日野村井町の戸長を務めていたことは、否が応でも米次郎の背中を押すことになっただろう。戸長の職務は県の布達に基づいて各町村で行政事務を進めることであり、中でも徴兵事務は重要な職務だったからである。

三　入隊した米次郎

大津の兵舎は明治八年（一八七五）三月に完成し、すでに大阪鎮台管下の陸軍歩兵第九聯隊が大阪から移駐していた。第一大隊と第二大隊の二個大隊編成の部隊である。長等山園城寺（三井寺）の境内を中心に、三万一八〇〇坪を整地整備して造営された駐屯地だった。(3) 明治一〇年代に撮影された写真を見ると、長等山麓に兵舎が建ち並んでいる様子がわかる。フランスをモデルにして建築された白亜の兵舎である。米次郎は豪壮な兵営を初めて目にして、大きなカルチャーショックを受けたに違いない。この兵営で生兵として基礎的な軍事訓練を受け、半年後の二等卒進級を目指すのである。

この年は大阪を中心とした地域で、例年よりも早く五月から六月にかけて脚気《かっけ》が流行していた。大阪鎮台でも「流行他台ニ比較スル二其萌芽スル最モ早シ」（『陸軍省年報（第三）』）と、すでに一〇〇人を超える兵卒が発症していた。結局は、七月から九月の三カ月間だけで、大阪鎮台兵一〇八人が脚気

第九聯隊兵舎全景（大津市歴史博物館所蔵）

のために死亡する事態となってしまった。

このような年に徴兵された米次郎は、不運と言うべきか。しかも、四月末に入隊したばかりの生兵である。生まれて初めての軍隊生活は、ただでさえ緊張を強いられる。分刻みの集団行動に慣れるだけでも大変なエネルギーを労したことだろう。そもそも、明治政府が突然改暦を強行してから、まだ五年しかたっていない。実際、蒲生郡の山間部では明治二〇年（一八八七）頃になっても太陰暦の方が一般的だったのである。[4] 日野村井町は日野地区の「町域」とはいえ、果たして日々の暮らしに太陽暦がどれほど根づいていただろう。ましてや時計を所持する家など何軒あっただろうか。暮らしのサイクルや時間感覚の違いを考えただけでも、生兵の受けたストレスの大きさが想像できる。

人間の主要なエネルギー源は、三大栄養素といわれる蛋白《たんぱく》質と脂質と糖質である。しかし、脳神経は糖質以外のものをエネルギー源とすることができない。糖質は脳で一日一〇〇グラム消費されると言われているが、脳にストレスが過剰に加われば糖質の消費も増える。糖質からエネルギーを生産するにはビタミンB_1が不可欠である。肉体的な疲労だけでなく精神的なストレスに対してもビタミンB_1は消費され、欠乏すれば脚気の発症につながるのである（「脚気と陸軍」参照）。

もちろん、生兵の肉体的疲労は計り知れない。「身体ノ動作」に慣れるだけでも容易ではない。たとえば、足の動きと反対に腕を振る訓練は、「隊伍中互ニ障妨ヲ起サス、斉一ニ運動ヲ為ス」（「生兵概則」）ために不可欠である。そのため、行進の訓練では、足元を見ないで衝突を防ぐ目安として前後左右との間隔、歩幅、一分間の歩数が決められていた。駆歩《かけあし》の訓練も同様である。密集隊列を組んだままで行うため、歩行も走行も歩幅と歩度が規定されていた。このような一瞬たりとも気の抜けない、まるで精密機械のような「身体ノ動作」を一から学んで体得するのは、生兵にとって至難の業だったに違いない。そのうえ、必ずしも好天の下で訓練が行われるわけではない。悪天候であれば、それだけ身体に過剰なエネルギー消費を強いることになる。体調を崩して病気に罹る生兵が続出するのも当然だろう（コラム「生兵の発病率と死亡率」参照）。

生兵としての訓練が始まって二カ月余りが過ぎ、七月下旬になった。盛夏を迎えて心身ともに疲労がピークに達していた頃、米次郎は大津から京都伏水（伏見）の屯所に移動することになった。実は、明治九年（一八七六）四月には第九聯隊に第三大隊が増設されていて伏見に分屯していたが、伏見屯所は仮兵舎だったため体操器械などが建設されていなかった。また、射的場も距離が短く二〇〇メートル以上の演習ができないなど、訓練上の問題があった。それに加えて、聯隊の中で一つの大隊が独立して分屯している状態が長く続くと、各隊の教育程度に異同が生じる。そこで、第九聯隊の各大隊を六カ月ごとに交代させて問題の解消を図ることになったのである(5)。七月二四日、第三大隊が伏見から大津の営所に移駐し、交代に大津の第一大隊が伏見の屯所に移った。第一大隊の米次郎も、この時大津から伏見に移ったものと思われる。盛夏の移動は、入隊以来の疲労が溜まっていた生兵には、さぞかし身体に堪えたことだろう。

四　大阪鎮台の転地療養所と米次郎

米次郎が大津から伏見に移る二日前のことである。大阪鎮台病院では続出する脚気患者を転地療養させるため、初めて中山寺に療養所を開設した。大阪鎮台病院が有馬温泉以外の場所を転地先に選んだのは、これが初めてである。有馬は「道路頗ル嶮難」で、重症患者は途中で「輸送之為メ衰弱ヲ許ス」など、いくつか問題があったからである（JACAR〔アジア歴史資料センター〕Ref.C04028131100〔第1画像目〕、「脚気患者転地療養伺」陸軍省大日記、明治一一年「大日記6鎮台 7月末乾 陸軍省第1局」〔防衛省防衛研究所〕）。当時、大阪から行くには神崎《かんざき》、伊丹《いたみ》、小浜《こはま》、生瀬《なまぜ》（いずれも兵庫県）を経て有馬に至るルートが一般的だったが、このうち生瀬から有馬までの約八キロが実に険しい山道で、難所中の難所だったのである。患者の輸送は主に人力車が使われたが、それもせいぜいのところが生瀬までだった。生瀬から先は徒歩で行くか、駕籠《かご》を使うか、さもなければ人足が背負うかしたようである(6)。有馬に比べると、中山寺は「土地高燥爽涼」で脚気の療養に適しているだけでなく、「道程短近ナルヲ以テ費用モ亦減省」する。大阪鎮台にとって中山寺は何かと都合が良かったのである（JACAR：C04028131100〔第1画像目〕、「脚気患者転地療養伺」陸軍省大日記、明治一一年「大日記6鎮台 7月末乾 陸軍省第1局」〔防衛省防衛研究所〕）。移動に伴う患者の負担だけでなく、費用負担の問題もあったことがわかる。しかし、この時の中山寺転地療養所は、「其効ノ少キヲ以テ」途中で引き揚げる結果となってしまった（『陸軍省年報（第四）』）。要するに、中山寺に変更したのは失敗だったのである。

一方、大津分営でも脚気に罹る屯在兵が日々増加していた。営所の病室には「現ニ七拾一名」の脚気患者がおり、脚気以外も「其他雑病之者三拾九名。病室余室ナシ」という状態だった（JACAR：C04028154400〔第1画像から〕、「同件伺」陸軍省大日記 明治一一年「大日記鎮台の部 8月末乾 陸軍省第1局」〔防衛省防衛研究所〕）。大津分営では軍医の申し出を受け、営所から二里余りの距離にある琵琶湖畔の上阪本村に転地療養所を開設して大津の「該営所之患者ニ限リ」療養させることにした。大阪鎮台は陸軍卿の山県有朋に宛てた文書（八月一九日付）の中で、中山寺に比べれば「運送之便ハもとより、入費ニ於テモ減少」するとも述べている。陸軍にとっては患者の移送と費用の面が問題だったことが、ここからもわかる。翌二〇日この件は「伺之通」となり、大津営所の脚気患者については中山寺ではなく、上阪本村に開設する転地療養所で療養することになった。上阪本村は「頗ル爽快ノ地」であり、幸いにも「日ナラスシテ必死ヲ挽回スル」者が多かった（『陸軍省年報（第四）』）。大阪鎮台では「其治効ヲ収ムル最モ著大ナリ」と大いに効果を認め、その後も毎年のようにここに開設している。もしも第一大隊に移動命令が下されていなければ、米次郎は大津の兵営で訓練を続けていたはずである。脚気を発症しても、上阪本村転地療養所に送られて「日ナラスシテ必死ヲ挽回」していたものを、と悔やまれる。

米次郎は大津から伏見に移って三週間ほどたった時、再度移動することになった。九月一二日、伏見屯在の第一大隊に大阪への移動が命じられたのである。大阪鎮台では在阪の諸部隊に脚気をはじめとする病人が多発して、「健康兵頗ル寡少」の状態に陥っていた。とうとう「日々勤務之人員ニ不足ヲ生ジ」る事態となったため、伏見分屯の第九聯隊第一大隊を大阪に戻して衛戍の一部を補助させることになったのである（JACAR：C04028174800〔第1画像から〕、「第9聯隊第1大隊の内2中隊当地引揚度伺」陸軍省大日記、明治一一年「大日記鎮台の部 9月末乾 陸軍省第1局」〔防衛省防衛研究所〕)。第九聯隊第一大隊第二中隊に所属する米次郎も、この時伏見から大阪に移ったはずである。

二週間後、米次郎は中山寺転地療養所で息を引き取った。初めての軍隊生活や生兵としての訓練だけでなく、移動に次ぐ移動も重なって、とうとう大阪の本営に来て脚気を発症したのだろう。米次郎は大阪鎮台病院に入院し、直ちに中山寺転地療養所に送られたものと思われる。鉄道はまだ通っていない。有馬ほどではないにせよ、衰弱した身体で二〇キロ近くの道のりを移動するのは決して楽なことではない。米次郎は人力車に乗せられて行ったのだろうか。第九聯隊第一大隊に移動命令が下されてさえいなければと、続けざまに部隊の配置交代を命じた大阪鎮台を恨みたくもなる。

新緑の中、日野村井町を後にして大津に向かった米次郎だったが、再び故郷の景色を目にすることはできなかった。今、米次郎は大阪天王寺区玉造の旧真田山陸軍墓地で眠っている。いくら何でも、また移動を命じられたりはしないだろう。

(1) 日野町史編さん委員会編『近江日野の歴史第四巻(近代編)』二〇一四年
(2) 日野町史編さん委員会編『近江日野の歴史第四巻(近代編)』二〇一四年
(3) 大津歴史博物館市史編さん室編『図説 大津の歴史(下巻)』一九九九年
(4) 日野町史編さん委員会編『近江日野の歴史第四巻(近代編)』二〇一四年
(5) JACAR:C04028131500、「屯在兵変換の義伺」陸軍省大日記、明治一一年「大日記6鎮台 7月末乾 陸軍省第1局」〔防衛省防衛研究所〕
(6) アーネストサトウ編著『明治日本旅行案内(ルート編2)』(平凡社、一九九六年)、三浦守治『脚気治療法』(南江

堂、一八九七年)、陸軍衛生事蹟編纂委員会編『明治二十七八年役陸軍衛生事蹟』一九〇七年、など

(今西聡子)

脚気と陸軍

一 脚気の「流行」について

脚気《かっけ》はビタミンB1が欠乏して起こる栄養障害性の疾患である。陸軍では白米を重視して偏った兵食に固執したために、脚気を発症する兵士が後を絶たなかった。精米することによって胚芽《はいが》や糠《ぬか》に含まれるビタミンB1が抜け落ちてしまうため、一人一日あたり「精米六合、賄料金六銭」の兵食では、どうしてもビタミンB1が欠乏するのである。ちなみに、現在の標準的な白米飯のビタミンB1含有量は玄米飯のわずか八分の一である。

だからと言って、兵士が恒常的に脚気を発症していたわけではない。兵食が一定しているにも関わらず、まるで伝染病のように「流行現象」が起きた。その一つは夏期に多発したことである。人間は高温・多湿の状態に置かれると、体温を一定に保とうとして過剰にエネルギーを消費する。糖質をエネルギーとして利用するにはビタミンB1が不可欠であるため、エネルギー消費の多い夏は必然的にビ

タミンB_1の必要量が多くなる。その結果、ビタミンB_1が欠乏して脚気を発症するのである。しかも、ビタミンB群は水溶性なので夏は汗と一緒に体外に流れ出やすく、ますます欠乏する。さらにまた、そもそも米には糖質が多く含まれており、それだけ多くのビタミンB_1が必要なのである。白米重視の兵食で夏を乗り切るには、大きなリスクを伴う。

このような夏期の流行だけでなく、年や地域によっても流行に違いがあった。同じ地域でも脚気が大流行する年があったり、同じ年でもあまり流行しない地域があったりと、伝染病のような現象が起きていたのである。これには、その年やその地域の気象条件が脚気の流行を左右していた可能性が考えられる。あまり注目されてこなかったようだが、気象と脚気との相関関係を調べた研究がある。徳山源次郎「気象と衛生（脚気との相関）」『海と空』第三巻第一二号（神戸時習会、一九二三年）がそれである。大正期の神戸市内における巡査の脚気死亡数を事例に、雨量および雨天の継続、湿度の多寡などとの相関関係を検証したもので、脚気は梅雨の消長に関係すると結論づけている。さらなる検証が必要ではあるが、一理あるだろう。人間の身体は汗によって体温調節をしている。しかし、湿度の高い日が続くと発汗があっても汗が蒸発しないため、体内に熱が籠ったままの状態になってエネルギーを消耗するからである。気化熱によって体温を下げることができないため、体温を一定に保つためにエネルギーを過剰に消費してしまうのである。人間はビタミンB_1を体内では生成できない。したがって、必要なエネルギーを糖質から生産できるだけのビタミンB_1を摂取しなければ、ビタミンB_1は欠乏する。季節、気象、地域といった環境によって消費エネルギーは異なる。一方で兵食は「精米六合、賄料金六銭」と一定である。ビタミンB_1が欠乏して脚気を発症するリスクは小さくない。

「中山寺で死亡した大津聯隊の生兵、北川米次郎」で取り上げた明治一一年（一八七八）の「流行」に関して言えば、東京では例年に比べて四月以降の湿度が高かったことがわかっている。脚気の流行は、大阪ほどではなかったものの、東京鎮台でも多発した。明治一一年は梅雨入りの早い「走り梅雨」だったのかもしれない。その影響が大阪鎮台で最も顕著に表れた、と見ることはできないだろうか。あいにく大阪の気象データがないため断定はできないが、ここではあくまでも仮説として紹介しておく。

二　脚気と転地療養

「転地療養」と聞くと結核を思い浮かべるかもしれないが、陸軍では脚気対策として大阪の陸軍所で始まったことをまず指摘しておく。その嚆矢《こうし》は、明治四年（一八七一）の夏に大阪軍事病院（大阪鎮台病院の前身）が有馬温泉に置いた「仮病院」である。この時、数十名の脚気患者を初めて有馬温泉に移送して転地療養を試みた。脚気はすでに前年の明治三年（一八七〇）から軍人の間で「流行」しており、当局では伝染病の一種と見ていたようである。その後も大阪鎮台病院では毎年のように有馬に転地療養所を開設して脚気兵士を移送している。旧真田山陸軍墓地には、明治五年（一八七二）から九年（一八七六）にかけて「有馬仮病院」や「有馬養生所」で「病没」した若い兵卒の墓石をいくつも確認できる。「病没」だけでは彼らがどんな病気で没したのか判然としないが、この時代に「有馬仮病院」「有馬養生所」で病没したとなれば、在営中に脚気を発症して有馬の転地療養所で死亡したと見てまちがいない。呼称が統一されていないのは、当時まだ正式な「転地療養規則」が成っていなかったためだろう。

陸軍では脚気の病理を解明できないまま、転地療養を最善の治療法の一つと考えていた。多くは経験則によったのだろうが、伝染性疾患との見方を有していたからでもあろう。米麦混食の効果がはっきり現れてから以後も、陸軍省は脚気患者数を伝染病に分類してカウントしている（たとえば『陸軍省統計年報第十回（自明治二十九年一月一日至同年十二月三十一日）』）。空気の澄んだ高燥地が転地療養にふさわしいとされた背景には、それもあったように思われる。

転地療養によって脚気が治った者もいれば、死亡した者もいた。それは結果論である。脚気の原因が解明された今となって見れば、必要なエネルギーを糖質から生産できるだけのビタミンB_1が摂取されたかどうかにかかっていたはずである。兵員の密集した営所から離れ、空気の澄んだ高燥地で療養すれば、心身ともにストレスから解放されてエネルギーの消耗も防げるだろう。エネルギー消費が少なければビタミンB_1の消費も少なくて済む。当時、転地療養所の食事が白米飯だったか米麦混食だったかはっきりしない。しかし、一人一日あたり「精米六合、賄料金六銭」であっても、エネルギー消費が少なければ回復は可能なのかもしれない。

三　幻の陸軍病院附属転地養生所

「陸軍入院患者転地療養規則」が正式に規定されたのは、鎮台制が師団制に改編されてから後、明治二二年（一八八九）のことである。ただし、それ以前においても、陸軍では一定の規則に準じて脚気患者の転地療養を実施していた。その一つに「病兵温泉入浴概則」（明治九年六月八日達）がある。

民間施設などを陸軍が一時的に借り受けるわけだが、その際「食料・入浴料・家賃・蒲団・蚊帳・家具賃」を賄料《まかないりょう》として「一人一日金二十二銭ヲ目途トシ実況ニ従テ定ムベシ」とされていた。畢竟《ひっきょう》、転地療養患者が増えれば増えるほど、長引けば長引くほど費用がかさむ。その上、物価の高騰も相まって、陸軍軍医本部では脚気患者の転地療養問題に頭を痛めていた。

明治一四年（一八八一）一月、陸軍軍医監緒方惟準から陸軍大臣大山巌に宛てて次のような伺いが上申された。それによると、従来は伊香保（群馬）や箱根（神奈川）などに脚気患者を移送して転地療養させていたが、「近年物価騰貴」の折から「其費用ヲ計算」したところ、金額が「前年ニ超過スルコト僅少ニアラザル」ことが判明した。しかし、転地療法以外には脚気治療に効果的な方法が見つからない。そこで「費用僅少ニシテ効験著キ方法ヲ考案」した結果、「陸軍所轄内ノ戸山学校」が良いのではないか。戸山学校なら「高燥開豁」の上に「市街ト隔離シ空気清浄」であり、「脚気患者転地療法ニハ適切之場所」である。幸い今年は学校に空き室が出るので、「学校内空室ヲ病室ニ仮用」すれば「費用モ大ニ減少」する。これが軍医監緒方惟準の意見であった。結局、八月になって転地を要する脚気患者が増加したことから、緒方軍医監の「伺之通」、戸山学校が転地療養先となった。常設ではなかったが、この時初めて軍用地に陸軍の転地療養所が開設された。

明治一六年（一八八三）と一七年（一八八四）に大阪鎮台病院が兵庫分営の跡地に開設した転地療養所も、民間施設を借り受けたものではなく、戸山学校と同様に軍用地の施設を利用したものであった（「三〇年間神戸に眠っていた遺骨」参照）。興味深いことに、大阪鎮台では旧兵庫分営をさらに「陸軍病院附属転地養生所」として保存する方針を明治一六年一〇月二七日付で陸軍大臣に上申している。つ

G-15-12
軍医監堀内利国の墓碑

まり、一六年度のように「該兵舎壱棟」を臨時に転地療養所として使用するのではなく、兵庫分営跡の軍用地に鎮台病院独自の転地療養所を常設しようというのである。単に脚気の治療効果だけでなく、「借屋料ハ全滅」し「運送費ハ若干ヲ節減」するなど他にも「百般裨益不寡」と、費用面の効果を強調している。一二月一三日、これが認可された（JACAR：C04030638100、「脚気患者療養所に付伺」明治一六年「大日記 諸鎮台12月末 陸軍省総務局」〔防衛省防衛研究所〕）。明治一八年度に陸軍では五〇〇円の予算を組んで「兵庫第八営」と「兵庫養生所周囲」を修繕している（『陸軍省年報（第一二）』）。「陸軍病院附属転地養生所」の開設に向けた準備だったのかもしれない。

ところが、この「陸軍病院附属転地養生所」は幻に終わった。「幻」と言うと大仰だが、少なくとも明治一八年（一八八五）以降は誰も入所していない。明治一七年一二月四日、大阪鎮台病院長の堀内利国が以前から主張していた米麦混食がようやく認可され、その結果、大阪鎮台では脚気を発症する兵員が激減したからである。転地療養所を常設する必要がなくなったのである。

（今西聡子）

コラム
生兵の発病率と死亡率

『陸軍省年報』（第七・第八）に興味深い統計が載っている。明治一四年（一八八一）七月一日から明治一六年（一八八三）六月三〇日までの「患者等級表」である。患者は脚気に限定していない。そこには下士、兵卒、輜重《しちょう》輸卒など兵種別の発病数が千分比で示してあり、健者数に対する患者比率、患者数に対する全治者比率と死亡比率がわかる。表は、このうち下士、兵卒、生兵《せいへい》および兵種平均を百分比にして示したもので、それぞれ①健者一〇〇人に対する患者比、②患者一〇〇人に対する全治者比、③患者一〇〇人に対する死亡者比を示している。なお、①の患者比が健者を上回っているのは、一人の兵員が複数回発病しているためである。

これを見ると、およその傾向がわかる。特徴的なのは、生兵の患者比の高さである。明治一四年度から一六年度の平均

表 1-1-4　患者等級表

兵種	対象期間（明治）	①患者	②全治	③死亡
下士	14年7月1日～15年6月30日	154.89	95.35	0.61
	15年7月1日～16年6月30日	157.9	95.27	0.8
平均	14年7月1日～16年12月31日	156.4	95.31	0.71
兵卒	14年7月1日～15年6月30日	186.28	94.59	0.73
	15年7月1日～16年6月30日	197.2	94.9	0.8
平均	14年7月1日～16年12月31日	191.74	94.75	0.77
生兵	14年7月1日～15年6月30日	278.8	93.37	0.47
	15年7月1日～16年6月30日	293.4	92.84	0.51
平均	14年7月1日～16年12月31日	286.1	93.11	0.49
三種平均	14年7月1日～15年6月30日	206.66	94.44	0.6
	15年7月1日～16年6月30日	216.17	94.34	0.7
平均	14年7月1日～16年12月31日	211.41	94.4	0.66

（注）①患者とは、健者100人に対する患者比。②全治とは、患者100人に対する全治者比。③死亡とは、患者100人に対する死亡者比。
（出典）陸軍省年報第7～8

値で言えば、患者の割合は健康な生兵のおよそ三倍弱（二八六・一）あり、病気を発症する生兵がきわめて多いことがわかる。一方、死亡者比は〇・四九と各兵種の中で最も低い。全治者は平均的か、やや低めである。生兵は病気に罹りやすいが、死亡する者はそれほど多くないのである。初めて経験する軍隊生活や訓練の厳しさなど、下士や兵卒よりも肉体的精神的ストレスを大きく受けるため、病気に罹りやすいのだろう。元来が強健な若者しか入隊していないため、回復力は他の兵種の者とあまり変わらないのかもしれない。

（今西聡子）

三〇年間神戸に眠っていた遺骨

一　大倉山に埋葬されていた八人

旧真田山陸軍墓地の墓碑銘を見ただけではわからないことだが、Ｆゾーンには大正三年（一九一四）八月一九日に神戸の大倉山から真田山に改葬された墓石がある。破損が激しくてほとんど判読できな

F-3-2
谷山源次郎の墓碑

いものがあるにせよ、大倉山から改葬されたことはどこを見てもわからない。実は、それは真田山陸軍墓地の「埋葬人名簿」に追記されていて、少なくとも八人の遺骨がそれまで大倉山に埋葬されていたことがわかるのである。

大倉山は現在の神戸市中央区にある小高い丘である。大部分が公園になっていて、神戸市立中央図書館や神戸文化ホールなどの施設があることで知られる。大倉山という名称は、卓越した実業家とも死の商人とも評される大倉喜八郎が、安養寺山の約八〇〇〇坪の土地を買い取って別荘を建て、後に神戸市に寄贈（明治四三年）したことに由来している。以来、安養寺山は大倉山と呼ばれるようになった。

大倉山から真田山陸軍墓地に改葬された八人は加藤卯八郎、太田廣吉、福岡与吉、南田増次郎、山岡政吉、西村福松、谷山源次郎、漆止厳である。このうち山岡政吉、西村福松、谷山源次郎、漆止厳の四人は入隊してから半年にも満たない生兵だった。一方、墓石を見ると二基の墓碑銘に「脚気病依入室／兵庫県坂本於療養中同十月二十六日没ス」「大阪陸軍病院／坂本村／病死」などと刻まれた文字を読み取ることができる。どうやら、彼らは脚気《かっけ》を発症して大阪陸軍病院に入院し兵庫県坂本村で療養していたものの、転地療養（「脚気と陸軍」参照）の甲斐なく死亡し埋葬されたようである。現在の大倉山周辺が、当時の坂本村である。

陸軍ではすでに明治八年（一八七五）八月に軍医官からの申し出を受け、脚気病者が転地療養中に死亡した場合はその地に埋葬してもよいことになっていた(1)。したがって、大倉山（安養寺山）に大阪鎮台の脚気療養所があったとすれば、療養中に死亡した兵員がそこに埋葬されても不思議ではない。しかし、大倉山に陸軍の療養所と埋葬地があったことは寡聞にして知らない。大阪鎮台の場合、兵員に脚気が流行すると有馬温泉や高野山などにある寺院や旅館と契約を結び、一時的に借り受けて陸軍転地療養所を開設していた。それが神戸の大倉山に開設とは、思えば不思議なことである。しかも、埋葬されていた遺骨を大正三年（一九一四）になってわざわざ掘り起こし、真田山陸軍墓地に改葬したとなると、何やら謎めいてくる。

二　彼らはいつどこで死亡したのか？

旧真田山陸軍墓地に建つ八基の墓碑銘と埋葬人名簿の記録によれば、彼らが死亡したのは明治一六年（一八八三）か一七年（一八八四）のいずれかである。陸軍全体を見ても、この両年は兵員一〇〇〇人に対する脚気発生数が二〇九・〇一人（明治一六年）、二六四・六七人（明治一七年）ときわめて高い(2)。いわば、脚気の「当たり年」だったのである。そこで、この年の大阪鎮台の状況を『陸軍省年報』の記録をもとに見てみることにしよう。

明治一六年は、七月から一二月末までの半年間に大阪鎮台だけで一九九八人が脚気を発症し、そのうち三三人が死亡した。八月には脚気患者の増加を受けて「摂州八部《やたべ》郡坂本村」に「転地療養所」を開設している。一一月に閉鎖するまで、治療のために大阪鎮台病院は二等軍医三名を、また巡視のために病院長（一等軍医正）と治療課長（二等軍医正）を派遣している。ここが正式な陸軍転地療養所だったことは確かである。

翌年も大阪鎮台では脚気が流行し、一五六九名が罹患して三七人が死亡した。この年の流行は例年よりも早く「四月ニ始リ」、「六、七月ニ至テ旺盛」となった。大阪鎮台病院では早くも五月に前年と同じく「坂本村」に転地療養所を開設し、一一月の閉鎖までに二八八人を移送している。その間も、脚気患者が次第に増加したため、同じく神戸の和田岬の北逆瀬川にある「能福寺」にも患者を分轄《ぶんかつ》して対応し、効験を見た。

このように明治一六年から一七年の一年半の間に、大阪鎮台では三五〇〇名を上回る兵員が脚気に罹り、七〇名が死亡している。坂本村の転地療養所と和田岬の能福寺に移送された兵員も、数百名に上った。当時の『大阪朝日新聞』には「神戸阪本村の当台脚気病兵養生所は、同病次第に減少せしに付、来る十五日限り引揚らるゝ由」（明治一六年一二月一二日付）、「当台陸軍病院の脚気患者九人は一昨日、同六人は昨日、汽車を以て神戸の阪本村転地養生所に送られ、仍昨日は同養生所にて快復したる同患者六人帰台せり」（明治一七年八月一〇日付）といった報道が散見されるが、もちろん転地療養の甲斐なく死亡して坂本村に埋葬された者もいた。三〇年後に真田山陸軍墓地に改葬される八人である。

三　療養所と埋葬地はどこにあったのか?

陸軍の転地療養所が坂本村に開設された背景には、ここに大阪鎮台の兵庫分営が置かれていたことがある。明治六年（一八七三）、徴兵令が公布された。一〇月になると、兵庫県八部郡坂本村に大阪鎮台兵庫分営設置の命が下り、二万坪を越える敷地が兵庫県から陸軍省に引き渡された。現在の大倉山（安養寺山）を中心とした周辺一帯である。そこに大阪鎮台の兵営や操練場が造築され、翌七年（一八七四）八月二九日には大阪から砲兵第七大隊（明治八年五月九日、第四大隊に改称）が移駐してきた。しかし、兵庫分営は明治一〇年（一八七七）に廃止され、入営していた五〇名は大阪の鎮台に収容された。ただし、兵庫分営の跡地は陸軍がそのまま軍用地として所有していた。明治一七年（一八八四）の『陸軍省年報（第一一）』を見ると、確かに部隊は全く配置されていない。しかし、坂本村字久保畑と奥平野村字横馬場に広がる二万五〇〇〇坪余りの敷地は軍用地のまま残されており、そこに大阪鎮台病院転地療養所と練兵場、小銃射的場、そして埋葬地があったことがわかる。つまり、療養所も埋葬地も、兵庫分営の跡地に置かれていたのである。

兵庫分営の跡地は、最終的にはすべて神戸市に売却されることになる。最後まで軍用地として残っていたのは埋葬地だったのだが、残ったのにはわけがあった。

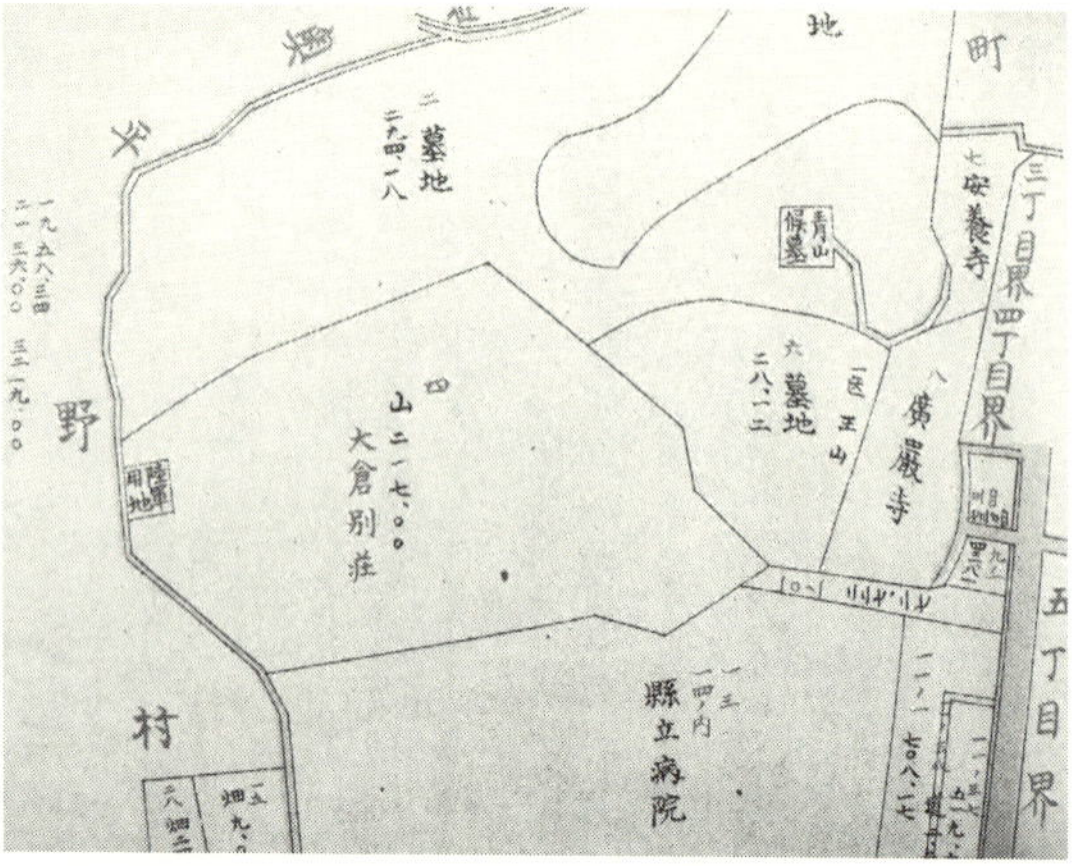

「大倉別荘」の敷地内に残された「陸軍用地」が埋葬地
（多田順吉編著『神戸市地籍図』1910 年より、部分）

実は、陸軍では六〇〇坪近くを占める広大な埋葬地を売却しかけて見合わせたことがあった。[3] 明治二二年（一八八九）のことである。この時、第四師団監督部長は「神戸市阪本村所轄地ノ内埋葬地売却見合之件」として陸軍大臣宛に伺いを立てている。「右地所ハ現ニ墓標等モ存在」することだし、売却は見合わせた方がよいのではないかと言うのである。第四師団では売却することになって初めて、墓標の存在に気がついたのだろうか。それでも何とか売却しようと考えたらしく、次のように続けている。「尤墓標は八個有之候ノミニ付、全地ヲ存在スルニ不及、別紙図面朱点線之通坪数ヲ縮少シ、百坪六合二勺七才埋葬地トナシ存在致度、此段相伺候也」。つまり、墓標が存在すると言っても八個あるだけだから、埋葬地全部はいらない。「百坪六合二勺七才」の敷地があればいい、と言うのである。その敷地に埋葬されていたのが、脚気で死亡した八人である。

彼らがここに埋葬されてからまだ五～六年しかたっていない。それにもかかわらず、八基の墓標には関心も敬意も払われていなかった様子が伝わってくる。墓標はおろか、地下に眠る八人の遺骨のことなど、ほとんど忘れられていたのではないだろうか。しかも、広大な埋葬地は無用とばかりに、五分の一ほどの敷地を残して売却されたのである。明治末期の地籍図を見ると、わずかに残った埋葬地の場所が特定できる。

四　なぜ真田山陸軍墓地に改葬することになったのか？

その後、二〇年余りの歳月が過ぎ、最後まで残っていた埋葬地も売却することになった。当時、神戸市の発展に伴って、住宅地が埋葬地に迫っていた。陸軍では「墓地トシテ甚タ不適当ノ場所」となったことから「改葬ヲ要シ」ていた。折しも、神戸市では大倉山の寄贈を受けて公園を造っていたため、「公園ノ体裁上」からも「移埋ノ必要ヲ生シ」ていた。そこで陸軍側と交渉した結果、移設に伴う一切の費用を神戸市が負担することで第一〇師団と折り合いがついたのである。売却予定価格は一坪あたり一七円六〇銭。総計一七七一円三銭五厘で、大正四年（一九一五）一月に神戸市に引き渡

された。(4)

売却に先立って、第一〇師団では埋葬者について調査し、第四師団からも了承も得た上で、第四師団所管の陸軍埋葬地（大阪真田山陸軍埋葬地）に改葬することになった。陸軍省では遺骨の改葬を正式に許可し、両師団の経理部長宛に通牒を送っている。そこには次のような補足説明が付けられていた（JACAR：C02031697100〔第3画像目〕、「大倉山麓陸軍墓地埋葬者改葬の件」永存書類乙輯第2類　第1冊、大正三年〔防衛省防衛研究所〕）。

神戸市阪本村ニ旧鎮台営アリテ、明治十六、七年頃脚気病大阪師団ニ頻発シタル為、同地へ転療養所ヲ置キ療養従事シアリ。大倉山山麓ニアル墓地ハ、此際死亡セルモノナリ。

わざわざ「大倉山山麓ニアル墓地」の由来について解説を補足していたのである。経理部建築課の印が押されていることから、民間との折衝にあたる担当課に向けて説明したのだろう。

五　遺骨はどのように改葬されたのか？

遺骨の改葬は、取って付けたように丁重に行われた。第一〇師団経理部長が陸軍大臣に宛てた「神戸大倉山麓陸軍埋葬地埋葬者改葬ノ件報告」には、事前の改葬計画（大正三年七月三一日付）が詳しく記されている。それによれば、大倉山で遺骨の改葬が行われたのは八月一八日と一九日で、第一〇師団の副官（砲兵少佐）と経理部部員（一等主計）、神戸市の主任が立ち会っている。改葬の準備は一八日の朝早く午前五時から始まった。まず墓地の周囲に幔幕《まんまく》を張り、祭壇を設けて花や蠟燭《ろうそく》、線香などを供えた。祭典が始まると、大倉山の麓にある安養寺の住職が最初に焼香し、第一〇師団の師団長代理が祭文を朗読した後、読経が行われた。次に、同じく大倉山の麓にある廣巌寺の住職が焼香し、読経に続いて師団長代理の焼香、神戸市長の焼香と続いた。「計画書」には最後に遺族参列者焼香とあるが、遺族がどのくらい参列し焼香したかは不明である。

祭典が済むと発掘作業が始まった。一人ひとりの遺骨を丁重に箱に収容して白布で包み、官氏名を記入した木札を釘着した。遺骨は神戸市が設置した遺骨収容所に手車で輸送され、墓石は莚《むしろ》に包んで一キロほど南にある神戸停車場に直接輸送されて、それぞれ安置された。

翌一九日も作業は早朝から始まり、まず遺骨が遺骨収容所から手車で神戸停車場に輸送された。そして、昨日から神戸停車場で保管されていた墓石と共に汽車に乗せられ、大阪に向かった。白布に包まれた遺骨と莚に包まれた墓石は、第一〇師団経理部の一等主計が大阪駅まで護衛し、そこで第四師団の経理部に引き渡された。

このように、改葬は手抜かりなく準備され実施されたことがよくわかる。実は、改葬に関する計画書が作成される前、陸軍省は第一〇師団経理部長に通牒（七月一〇日付）を送って、次のように注意を喚起していた。「改葬実施ニ就テハ遺骨等最モ鄭重ニ取扱ヒ、他由遺族等ヨリ批難ヲ受クルカ如キコト無之様、特ニ注意相成度候也」（JACAR：C02031697100〔第2画像目〕、「大倉山麓陸軍墓地埋葬者改葬の件」永存書類乙輯第2類　第1冊、大正三年〔防衛省防衛研究所〕）。遺骨を最も丁重に取り扱うようにとの指示だが、抹消線を引いてわざわざ「遺族等ヨリ」ではなく「他ヨリ批難」と修正している。陸軍省が世論の動向に神経を尖らせていたことがうかがえる。折しも、半年前の一月にシーメンス事件が発覚し、海軍に対する批判が膨らんでいた。二月一〇日には日比谷公園で内閣弾劾国民大会が開かれ、

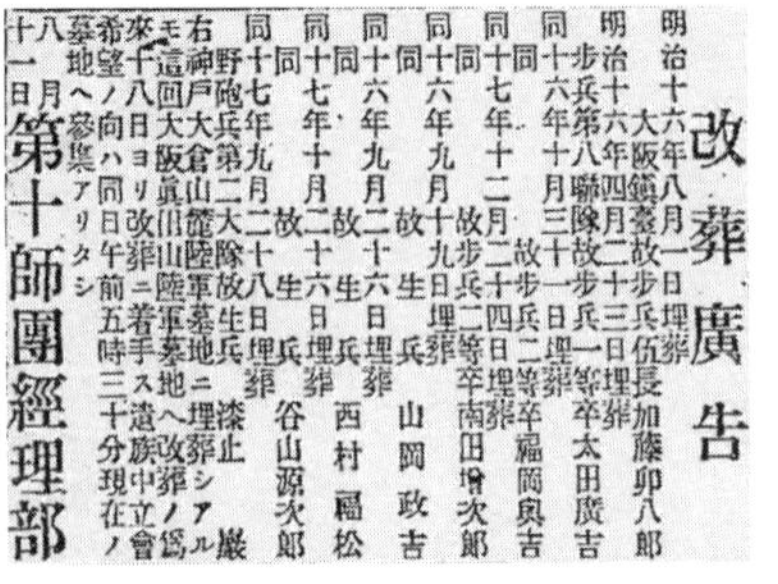
改葬廣告
明治十六年八月一日埋葬　大阪鎭臺故歩兵伍長　加藤卯八郎
明治十六年四月二十三日埋葬　歩兵第八聯隊故歩兵一等卒　太田廣吉
同十六年十月三十一日埋葬　同故歩兵二等卒　福岡與吉
同十七年十二月二十四日埋葬　同故歩兵二等卒　南田増次郎
同十六年九月十九日埋葬　同故生兵　山岡政吉
同十六年九月二十六日埋葬　同故生兵　西村福松
同十七年十月二十六日埋葬　同故生兵　谷山源次郎
同十七年九月二十八日埋葬　野砲兵第二大隊故生兵　漆止巖
右神戸大倉山麓陸軍墓地ニ埋葬シアルモ這回大阪眞田山陸軍墓地へ改葬ノ筈來十八日ヨリ改葬ニ着手ス遺族中立會希望ノ向ハ同日午前五時三十分現在ノ墓地へ參集アリタシ
八月十一日
第十師團經理部

改葬を知らせる新聞広告
（『大阪朝日新聞』大正3年8月13日付）

軍隊や警官が出動する事態となった。その時は警官が民衆を斬りつけている。結局、内閣は三月二四日に総辞職に追い込まれる。さらに、計画書を作成する一カ月前の六月二八日には、サラエボ事件が起きたばかりだった。第一次世界大戦「前夜」とも言うべき状況にあったのである。その後、八月二三日には大隈内閣も日英同盟を口実にドイツに宣戦布告して参戦、中国のドイツ植民地を攻撃することになる。そのような時代状況にあって、陸軍省では世論の批判が一気に当局に向くことのないよう、兵士の遺骨改葬には細心の注意を払う必要があったものと思われる。繰り返しになるが、だからこそ「大倉山山麓ニアル墓地」の由来をわざわざ解説したのである。

とはいえ、地元ではこの改葬にあまり関心がなかったらしく、全く報道されていない。新聞各社が大倉山の改葬を知らされていなかったわけでもない。『大阪朝日新聞』『大阪毎日新聞』『神戸又新日報』『神戸新聞』の四社は、当局からの指示にしたがって八月一一日から三日間「改葬ノ件」の広告を掲載している。広告は掲載したが取材には行かなかったのか、あるいは取材はしたが報道するほどのニュースではなかったのか。紙面は「欧州戦局地図」の広告や関連する戦局のニュースなどで埋め尽くされており、世間の関心がどこにあったかよくわかる。

大正五年（一九一六）三月二三日、すでに計画通り改葬が終了し一年以上が経過していた。それでもなお、陸軍省では「埋葬者各人ノ遺骨ハ遺漏ナク改葬し、一部分タリトモ残留セル如キコトナキヤ」（JACAR：C02031890 5〔第2画像目〕、「神戸大倉山麓陸軍埋葬地改葬に関する件」日記乙輯 大正05年〔防衛省防衛研究所〕）と、第一〇師団経理部長に再報告を求める念の入れようだった。これに対する第一〇師団側の回答も、遺骨は「漏ナク確実ニ」収容しており「一部分ト雖モ残留セルモノナシ」と、完璧な改葬だったことを強調している。三〇年間もほとんど放置されていた八人の遺骨は、こうして徹底的に「最モ鄭重」に改葬されたのである。

以来、八人は大阪市天王寺区の旧真田山陸軍墓地に今も眠っている。彼らは草葉の陰で「その節は『最モ鄭重ニ取扱ヒ』いただきまして」と感謝している、だろうか。

（今西聡子）

（1）JACAR：C04026493500、「本病より脚気病者転地療養中死亡の節埋葬云々」「大日記 諸局伺届並諸達書 8月水 陸軍第1局」明治八年（防衛省防衛研究所）

（2）原田敬一『国民軍の神話』吉川弘文館、二〇〇一年

（3）JACAR：C07050166600、「四督より神戸市阪本村埋葬地売却の件」「伍大日記 9月」明治二一年（防衛省防衛研究所）

（4）JACAR：C02031697100、「大倉山麓陸軍墓地埋葬者改葬の件」永存書類乙輯第2類 第1冊、大正三年（防衛省防衛研究）

第2章　西南戦争と大阪での死没軍人たち

京都府出身西南戦争戦死者と真田山墓碑
――地域史史料としての真田山墓碑群

B-16-13
真田山の岡井捨松墓碑

一　岡井捨松の二つの墓

旧真田山陸軍墓地Bゾーンの北側に、西南戦争戦死者「岡井捨松」の墓碑（B－16－13）がある。国立歴史民俗博物館（以下、歴博）調査の「墓碑銘一覧」（『国立歴史民俗博物館研究報告』一〇二集、二〇〇三年）では、「岡芳（カ）捨松之墓」となっており、出身地の読みも確定していなかった。他の史料とも照合し、改めて次のように読むことができた。

（正　面）故陸軍一等兵卒　岡井捨松之墓
（右　面）明治十年四月四日死
（左　面）京都府下山城国綴喜郡田辺村安之助弟

墓碑は花崗岩製、一五㎝角、高さ六七㎝の角柱。当初は周囲の墓碑と同様の砂岩製であったと思われるが、花崗岩での建て替えの時期は解明できなかった。

一方、西南戦争終結の五年後、出身地である田辺村（現京都府京田辺市）田辺北里の浄土宗西念寺に、遺族によって「岡井捨松」の墓が建てられた。墓碑は二段の台石の上に上部が半円形の方柱が据えられ、地表からの高さは約八〇センチ。次の銘文が刻まれている。

（正　面）大阪鎮台歩兵第九聯隊
　　　　　一等卒　岡井捨松墓
　　　　第一大隊第三中隊
（右　面）明治十年鹿児島県賊徒征討之役
　　　　三月七日肥後国於田原坂負傷
　　　　四月四日大阪陸軍於臨時病院死
　　　　亍時年令二十三年十一月
（左　面）明治十五年三月□□□
　　　　岡井安之助

岡井捨松墓碑右面の銘文

京田辺市・西念寺の岡井捨松墓碑

所属部隊と、田原坂の戦闘による負傷から大阪で死亡に至る経過が記されている。死亡時の「年令二十三年十一月」は、二三歳一一カ月を示し、岡井捨松は入営三年目の現役兵と考えられる。

二　京都府出身西南戦争戦死者の文書史料

京都府から、西南戦争にどれだけの男子青年が動員され、何人が戦死したのであろうか。西南戦争当時、京都府在住の男子青年は、徴兵検査を経て大阪鎮台隷下の歩兵第九聯隊に入営した。大正天皇の即位式を記念して京都府内の現状をまとめた『京都府誌』下（京都府、一九一五年）「第十一編　兵事」によると、西南戦争前年の一八七六年（明治九）「十二月末日に於ける府下兵員の数は常備兵三百四十五人、第一後備兵（後、予備役と改む）百五十九人、第二後備兵（後、後備役と改む）五十人なりき」とし、「〔明治〕十年鹿児島の戦乱には、其の二月に於て補充兵を徴集して要員に充て、尋で第一第二後備兵を召集して戦線に立たしめ、尚同年四月八日を以て壮兵募集の令を発し、（略）旧藩地に於て応募したるもの尠《すくな》からざりき。但今其の員数を知る能わず」としている。

常備兵（現役兵）は全員動員され、兵員不足から補充兵、第一・第二後備兵の多くが動員されたと思われるが、正確な徴集、召集人数はわからない。

戦死者についても、『京都府誌』は「明治十年鹿児島役に於て本府下の死亡者は約六十名にして、戦死者大部分を占めたり」として、正確な戦死者数は記していない。なお、この「戦死者大部分」という表記は、「戦死者」は戦闘による戦死・戦傷死者のみを示す軍の用語である。本稿では、軍の区別する「戦死」「戦傷死」「戦病死」を合わせて「戦死者」とする。

京都府立京都学・歴彩館所蔵の史料「京都府庁文書」を調べると、「明治13－24　明治十三年　御巡幸一件」という簿冊に「西南役戦死者遺族人名簿」「病死者遺族」（内題「西南役病死之者遺族」）「西南役負傷者人名簿」が綴じ込まれていた（以下「戦闘死者名簿」「戦病死者名簿」「負傷者名簿」と略記）。これは、一八八〇年（明治一三）六月二六日「御巡幸事務局」から「植村正直京都府知事」宛に「左目ノ書類入用ニ付御取調置其府下着ノ節御差出シ有之度此旨及御照会候也」として要請のあった「西南ノ役戦死者并其遺族族籍氏名」をまとめたものである。視察に来た明治天皇に提出した文書の控えであろう。

それによると「戦闘死者」一〇三人（内士族二三人）、「病死者」二一人（内士族五人）で、戦死者総計は一二四人。『京都府誌』の記す「約六〇名」の二倍である。ちなみに負傷者は四四人（内士族六人）。士族には徴兵された者の他、「壮兵募集」に応じた旧藩士も含まれると思われる。

京都府庁文書「御巡幸一件」の西南戦争戦死・負傷者名簿の記載事項は、戦死者らの「住所、職業（または族籍）、氏名、遺族名と続き柄」のみで、所属部隊や戦歴、入隊・戦死日時を知ることはできない。

しかし、岡井捨松を含めた一二人については真田山に墓碑があり、同墓地納骨堂には「埋葬人名簿」が保管されている。刻まれた墓碑銘は、西南戦争を物語る貴重な史料といえよう。文書史料と墓碑銘の二つの史料を合わせれば、詳しい歴史の事実を知ることが可能となる。

なお、真田山に墓碑の無い一一二人は、戦地の九州で戦死、現地に埋葬されたと考えられる。

三　京都府出身西南戦争戦死者の墓碑銘

以下に、真田山に所在する京都府出身西南戦争戦死者の墓碑銘を、墓碑番号（歴博調査）、階級、氏名、所属部隊、出身地、戦歴、死亡時年令の順に、句読点を付して記す。〔　〕内は「埋葬人名簿」による補足。なお現地調査により、歴博調査の「墓碑銘一覧」の一部を訂正・追加、（カ）としていた文字も確定した（該当する文字に傍点を付した）。

・B－18－14
喇叭卒　水口直次郎之墓　大阪鎮台歩兵第九聯隊第二大隊第四中隊
京都府下■〔丹〕後与謝郡松尾村　平民水口長蔵弟
明治十年鹿児島県賊徒征討之役三月八日負傷肥後国田原坂、四月四日没大阪陸軍臨時病院、時二十二年七月
（■は修理のセメント埋め込みで読めない。以下同じ）

・B－43－13
一等卒　石山久吉墓　大阪鎮台歩兵第九聯隊第一大隊第四中隊
京都府下山城国紀伊郡備後町　平民石山亀吉弟
明治十年鹿児島県賊徒征討之役三月八

B-43-13
石山久吉の墓碑

日負傷肥後国田原坂、八月二十九日没大阪陸軍臨時病院、時二十三年六月

水口、石山両名の負傷した一八七七年（明治一〇）三月八日は「戦闘益々猛烈となり、両軍一進一退」。八日から一一日までの戦死者は二人、負傷者一二三人であった（帝国聯隊史刊行会編・刊『歩兵第九聯隊史』一九二二年）。岡井捨吉を含め、以上の三基が戦闘による戦死者の墓碑である。いずれも戦傷により大阪に後送され、臨時陸軍病院で亡くなっている。

以下の九基は病気による戦死者の墓碑である。有井政吉の「罹脚気病」、伊藤卯之助の「罹病」以外、墓碑には死亡年月日のみで死因は記されていない。しかし、京都府庁文書「戦病死者名簿」に死因が記されているので、死因などを〈　〉内に補足した。

・B－21－1

二等卒　有井政吉墓　大阪鎮臺歩兵第
九聯隊第三大隊第二中隊
京都府下山城国愛宕郡塩屋■　平民
〈商〉有井卯兵衛弟
明治十年鹿児島県賊徒征討之役八月一
日罹脚気病日向国野尻、九月一日没
大阪陸軍臨時病院、時二十三年一月

B-21-1　有井政吉の墓碑
（「京都府庁文書」から死因が脚気と判明した）

〈脚気〉

・B―31―22

故陸軍兵卒　井上正勝墓　〔遊撃別手組〕

京都府丹波国何鹿郡中村　〔平民〕〈井上清七息〉

明治十年十月二十二日、於和田﨑《カ》死　〈コレラ〉

B-31-22　井上正勝の墓碑
（「埋葬人名簿」から遊撃別手組所属、「京都府庁文書」から死因はコレラと判明した）

・B―32―26

一等卒　伊藤卯之助之墓　大阪鎮台歩兵第八聯隊第一大隊第二中隊

京都府下山城国宇治郡西野村　平民〈農〉伊藤藤九郎五男

明治十年鹿児島県賊徒□□之役八月二十五日罹病、九月二十二日没大阪陸軍臨時病院、時二十一年十月〈病名不分明〉

・B―35―9

故陸軍兵卒　田村近蔵墓　〔歩兵第九聯隊第二大隊第一中隊〕

京都府丹波国天田郡直見村　〔平民〕〈農　田村森《カ》弟〉

明治十年十月二十一日死　〈コレラ腸カタル〉

・B―35―26

二等兵卒　横山作蔵之墓　歩兵第二聯隊第二大隊第一中隊

京都府丹波国天田郡堀村〔平民〕〈農　横山吉平弟〉
明治十年十月二十三日死亡〈類コレラ〉

・B－37－27
陸軍兵卒　上野政吉之墓　歩兵第九聯隊第二大隊第四中隊
京都府丹波国舟井郡大村〔平民〕〈農　上野伊兵衛弟〉
明治十年十月二十四日死亡〈コレラ〉

・B－40－10
陸軍兵卒　崎山岩吉之墓　歩兵第九聯隊第二大隊第一中隊
京都府丹波国加佐郡市場村〔平民〕〈雑業　崎山作右《カ》衛門弟〉
明治十年十月二十三日死亡〈類コレラ〉（「丹波国」と刻むが、加佐郡は丹後国）

・B－42－24
故陸軍兵卒　森島周助墓〔歩兵第九聯隊第二大隊第四中隊〕
京都府山城国相楽郡大野村〔平民〕〈農　森嶌《ママ》磯次郎弟〉
明治十年十月八日死〈コレラ〉

・F－38－1
陸軍兵卒　堀徳蔵之墓　歩兵第九聯隊第二大隊第四中隊
京都府丹後国中郡天野村〈農　堀常次郎弟〉
明治十年十月十八日死亡〈コレラ〉

九人中七人の死因はコレラ・類コレラで、死亡日は一〇月に集中している。西南戦争は九月二四日、西郷隆盛らの自決により終結しており、九州から帰還の船中、もしくは神戸上陸後に感染、死亡したものである。

なお、小松忠氏の報告「西南戦争墓碑がかたるもの」（小田他編著『陸軍墓地がかたる日本の戦争』所収）では、京都府出身戦死者の墓碑は計一四基とされている。歴博調査で明治一〇年死亡とされた次の二基も、西南戦争戦死者に数えられたものと思われる。しかし、二基に記された死亡年は「明治十一年」（一八七八年）と読み取ることができ、「埋葬人名簿」にも「明治十一年」死亡と記されている。また、吉田彌吉は訓練期間中の「生兵」であり、両名とも京都府庁文書「戦闘死者名簿」「戦病死者名簿」にも記載がないので、西南戦争戦死者墓碑ではないと考えた。

・F－43－18

陸軍生兵　吉田彌吉之墓
京都府宇治郡小田村　農吉田栄助長男
明治十一、年四月二十七□、徴兵、トテ大阪鎮臺歩兵第十聯隊第三大隊第二中隊へ編入、仝年八月二十
日病ニ依リ大阪陸軍病院於テ没、
仝年八月《ママ》二十一年六ヶ月

〔□は欠け、歴博調査の「十日病ニ依リ」は確認できなかった。埋葬人名簿は八月二日死亡とす

る」

・F－45－24

二等卒　佐■石《カ》辰之助

〔石の「ノ口」のみ読める。「埋葬人名簿」の記載を堀田暁生氏は佐谷と推定〕

京都府丹波国■・・・■垣生村平民佐■・・・■〔丹波国第二区船井郡垣生村　平民佐兵衛男〕

明治十年六月五日■・・・■十一年八月四日依病於大阪■・・・■

（■・・・■はセメント埋め込みのため、文字数不明）

四　文書史料と墓碑銘からわかること

府庁文書の「戦闘死者」「戦病死者」名簿を地域別に集計すると、別表のようになる。丹後・丹波地域の戦死者が全体の約七割を占め、南山城地域の少なさが目立つ。また、丹後・丹波地域の戦死者の約二五パーセントが士族であるのは、この地域に旧藩が存在したためであろう。

「戦病死者名簿」の記す二一人の病名の内訳は、コレラ九、類コレラ二、コレラと腸カタル（併発）一、カッケと腸チブス（同）一、カッケ一、チブス一、胃腸性哥罹ル（カタルヵ）一。残る五名は「病名不分明」である。コレラが併発を含めて一二人あり、半数を超えており、先に見た大流行を物語っている。

「名簿」には死亡場所の記載はないが、戦病死者墓碑九基の内有井政吉と伊藤卯之助は「大阪臨時陸軍病院」。井上正勝の死亡場所「和田﨑」は、神戸の和田岬であろうか。

京都府出身西南戦争戦死・負傷者　※（　）内は士族

地域	戦闘死者	戦病死者	戦死計	負傷者
丹後	36(9)	8(1)	44(10)	5(2)
丹波	34(8)	7(3)	41(11)	17(1)
北山城	28(5)	3(0)	31(5)	18(2)
南山城	5(0)	3(1)	8(1)	4(1)
計	103(22)	21(5)	124(27)	44(6)

（注）丹後（与謝、竹野、熊野、中、加佐各郡）、丹波（北桑田、南桑田、船井、何鹿、天田各郡）、北山城（上京・下京及び愛宕、葛野、紀伊、乙訓各郡）、南山城（宇治、久世、綴喜、相楽各郡）
（出典）京都府庁文書「明治十三年　御巡幸一件」による

真田山の京都府出身者墓碑は一二基で、府出身戦死者の一割にあたるので、ある程度全体の傾向を反映していると思われる。以下この一二名について記す。

兵科は、歩兵が一一人、遊撃別手組が一人。階級は一等卒三名、二等卒二名、喇叭卒一名（『与謝郡誌』上巻〈与謝郡役所、一九二三年〉は「一等喇叭卒」とする）、「兵卒」とのみ記すもの六名である。

所属部隊は一〇人が京都府出身者の入営する歩兵第九聯隊である。大阪の歩兵第八聯隊が一人、なぜか遠く千葉県佐倉の第二聯隊が一人いる。井上正勝の所属した「遊撃別手組」は、大阪府下で撃剣従事者を募集した部隊である[1]。大阪で志願したのであろう。

死亡年齢が明らかなのは五名で、二一歳、二二歳各一人、二三歳が三人。全員二〇歳で徴兵された現役兵とみられる。

戸主との続き柄がわかる者は六名。長男はおらず五男が一名、弟が五名。一八七三年（明治六）布告の「徴兵令」では「一家の主人」「嗣子並に承祖の孫」が徴兵免除されており、そのことを物語っている。

五　岡井捨松墓碑の語るもの

冒頭で紹介した田辺村（現京田辺市）出身の岡井捨松の墓を知ったのは二〇一四年の八月、地元の地域史研究者で歌人の古川章氏に案内されてであった。古川氏によると、この墓は「田辺で最初の戦死者の墓」として知られている、ということであった。岡井捨松について、現在わかっていることを記しておきたい。

戦死時の年齢二三歳一一カ月から逆算して、誕生は一八五三(嘉永六)年五月頃。一八七三年(明治六)徴兵検査を受け、翌一八七四年(明治七)四月、大津の歩兵第九聯隊に現役入隊。満期除隊を前にして、一八七七年西南戦争の開始により出征。岡井の所属する歩兵第九聯隊第一大隊は、征討第二旅団に編入され二月二〇日神戸港を出港、博多に上陸。三月四日から田原坂の薩摩軍を攻撃、七日第三中隊は田原坂右側の長窪山に迫るも「死傷続出」弾丸尽き退却。この日の戦死者は二四人、負傷者七六人であった。[2]岡井捨松はこの日の戦闘で負傷、治療のため大阪の陸軍臨時病院へ後送されたが、戦傷が原因で四月四日死亡した。戦争がなければ、五月に満期除隊するはずであった。当時は通信・交通事情により、遺体は遺族に渡されることなく陸軍墓地に埋葬された。同墓地納骨堂に保管されている「埋葬人名簿」には次のように記録されている。

官名・勲位　一等兵卒、姓名　岡井捨松、本籍及族籍　京都府山城国綴喜郡田辺村平民安之助弟、

隊号　歩兵第九聯隊第一大隊第三中隊、死亡年月日　明治十年四月四日、行年　二十三歳十一月

岡井捨松は、田辺村を含む京都府綴喜郡でただ一人の西南戦争戦死者であり、郡内で初めての戦争による死者であった。

田辺・西念寺の墓には遺骨は納められていないが、遺族が身近に祀る墓として一八八二年（明治一五）に建てたものである。このような陸軍墓地の墓と寺の墓・村の墓など複数の墓、家の仏壇の位牌、さらには靖国神社への合祀による「多重祭祀」[3]は、田辺だけでなく各地でみられた。小松忠氏は八尾市恩知にある「河内国第二大区五郡出身（西南戦争）戦死者」墓碑の事例を紹介されている[4]。

「田辺村で最初の戦死者」の意味について考えてみたい。

南山城地域は一四九三年（明応二）、稲八妻城（相楽郡精華町）の戦いによる山城国一揆崩壊以来、戦闘のない地域であった。近世には地域一円を支配する藩が存在せず、藩領・旗本領なども複数の領主を持つ相給村の庄屋が差配していた。中世土豪の系譜伝承を持つ郷士以外、武士のいない地域であった。したがって戊辰戦争に従軍した者はおらず、明治政府成立後、陸軍に徴兵されての戦闘訓練、西南戦争での実戦参加は、男子青年にとって初めての経験であった。南山城地域の戦病死者と負傷者のうち各一名は士族であるが、ともに久世郡淀町（現京都市伏見区）出身で、旧淀藩士と考えられる。

また、地域にとっても近代戦による戦死は、初めて迎えた事態であり、災害や飢饉、伝染病などと同様に〝異常な死〟であった。そのような経過から、西念寺の岡井捨松の墓が「村で最初の戦死者」として記憶され、伝えられてきたものと思われる。この墓碑は、他の史料と合わせることによって、多くのことを伝えてくれる墓碑であった。

なお、西念寺の岡井捨松墓碑は岡井家の親族によって祭祀が続けられてきたが、二〇一八年四月、遺族により「墓終い」がなされた。現在は存在しない。

六　自治体史にみる西南戦争戦死者

西南戦争は、徴兵制により組織された軍隊、統一された日本軍による最初の戦争であり、兵卒を送り出した町や村にとっても、初めて経験する事態であった。徴兵・召集を担当する兵事事務態勢が確立しておらず、日清戦争時のような軍事援護団体なども組織されていなかった。そのため、出征兵士の地元に詳しい史料が残らなかったものと考えられる。

戦前、京都府内各郡で刊行された『郡誌』でも、『与謝郡誌』上巻（与謝郡役所、一九二三年）が郡内出身の西南戦争戦死者一〇人の出身地・所属部隊・階級・戦死年月日・戦死場所を記録している他は、詳しい記述は見られない。『相楽郡誌』（京都府教育会相楽郡部会、一九二〇年）と『宇治郡誌』（宇治郡役所、一九二三年）は、「明治十年内乱の際には郡出役者何れも勤王の實を挙げ」（両郡誌とも同文）と記すのみである。

戦後刊行された自治体史でも、西南戦争を取り上げたものは多くない。『亀岡市史』（本文編　第三巻、亀岡市、二〇〇四年）が記すように「西南戦争に政府軍として亀岡地域から何名の将兵が参加したのかは史料上の制約でわからない」のが実情であり、他の自治体史でも同様であろう。戦死者数について、府庁文書「御巡幸一件」を利用しているのは『亀岡市史』と『図説　丹波八木の歴史』第四巻（南丹市、二〇一三年）のみである。

地元出身戦死者名を記す自治体史もいくつかあるが、真田山埋葬者の名は、『天田郡誌資料』所載「明治殉節碑」を引用したとする『福知山市史』第四巻（福知山市、一九九二年）の横山作蔵のみである。

『与謝郡誌』所載「戦死病没者人名」に水口直治郎の名がある。「三月二十一日肥後国田原坂ニ於テ戦死」とあり、死亡情報が異なるが、同じ村出身の喇叭卒なので水口直次郎の可能性がある。

岡井捨松のように、出身地に墓碑が建てられた者もあったであろう。しかし、西南戦争戦死者の地元の墓を紹介しているのは、管見の限り『夜久野町史』第四巻通史編（福知山市、二〇一三年）の「下夜久野村吉見清助の碑」[5]のみである。ただし写真を見ると「之碑」とあり、墓よりも顕彰碑のようである。『京都府田辺町史』（田辺町役場、一九六八年）は、岡井捨松について西念寺墓碑銘をなぞった記述をしているが、墓碑の紹介はない。

戦前の『郡誌』も戦後の自治体史も、真田山陸軍墓地に触れたものはなかった。真田山に墓碑のある一二人の京都府出身者は、その故郷には真田山に埋葬されたことが知られていないようである。真田山墓碑銘は、西南戦争研究の「史料上の制約」を補う貴重な史料であるにもかかわらず、なぜであろうか。

七　地域史史料としての真田山墓碑銘

京都府出身西南戦争戦死者の真田山陸軍墓地の墓碑銘と「埋葬人名簿」の記録に、京都府庁文書「戦闘死者名簿」「戦病死者名簿」を照合することによって、西南戦争に動員された京都府出身兵士の動員、戦歴、戦死の様相の一端を明らかにすることができた。「墓碑銘を丹念に調査すれば（略）草創期の陸軍がどのような形で構成されたかを知ることができる」（堀田暁生「旧真田山陸軍墓地の保存運動と地方史研究の役割」『地方史研究』三〇〇、二〇〇二年）のである。

小松忠氏によれば、真田山に墓碑のある西南戦争戦死者の出身地は、北海道から鹿児島県にまで広がっており、その数は九二三基に及ぶという。墓碑には、全国各地から動員され、大阪で亡くなった「兵士の人生が刻まれている」(前掲小松「西南戦争墓碑がかたるもの」)。真田山は大阪に所在する陸軍墓地ではあるが、日本全体の陸軍墓地ともいえるのである。

戦死者の地元に史料がない場合も、真田山の墓碑銘を各地域の地域史史料とすることが可能である。西南戦争だけでなく、一八七一年(明治四)の陸軍創設から一九四五年(昭和二〇)の敗戦、陸軍の解体に至る真田山陸軍墓地の墓碑群を、全国各地の地域史研究史料として活用することが期待される。

(橘　尚彦)

(1) 遠藤芳信「日露戦争前における戦時編制と陸軍動員計画思想」(5)『北海道教育大学紀要(人文科学・社会科学編)』五七―一、二〇〇六年

(2) 前掲『歩兵第九聯隊史』

(3) 岩田重則「戦死者多重祭祀論」『日本鎮魂考』青土社、二〇一八年

(4) 前掲小松「西南戦争墓碑がかたるもの」

(5)『夜久野町史』第四巻は「吉見清吉の碑」とするが、山口架之助編『天田郡記畧』(笹田栄寿堂、一八九六年)の記す「明治殉節碑」には「吉見清助」とあるので、清助とした。

屯田兵はいかに葬られたか
——村田政吉と東條敬次郎

一　総力戦だった西南戦争

B48－4
（正　面）屯田兵第四中隊右分隊
　兵卒村田政吉之墓
（右側面）石狩國札幌発寒村平民
　第二大区第四小区村田駒吉男
（左側面）明治十年鹿児島県賊徒征討之役罹脚気病九月二十八日没大阪陸軍臨時病
　院時三十六年七月

右は北海道から西南戦争に出征し大阪で死亡した屯田兵卒村田政吉の墓碑銘である。旧真田山陸軍墓地の墓碑群の歴史的意義を説くとき、その一つが「明治十年鹿児島県賊徒征討之役」＝西南戦争での死没者が多いということであるのは論を待たない。小松忠「西南戦争墓碑群が語るもの」（小田他編著『陸軍墓地がかたる日本の戦争』）では、この戦争で死没した将兵・巡査・軍役夫の

B-48-4
村田政吉の墓碑

墓碑が九二三基あるとされる。その中でも興味を惹くのが二基の「屯田兵」の墓碑であり、村田政吉の墓碑はその一つである（もう一つは、B33–21 東條敬次郎）。

旧真田山陸軍墓地では全国から西南戦争に動員されたほぼ全部隊の名前を見ることができる。そのことは西南戦争に対し明治新政府がどれだけ大規模な動員で対応したか、またその中で大阪がどれだけ大きな役割を果たしたかを文献資料とは違った角度から示している。

この点、旧真田山陸軍墓地に眠る「北海道の屯田兵」には象徴的な意味がある。しかも、それだけではなく、村田政吉と東條敬次郎の二人については、札幌の北海道立文書館に所蔵されている膨大な『開拓使文書』（国の重要文化財に指定）などから、かなり詳細に経歴や出征と埋葬の事情、その後の遺族に対する対応などがわかり、さらに旧真田山陸軍墓地に建つ墓碑銘文との異同を知ることができる。そして、この異同を考察することで、それぞれ一系列の資料だけからはわからない多くのことがわかってくる。

二　西南戦争に志願した戊辰戦争の敗者

「屯田兵」といえば北海道開拓に大きな役割を果たした強力な軍事組織というイメージがあるのではないだろうか。しかし、それは明治二〇年代になって陸軍組織に編入され北海道各地に展開していってからのものである。一八七七年（明治一〇）西南戦争出征時の屯田兵は創設されて間もない小さな組織であった。

屯田兵制度は、一八七三年（明治六）に北海道防衛と警察機能を兼ね備えた開拓使直属の兵力（屯田憲兵）として開拓使次官（七四年から長官）黒田清隆によって建議され創設された。開拓使とは一八六九年（明治二）から一八八二年（明治一五）まで北海道統治のために置かれた官庁である。最初の入植は一八七五年（明治八）五月の琴似《ことに》兵村（現札幌市西区）への一九八戸であり、翌七六年五月の第二回入植は琴似兵村（発寒《はっさむ》分村を含む）への三五戸と山鼻《やまはな》兵村（現札幌市中央区）への二四〇戸であった。彼らは札幌の開拓使屯田事務所の管轄下で開墾に従事し、軍隊組織としては琴似を第一中隊、山鼻を第二中隊として屯田兵第一大隊を編成した。兵力は下士卒合わせて五〇〇人に満たない。開拓使は召募の対象を、旧会津・伊達・南部藩など東北の士族に限定したので、下士・兵卒のほとんどが、平民となっていた者も含め、戊辰戦争で敗北し困窮していた元武士であった。彼らを堀基や永山武四郎など黒田清隆系列の薩摩藩出身者が指揮していた。

彼らは、まだ開墾も緒に就いていない状態で三年間は一家の食糧等を扶助されている中だったが、二月に勃発した西南戦争に、戊辰戦争から生じた複雑な感情からか、本来の任務を放棄して出征を願い出た。参軍（司令官）の一人となった黒田清隆からの命令で、四八〇人が第一大隊として編成され、他に兵村に住んでいた成年男子八〇人以上が軍役夫として九州を目指したのである。

屯田兵部隊は、四月下旬小樽港から出港し、九州の八代に上陸、雑種兵として別動第二旅団に編入され、熊本の人吉・小林・高鍋と転戦した。引き揚げ命令を受けて八月二一日に鹿児島を出港し二二日に神戸につき、二八日まで滞在して三〇日に東京につき、九月二二日東京を出発して九月二九日に小樽着、札幌に凱旋した。その間、八人が戦死し、チフスで五人、コレラで一九人など二八人が病気で死亡した。真田山陸軍墓地に墓碑がある東條敬次郎・村田政吉もその中に入る。

三　死亡診断書からわかる墓碑の誤記

村田政吉は、墓碑には「脚気病」で死亡と記されている。しかし、『開拓使文書』に綴じ込まれた死亡診断書には、九州で戦っている間に脚気に罹り、本隊を離れて、たどり着いた大阪陸軍臨時病院で治療中の九月二四日にコレラを発症し、二八日「漸々四肢厥冷、脈搏不応、呼吸困難、続テ昏睡状ニ陥リ」死亡したとなっている。

ここで、冒頭で示した村田政吉の墓碑銘と死亡診断書の記事について相違をたしかめておこう。

所属　〔墓〕屯田兵第四中隊右分隊
　　　〔診〕屯田兵第一中隊右第二分隊
発寒村の行政区　〔墓〕第二大区第四小区
　　　　　　　　〔診〕第一大区第四小区
死因　〔墓〕脚気病
　　　〔診〕虎列羅病

結論から先に述べると、これらの相違は墓碑の方の誤記からきている。

先に述べたように当時の屯田兵部隊は、琴似の第一中隊と山鼻の第二中隊だけで「屯田兵第四中隊」は存在しない。村田政吉は第二回召募で、岩手県盛岡から琴似の分村発寒に入植したので第一中隊所属が正しい（東條敬次郎の墓碑も「屯田兵第二大隊第二中隊」となっているがこれも存在しない。宮城県亘理からの第一回召募による琴似への入植であり「第一大隊第一中隊左小隊第一分隊」に所属していた）。

なぜ、これだけの誤記、特に屯田兵の編制についての考えられない誤記が生じたのか。東條敬次郎の場合は帰途の船中で仲間に見守られての死亡である。彼は、すぐに埋葬され、部隊は一週間後に神戸を離れてしまった。村田政吉の場合は部隊と離れた単独での移動中死亡したのであり、正確な情報を残すことができなかったとも考えられる。しかし、死亡診断書などは正確な所属を記載しているので、その記録が陸軍墓地の管理者に届いていれば間違いは起こらなかったはずである。

四　混乱の世を象徴する墓碑銘

真田山陸軍墓地における西南戦争戦没者の墓石建立は大阪に置かれた工兵第四方面本署が担当した。陸軍直属でない屯田兵について建設費用の負担が問題化したようだが、一八七八年（明治一一）七月一六日付で陸軍は「追テ屯田兵石碑経費之義ハ後日開拓使ヨリ弁償相成筈ニ付、此旨相心得候様第四方面へ御達置有之度」として、結局は建立を指示している。

碑文の製作にあたり工兵第四方面本署は、刻字すべき項目の不明な者についてのデータを所属していた部署に問い合わせていた。村田政吉についても、先の指示を受けて、一二月二二日付けで「鹿児島逆徒征討之際負傷ヲ蒙リ、当地陸軍病院ニ於テ死亡ノ御管下別紙人名之者（村田政吉――引用者捕捉）、族籍年齢等不明瞭ニ付、石碑製調方に支障候条、別紙付箋之件々至急御調査、速ニ御回報有之度、此段及御照会候也」という問い合わせを東京開拓使出張所にしている。札幌からは、東京からの問い合

札幌に1879年に建立された「屯田兵招魂之碑」。西南戦争での戦死者8人、病死者28人と横死（出発前に仲間に銃殺された）1人の計37人の名前が裏面に刻まれている（現在は札幌護国神社に保存）

わせに対して、電文で「村田政吉平民ナリ。年齢三十六年七ヶ月。大阪ニテ病死セリ。戸主ニシテ兄ナシ。父村田駒吉死亡」と報告している。

一八七七年秋の大阪は陸軍初めての大戦争で兵站基地となっており、特に陸軍臨時病院は戦場からの傷病者で溢れ、その上、市中も含めコレラの流行が重なり大混乱をきたしていた。村田政吉が亡くなった後だが、真田山陸軍墓地の西にある心眼寺も陸軍臨時病院からコレラの避病棟に指定されている。

大阪で死亡した兵士について、病院・原隊および陸軍墓地の間で正確な文書交換がなかったと推測できる。また、東京を経由しての電信が使用される環境にあったとはいえ、北海道と大阪の距離は遠い。特に当時の屯田兵については札幌の開拓使屯田事務所が直接関わっているだけの雑種兵組織であり、大阪でほとんど知られていなかったに違いない。村田政吉と東條敬次郎の墓碑はこのように建立されたのであり、そのような、あわただしく、また混乱した状況を反映している墓碑銘といえるのではないだろうか。

※なお、詳しく知りたい方は、拙稿「西南戦争と屯田兵――旧真田山陸軍墓地の墓碑から」（『旧真田山陸軍墓地研究年報』第二号所収）をご覧いただきたい。

（冨井恭二）

B-46-18
金谷藤吉の墓碑

B-32-9
西谷力松の墓碑

陸軍墓地に眠る二人の水兵
――公文書から見る兵士の諸相

一　なぜ水兵の墓が陸軍墓地に？

旧真田山陸軍墓地には、西南戦争関係の墓碑がBゾーンだけでも五三六基存在している。この墓碑群には、陸軍の兵卒や下士官、軍夫、巡査など様々な戦没者の墓碑が含まれており、特徴的な墓碑群といえる。なかでも、注目したいのが水兵の墓碑である。なぜ、海軍の所属である水兵が陸軍墓地に埋葬されているのかは、ほとんど明らかにされてこなかった。小松忠は「西南戦争墓碑がかたるもの」（小田他編著『陸軍墓地がかたる日本の戦争』所収）で、西南戦争墓碑群を解説する中で、水兵の墓碑に触れているが、彼らが埋葬される過程には言及していない(1)。

そこで、本稿では防衛省防衛研究所所蔵の公文書の検討を通じて、水兵の死の実態を明らかにしたい。これは二名の水兵の歩みを明らかにするというささやかな試みであるが、未だに不明な点が多い兵士の死と埋葬の実態に迫ることができると考えている。

二　大坂陸軍臨時病院と水兵

今回、分析の対象となる墓碑は「二等水兵金谷藤吉之墓」（B－46－18）と「二等若水兵西谷力松墓」（B－32－9）である。まずは、墓碑に刻まれた文字を確認しておこう（便宜上、それぞれの墓碑に番号を付した）。

〔1〕（正面）二等水兵金谷藤吉之墓
〔2〕（正面）二等若水兵西谷力松墓
（右側）明治十年十月五日病死大坂陸軍病院
岡山県平民□二十七□六□月

〔1〕の墓碑では「二等水兵金谷藤吉」という名前と階級が刻まれているだけで、その他の情報は読み取れない。〔2〕の墓碑は、階級と名前以外に、明治一〇年（一八七七）一〇月五日に「大坂陸軍病院」で病死したことや、岡山県出身の平民であったことが読み取れる。しかし、双方とも、墓碑の情報は断片的で詳しいことはわからない。

では、なぜ水兵が大坂陸軍臨時病院で治療を受けていたのか。次の公文書では、水兵の治療が公式に取り決められていたことがわかる（JACAR：C09100608900、「往出一七三七　水兵金谷藤吉外一名死去の義軍務局其他へ達」公文原書　巻93　本省公文　明治一〇年一一月一〇日～明治一〇年一一月一五日（防衛省防衛研究所））。

二等水兵金谷藤吉
二等若水兵西谷力松
右の者死亡ニ付、別紙景状書并診断書相添、此段及通報候也
明治十年十月廿九日
大坂征討陸軍事務所
海軍省御中

この公文書は、明治一〇年一〇月二九日、大坂陸軍事務所から海軍省に通報されたもので、この二人の水兵が大坂陸軍臨時病院で治療を受けることが制度的に定められていたことを裏付ける文書である。別紙として添付されている診断書と景状書は、征討陸軍事務所布達に基づき、明治一〇年六月一二日以降、病舎付医官が作成し、征討事務所へ提出することが義務付けられていた文書で、それぞれ陸軍臨時病院長と主任医官の印鑑が押されていることから、大坂陸軍臨時病院の正式な診断書と景状書であることがわかる。また、石黒忠悳の『大坂陸軍臨時病院報告摘要第一号』（以後『報告摘要』と記す）では、大坂陸軍臨時病院の設立趣旨について、西南戦争の負傷者や罹患者を収容するために設置し、陸海軍兵士や官吏の別なく治療したと説明されており、水兵も治療の対象となっていた。(2) この診断書と景状書をみることで、金谷と西谷が、真田山陸軍墓地に埋葬された過程を明らかにできる。

三　水兵の病死と真田山陸軍墓地への埋葬

金谷藤吉の診断書と景状書を確認してみよう。なお、金谷の墓碑には階級と名前以外は刻まれておらず、死亡事由や埋葬過程については不明である。

〔史料1〕診断書

広島県下安芸国沼田郡楠村農

二等水兵　金谷藤吉

右者、八月下旬来慢性肺炎ニ罹リ細島軍団支病院ニ療養シ、九月十六日櫻島支病院ニ移リ、仝十九日着阪、百方治ヲ盡セトモ効験ナク衰弱ヲ極メ、今八日午后五時遂ニ致死亡候也

明治十年十月八日

陸軍臨時病院長

陸軍々医監　佐藤　進　㊞

主任医官

陸軍一等軍医正　横井信之　㊞

〔史料2〕景状書

広島県下安芸国沼田郡楠村農

二等水兵　金谷藤吉
右者、慢性肺炎ニテ九月十九日櫻島支病院ヨリ航送、当臨時病院第二舎ニ於テ、今八日午后五時
致死亡候間、大坂府下真田山ニ致埋葬候也。

陸軍臨時病院長
明治十年十月八日　陸軍々医監　佐藤進　㊞

〔史料1〕によると、金谷は、広島県安芸国沼田郡楠村出身の平民で、農業を営んでいたとされている。明治一〇年八月下旬に「慢性肺炎」に罹り、細島軍団支病院に収容された。九月一六日には櫻島支病院へと転院し、同一九日には大坂陸軍臨時病院に移り、「百方治」を尽くしたが、その甲斐もなく一〇月八日の午後五時に死亡したと報告されている。そして、〔史料2〕では、真田山陸軍墓地に埋葬したことが記されている。

続いて西谷力松の診断書と景状書をみてみよう。西谷の墓碑には、明治一〇年一〇月五日に大坂陸軍臨時病院で病死したと刻まれているが、病名や死に至る過程については墓碑銘からはわからない。しかし、次の史料から壮絶な最後を遂げていたことがうかがえる。

〔史料3〕診断書

岡山県備中国小田郡真部島上ノ村
海軍筑波艦乗組
二等若水兵　西谷力松
右明治十年九月十三日来、脚気症ニ罹リ直ニ大隅国櫻島軍団支病院ニ入リ治療ヲ受ケ、同廿一日

同処出発、同廿四日着阪臨時病院第二養生室ニ入リ施療ノ際、同廿六日朝未、頻々吐瀉ヲ発シ、胸部苦悶、下脚痙攣、四肢微冷スルヲ以テ、同日午前之ヲ第二十八舎ニ転送ス、時ニ顔色蒼白、結膜赤色ヲ呈シ、青水ヲ嘔吐スル、頻々下利物ハ亦タ水様ニテ淡緑色ノ物ヲ混シ、脉搏沈微心動幽微等格列羅ノ症状ヲ具フルヲ以テ、内外適応ノ療法ヲ施セドモ其効著シカラス、廿八日ニ至リ嘔吐下利尚止ス依テ、廿九日再ヒ之ヲ格列羅病舎ニ移シテ医治ヲ尽スニ、三十日ニ至リテ嘔吐下利殆ント減スレドモ、同日午后ヨリ精神稍恍惚トナリ起臥常ニ安カラス、其苦悩ヲ問エトモ自ラ之ヲ知ラス、時々譫語ヲ発ス、十月一日ニ至テ精力殆ント衰憊メ自ラ運動スルコト克ハス、同午后ヨリ人事全ク不省トナリ昏睡ニ陥リ、四肢益厥冷心動脉搏認メ難ク額上冷汗ヲ流シ漸々衰脱ヲ極メ、同午后七時三十分致死亡候也。

〔史料4〕景状書

岡山県備中国小田郡真部島上ノ村
海軍筑波艦乗組
二等若水兵　西谷力松

右明治十年九月十三日来、脚気症ニ罹リ、大隅国櫻島軍団支病院ニ転送施療候處、同二十六日ヨリ格列羅症ヲ併発シ、十月一日午后七時三〇分死去候間、府下真田山ニ埋葬致候也。

大阪臨時病院長
陸軍々医監　佐藤進

さて、〔史料3〕によると、西谷は筑波艦の乗組員であり、明治一〇年九月一三日に脚気症を患い、櫻島軍団支病院に入院し、同二四日には大阪陸軍臨時病院に搬送されたことがわかる。しかし、その後、吐瀉したのをきっかけに「胸部苦悶、下脚痙攣、四肢徴冷」といった症状をみせ、病舎を移動した後も「顔色蒼白、結膜赤色ヲ呈シ、青水ヲ嘔吐スル、頻々下利物ハ亦タ水様ニメ淡緑色ノ物ヲ混シ、脉搏沈微心動幽微等」といったコレラに見られる症状であったため、二九日にはコレラ病舎に移した。一時的に嘔吐や下痢は治まったが、三〇日午後には病状が悪化し、一〇月一日午後に「人事全ク不省トナリ昏睡ニ陥リ、四肢益厥冷心動脉搏認メ難ク額上冷汁ヲ流シ漸々衰脱ヲ極メ」死亡した。そして、〔史料4〕には同日中に真田山陸軍墓地に埋葬されたと記されている。

以上のように、金谷と西谷は、戦地の病院では十分な治療が受けられず、資材が潤沢な大阪陸軍臨時病院へと搬送されたが、病死し真田山陸軍墓地に埋葬されたことが判明した。

さて、右の二人以外の海軍関係者の被害はどの程度であったのか。二つの資料を確認する。まず『報告摘要』では大阪陸軍臨時病院で治療を受けた海軍関係者は、「海軍将校一名、下士一名、兵十五名、厨宰一名」と記載されており、金谷と西谷以外にも大阪陸軍臨時病院で治療を受けた海軍関係者が存在していた。(3) 金谷と西谷以外の診断書と景状書が残っていないのは、他の患者については死亡していないからといえる。

また「往入一八七〇　軍務局上申　山口景豊其外病歴書差出方（一）」に綴じられている文書では、西南戦争中の海軍関係病死者は佐官一名、尉官一名、水兵九名、筆記一名、木工一名、火夫一名の計一四名と報告されている。(4) 水兵の病死者が多く見られるのは、彼らの年齢が二〇代と比較的若く、艦上の生活に慣れていなかったのが原因であったと考えられる。

四　明らかになった成果と課題

本稿では、真田山陸軍墓地に埋葬された二名の水兵を紹介した。真田山陸軍墓地という陸軍の兵士が埋葬される墓地に、なぜ水兵の墓碑が存在しているのかというのが、本稿で取り上げたきっかけであった。

今回、公文書の検討を通じて、以下の成果と課題が明らかとなった。

第一の成果は、水兵が大阪陸軍臨時病院で治療を受け、陸軍墓地に埋葬されたことに制度的裏付けがあったことが判明したことである。真田陸軍墓地に関する制度は未だ解明すべき点は多く、課題となっているが、今回はその一端を明らかにできた。

また、診断書と景状書という史料は、兵士の死を知る上で貴重な史料であることが判明した。制度的な側面を明らかにすることは重要であるが、兵士の死の実態に注目することは近代戦争を考える上で不可欠であろう。

ただし、すべての公文書を分析できていないため、その他の負傷者や罹患者との比較が十分にできなかった。この点は、今後の課題としたい。

（1）小松忠「西南戦争墓碑がかたるもの」小田他編著『陸軍墓地がかたる日本の戦争』七七～一〇一頁

（2）石黒忠悳『大阪陸軍臨時病院報告摘要』第一号、陸軍文庫、一八七九年、四頁

（3）石黒忠悳『大阪陸軍臨時病院報告摘要』第一号、陸軍文庫、一八七九年、三八頁

（4）JACAR：C09114355300「往入一八七〇　軍務局上申　山口景豊其外病歴書差出方（一）」公文類纂　明治一三年前編　巻29　本省公文　人別部1（防衛省防衛研究所）

（藤田裕介）

溝部素史大尉の生涯と墓碑の謎
――溝部素史資料の発見

一　一本の電話

それは、平成一八年（二〇〇六）五月、「NPO法人旧真田山陸軍墓地とその保存を考える会」小田康徳理事長の自宅にかかってきた電話から始まった。当時、小田氏は私設のホームページを持っていて、陸軍墓地のことを広めようとしていた。電話はホームページを見た埼玉県の男性からのもので、自分の親族である溝部素史が西南戦争のおりに大阪の陸軍臨時病院で亡くなった、ついては家に残されていた関係資料を郵送したいというものであった。

小田氏は、届いた資料を筆者の勤務先である大阪市史編纂所に持参し、共に内容を吟味することに

G-8-3
溝部素史の墓碑

溝部素史の墓碑銘

なった。五月一二日のことである。

たまたま来ていたNPOのメンバーの一人と共に、小田氏は溝部素史の墓碑を確認するため墓地に行った。帰ってきての報告では、「墓碑に刻まれた死亡月日がおかしい」ということだった。

届けられた資料には書簡もあり、その日付の最終は、明治一〇年（一八七七）六月のものである。ところが墓碑には四月一七日没とあった。墓碑の日付の通りであるとすると、すでに死んでいる者からの書簡ということになり、明らかに矛盾している。これについては後述することとする。溝部素史関係史料からどのようなことがわかったのだろうか。

溝部素史（幼名駒之進）は、長門国阿武郡河内村出身で、下級武士溝部藻六の長男として生まれた。生年は不明であるが、没年齢は二八歳であったとされる（遺族の言）ので、嘉永二年（一八四九）の生まれであろう。

幕末の混乱期に、駒之進も巻き込まれ、慶応元年（一八六五）に編成された装條銃（エンフィールド銃、前部装填式）第四大隊に組み入れられた。第四大隊は戊辰戦争にも従軍し、奥羽地方、白河口で戦闘を行っている。その後故郷へ戻った駒之進は、明治二年（一八六九）六月毛利家から金二〇両を下賜されている。

翌明治三年（一八七〇）閏一〇月、駒之進は大阪兵学寮から父親に手紙を送っている。これによると、駒之進は明治三年一〇月一八日に上阪し、閏一〇月一五日に教導隊に入隊したと報告している。以後の経歴は、教導隊から士官養成候補として選抜され、四年（一八七一）四月に陸軍第一等軍曹、八月に権曹長に進んだ。このとき素史と改名している。四年一一月、素史は陸軍少尉心得となり、翌五年二月に少尉となった。五年（一八七二）一〇月には中尉になったが、六年（一八七三）には上京を命じられ、旧尾張藩邸にあった兵学寮（のち戸山学校とよばれる）で士官としての再教育を受けた。七年（一八七四）五月、歩兵第八・第九・第一〇聯隊が大阪に置かれた。七年一〇月、歩兵第一〇聯隊第一中隊が大阪から姫路に移転した際に、素史もこれに同行した。八年（一八七五）二月、素史は大尉に昇任している。

溝部素史の残した書簡から、素史の弟が陸軍に入営したことがわかる。多分、溝部家は軽輩の士族であったため、軍人になることによって生計の道を建てようとしたものであろう。それゆえ、陸軍内での地位が上がることは望ましいことであったに違いない。父親に送った文面からも地位が昇進したことについての誇らしさがうかがえる。そうしたことが、弟にも影響したのであろう。

二　西南戦争で戦死――墓碑の謎

西南戦争に際して、素史は第四旅団に歩兵第一〇聯隊第二大隊第二中隊長として出征している（西南戦争では大隊単位で旅団に編入されている）。素史の西南戦争での戦績は、三月二三日、半高山攻防戦で負傷、戦列を離れた。回復後戦列復帰、六月九日諏訪山の戦いで再び負傷、大阪陸軍臨時病院に入院し、そこで最後の手紙を父親に書き、その後没した。

さて、真田山陸軍墓地にある素史の墓碑には、

（正面）　陸軍大尉正七位溝部素史墓

（右側面）　山口県下長門国阿武郡河内村士族
（左側面）　明治十年鹿児島賊徒征討之役、四月八日
　　　　　負傷、肥後国滴水、四月十七日没、大阪陸軍
　　　　　臨時病院、時二十六年七月

とある。
しかし陸軍の公式記録である『陸軍省日誌』明治十一年五月二十四日付では、

明治十年六月九日豊後国海部郡諏訪山ニ於テ負傷、
同七月十三日大阪臨時陸軍病院ニテ死亡
　　　　　　　　　　　陸軍大尉　溝部素史

もちろん、墓碑の記述が誤っている。素史自身も六月九日に負傷したという手紙を発信している（後述）。陸軍の公式記録を疑う余地はない。真田山陸軍墓地に保管されていた「埋葬人名簿」には、「明治十年四月七日、二六七ヶ月」と記されている。これは墓碑を記録しているものなので、ここでも間違いが踏襲されている。

それでは、どこで間違ったのだろうか。考えられるのは記録から、墓碑をつくるときに他人のものと取り違えたということである。それでは誰と取り違えたのだろうか、七月一三日およびその前後で

死没したものでは、次の二基が存在する。

生沼曹県中尉　七月一二日、大阪陸軍臨時病院、臼杵の戦闘で負傷

中村義長軍曹、七月一三日、大阪陸軍臨時病院、第一〇聯隊　第六聯隊

しかし、生沼・中村の死亡年月日は、『靖国神社忠魂史』（ゆまに書房、二〇〇六）の記述と一致しており、素史の事歴を写したものではないことは明瞭であり、この両者と取り違えたわけではなさそうである。

それでは四月一七日に死没した者を探すと、次の五基が存在することがわかった（「埋葬人名簿」による）。

岡本末吉（B－45－20）　二等兵卒　大阪陸軍臨時病院、（肥後国肥捕町で負傷）

中道庄太郎（B－48－17）　二等兵卒　大阪陸軍臨時病院（四月八日……四月一七日没）

江川八五郎（B－20－13）　二等兵卒　不記載

重原粂太郎（B－17－22　墓石剝離部分あり）　二等兵卒　不記載

東谷新助（B－17－09　墓石損傷、氏名剝離）　一等兵卒　臨時病院

右のうち、岡本末吉は二三歳二カ月、中道庄太郎は二三歳二カ月、江川八五郎は二一歳七カ月、重

原粂太郎は二三歳一一カ月、東谷新助は二二歳七カ月である。

こうしてみると、中道庄太郎の墓碑に剝落部分があるものの、読み取れる部分の「四月八日」は多分負傷した日と思われ、素史の墓碑と一致する。アジア歴史資料センターの記録によると、中道正太郎は四月八日に植木で左大腿擦過傷を負い、四月一二日に入院、同一七日に死亡となっている（JACAR：C09084391900、「通報未済死亡姓名簿　軍団軍医部」来翰綴　明治一〇年一一月二四日〜一一年二月二〇日〔防衛省防衛研究所〕）。素史の墓碑では負傷地が滴水となっているが、現在は植木町滴水となっているので、同じ場所だと考えられる。中道庄太郎の事歴を溝部の墓碑に間違って記載した可能性がある。

中道以外の四人についてみると、「通報未済死亡姓名簿　軍団軍医部」では、岡本栄吉・江川八五郎の名はないが、重原粂太郎・東谷新助の名がある。重原は四月四日に木葉で左胸第八助銃創を負い、三月二一日入院、四月一七日没とある（入院の月日は誤記と思われる）。四月八日ではないので、素史の墓石に刻されたものとは一致しない。東谷新助は四月一七日に田原坂で、右臂関節貫通銃創を負い、四月二二日入院、五月一七日没となっている。この東谷の記述は、四月一七日没という、「埋葬人名簿」と合わない。岡本末吉は、墓碑には三月二一日に負傷となっているので、素史に刻された四月八日とは一致しない。江川については墓碑には負傷場所は刻されていない。結局中道以外にはそれらしき人物はいないようである。

溝部素史については、今ひとつ謎がある。それは素史の生年が不明なことである。末裔の方から送ってもらった史料の中に、溝部家戸籍の写しがあった。それは素史の父溝部藻吉のものである。藻吉には、三男四女のいたことがわかっているが、どうしたわけか長男の素史（駒之進）、長女と二女についてはは記載されていないのである。素史の生年月日が不明なのである。末裔の方は、自身でいろいろ調査され、没年齢は二六歳としている。であれば、墓碑の左側にある「二十六年七月」というのは、この部分は正しいと考えてもよいことになる。負傷日時と死亡日時だけが誤っており、他の部分は間違ってはいないとも考えられる。左側側面の刻字がすべて間違っているのではなく、部分的に（一番大事なところだが）誤写したのではないだろうか。誤って、中道庄太郎の記録を刻したと考えたい。

三　最後の手紙

溝部素史は孝養心の高い人物であったらしい。溝部素史の末裔の方からもたらされた資料の大半は書簡で、それらは父親の藻六に宛てたものである。草創期の兵学寮の様子が記されているものもあり、史料的価値の高いものである。ここでは父親に宛てた最後の書簡を紹介する。

三伸　負傷ノ月日ハ六月九日臼杵坂攻撃之際、諏訪山ニテ負傷

漸々暑気相募り候処、先以萬座御揃御清適可為在御座ト奉南山候、降テ　私義過日豊後国大分県下別府より御報知仕置候如ク、追々進撃、臼杵城攻撃之際、又々□□ニテ右股ニ銃創ヲ受ケ候得共、別段極重傷ト□義ニハ無御坐候ニ付、決シテ御掛念無之様奉願候、尚亦今度ハ大坂エ輸送□地ニ付、直ニ其手順ニ相成、過ル十六日着坂、城内病院ニテ療養罷在、医官モ東京ヨリ佐藤・

石黒先生被詰、療養出先ト違、余程丁寧ニ取扱相成、一層患者も速ニ快癒仕、悦喜此事御坐候、将亦当坂地江御越願度候得共、御在役中、且ハ遠路之事ニ付、願上兼候、依テ強蔵殿早々上坂被致都合ニ御申付被下度奉願候最早独行シ、万々気遣無之と相考候ニ付、至急上坂被致候様奉願候、右様申上候得者私傷所重創□ト御高案有之候得とも決シ而左様ニ無御座無、只従僕ハ無之、旁不自由ニ付、強蔵殿御登坂相願候御義ニ付、決シテ御尊慮御煩悩無之様只管奉願候、先ハ不取敢御報知迄、書外後郵ニ申譲候、為其拝捧

六月十九日

二伸、折角天時御自愛第一と奉願候、強三殿義上坂ニ付テハ金子差送り申度候得共、在院中他人モ多人数居合候ニ付、強三殿上坂相成候得者、早速依頼致、為替を以差出し申候間、其迄之処御取計奉願候、乍併只道中旅費丈ケニテよろしく候間、呉々も奉願候也

尊父様足下

素史

拝

親展ヲ煩ス

（封筒裏）

大阪城内陸軍臨時

病院第二室
溝部素史

（本文）

次第に暑くなってまいりましたが、まずは皆様お揃いで快適に過ごされていることと安心致しております。私は過日大分県別府からお知らせしましたように、徐々に進撃しましたところ、大分県の臼杵城攻撃のときに右股に銃創を受けましたが、特に重傷ということではありませんので御懸念なさらないようにお願いします。また今回は大阪に輸送されることになり、去る一六日に大阪につき、大阪城内の陸軍病院にて療養することとなりました。東京からも佐藤進（順天堂三代目堂主）・石黒忠悳（陸軍一等軍医正）先生が詰めておられています。出先の療養施設とは違いよほど丁寧になりました。一層患者もすみやかに快癒します。喜ぶべきことです。さて、大阪へお越し願いたいのですが、役職につかれておられ、また遠路でもありますので、お願いしかねています。それで弟の強蔵に早々に大阪に来るように御申し付けください。強蔵は最早独り立ちしているので、気遣いはないと考えています。至急に大阪に来るようにしてください。このように申し上げますと、私が重傷であるとお考えになるかもわかりませんが、決してそんなことではありません。ただ、現在は身の回りの世話をする従僕がいないので何かと不自由なので、強蔵の上阪をお願いするのです。決してご心配なさらないように

溝部素史の写真

お願いします。まずはお知らせまで。書き漏らしたことは後便に譲ります。謹んで捧げます。

六月一九日

（二申）

時節柄お体をご自愛ください。強三（蔵）の上阪について金を送りたく思いますが、入院中でもあり、他人も多いので、強蔵が上阪すれば為替を依頼しますので、それまでの間はよろしくお取りはからいくださいい。上阪の旅費だけで宜しいので、くれぐれもよろしくお願いします。

御尊父足下

素史

拝

（三申）

負傷の月日は六月九日で、臼杵阪攻撃に際し、諏訪山にて負傷

親展にて出します。

以上が、溝部素史の最後の手紙である。大阪に搬送された経緯を記し、重傷ではないから心配しないように伝え、かつ身の回りの世話を頼みたいので弟をよこしてほしいという内容である。

西南戦争で重傷を負い、大阪の陸軍臨時病院で亡くなった溝部素史の書簡類は、初期明治陸軍の一士官の有り様を示すものとして重要であるとともに、真田山陸軍墓地に葬られた人物のいわば肉声をうかがうことのできるきわめて重要な史料であるといえる。保管されていた溝部の写真は、青年士官の面影を偲ぶものとして得がたいものでもある。

（堀田暁生）

元東京鎮台輜重輸卒木村吉之助の墓碑

一　不思議な肩書き

Fゾーンに「元東京鎮台輜重輸《しちょう》卒」という肩書きの兵士の墓碑がある。西南戦争で亡くなった木村吉之助の墓碑（F－45－18）である。

陸軍墓地には戦時・平時を問わず、兵役従事中に死没した将兵が埋葬されている。つまりそこに葬られるのは軍務に就いている「現役」の将兵に限られるはずであり、肩書きに「元」という語が付けられているのは奇妙である。

しかも「埋葬人名簿」を見ると、彼の墓碑の符番号は「甲－五〇二－二」と枝番号がついたものと

F-45-18
木村吉之助の墓碑

なっている。肩書きに「元」がつく墓碑はこの他にも数基存在するが、符番号に枝番号がついているのは、彼の墓碑だけである。どうしてこのようなことになっているのか、長年不思議に思ってきたが、最近ようやくその謎を解明する史料を見つけた(1)。

二　戦死した弟の墓碑が陸軍墓地にない

明治一〇年(一八七七)、西南戦争に従軍していた吉之助が和田岬避病院で一〇月一日に死亡し、大阪宰相山に埋葬したという通知が茨城県筑波郡作岡村の木村家に届いた。そこで親族の者が祭事執行のため宰相山におもむいたが、なぜか吉之助の墓標を見出すことはできなかった。

一三年後の明治二三年(一八九〇)、今度は兄綱吉が祭事執行のために宰相山に赴き、墓守の案内で詳細に捜索したが、やはり墓標は見つからなかった。隣村出身の国府田米三郎の墓標(B－39－19)は「名誉を国家に輝かして」建てられているのに、弟の墓標だけが建設されていない。残念に思った綱吉は、墓守のアドバイスで埋葬役所を訪ね、弟の墓標が存在しない理由を問い合わせてみた。しかし係官からは「自分たちは埋葬録を管理するのが仕事であるが、木村吉之助の名前は埋葬録に掲載されていない、これ以上のことを知りたければ所轄県庁に問い合わせるように」と言われ、他に手だてもなく、空しく帰郷せざるを得なかった。

綱吉は明治三二年(一八九九)五月に所用で上京した際に、陸軍省にも弟の墓標が存在しない理由を問い合わせてみた。しかし調査には弟の履歴書が必要と言われ、四年前の自宅火災で履歴書を焼失していた綱吉は、九年前に埋葬役所で言われた通り、同年八月茨城県庁に墓標の調査を請求することにした。

この請求を受けた茨城県庁が、陸軍省に吉之助の墓碑について照会したことから、陸軍省人事課による調査が始まった。当初第四師団監督部は問い合わせに対し、「帳簿と図面をことごとく調査したが、類似の名前も見出すことができないので真田山に埋葬したとは考えられない、和田岬避病院で亡くなった者は神戸埋葬地に葬られた可能性もある」と返答してきた。

そこで陸軍省人事課は、明治三三年（一九〇〇）一月、兵庫県にも問い合わせを行った。兵庫県の調査では、明治一〇年一〇月一日に陸軍運輸局から二名の男性を埋葬するように通達があり、山本通三丁目の城ヶ口墓地に埋葬したことがわかったが、二名が埋葬された区域には明治二五年（一八九二）に事務所等が建設されて墓碑は所在不明となっており、埋葬された人物の氏名も判明しなかった。

しかしその後の陸軍省の調査で、大阪陸軍臨時病院分派兵庫避病院死亡者名簿に、吉之助は和田岬避病院で死亡し同所で火葬を行った後に大阪宰相山に転葬されたという記載が発見され、陸軍省は明治三三年四月第四師団に再度精密な調査を行うように命じた。これに対し同年五月、第四師団監督部は、「和田岬避病院で死亡した井上正勝[2]という人物が真田山埋葬地に埋葬されていることがわかったので、木村吉之助も同所に埋葬されたと推考されるが、墓標は存在せず、証拠となる書類も発見できなかった」という報告を上げている。

三　墓碑の「再築」

真田山では吉之助の墓碑も彼を埋葬したという記録も発見できなかったが、状況証拠は揃ったと判断したのだろう、明治三三年一二月陸軍省人事局長は経理局長に対し、「元東京鎮台輜重兵卒木村吉之助は真田山に埋葬されたと認定したので然るべく取り扱われたい」と申進した。墓碑建立の予算措置を請求したのである。そして人事課長は翌三四年（一九〇一）二月茨城県に対し、「吉之助は大阪宰相山に埋葬されたが、墓標が木製で腐朽してしまったので今回再築すると出願人に伝達されたい」と通知している。

この一連のやりとりで吉之助は一貫して「元東京鎮台輜重兵卒」と呼ばれている。予算措置請求にも「元東京鎮台輜重兵卒」とあるので、おそらく墓碑「再築」を命じた書類にも「元東京鎮台輜重兵卒」と記されていたはずである。そのため墓碑にも「元東京鎮台輜重兵卒」という肩書きが刻まれたのではないだろうか。

吉之助の墓碑は事実上は新たに建立されるものである。したがって埋葬録への記載が必要となる。「埋葬人名簿」を調べてみると、明治三三年一二月から翌年二月に没した兵士には三〇八〜三一〇という符番号がつけられている。「埋葬人名簿」の記載順にしたがうなら、木村吉之助にはこのあたりの番号がつけられたはずであるが、二〇年以上前に没した吉之助にこの番号を付けることには躊躇《ためらい》があったのだろう。吉之助と同日に没した兵卒の中で最小の符番号である「甲-五」[3]に枝番号の「二」を付けて吉之助の符番号にしたと考えられる。

陸軍が約一年半の歳月をかけて調査を行い、最終的には「再築」と称して事実上新たに墓碑を建立することにしたのは、明治一九年に制定された「陸軍隊附下士卒埋葬規則」で、軍務に服している兵士が死亡した場合は、陸軍埋葬地に葬ることが基本的に義務化されたからであろう。親族から墓標捜索願が出ているのだから、遺体が親族に引き取られているはずはなく、埋葬地に葬られていなければならないが、その墓碑が存在しないのは大失態である。したがってこうした事態を放置することはできなかったのである。また吉之助の兄が、隣村出身者の墓碑が立派に建てられているのに弟の墓碑が存在しないのを残念に思ったという点からは、遺族の側にも陸軍墓地に葬られることを栄誉ととらえる感覚が生まれていることを見て取ることができる。

四　新たな謎

肩書きの「元」や符番号の謎は解けた。しかし今回「埋葬人名簿」を詳しく見ていると、別の謎を見つけてしまった。

「埋葬人名簿」は、これまで見てきたもの、つまり明治二三年の墓地整理[4]を契機に作成され記載が続けられたものと、昭和三年（一九二八）の墓域縮小の際に移設された墓碑を抽出したものの二系統がある。後者の旧符番号は前者の符番号とは別の番号であり、墓碑の配置順に番号を付けなおしたものと考えられる。これを見ると、吉之助には「ロ－四」という番号が付けられているが、この番号は明治三七年八月に日露戦争で亡くなった森田千太郎と重複している。「D－四」の誤記ならば、西南戦争で亡くなった兵卒墓碑が並ぶ一画に建てられたと見ることができるが、これが誤記でないなら移設前の墓碑はどこに建てられていたのだろうか。つくづく謎に包まれた墓碑であると思う。

（1）「故木村吉之助埋葬地の件（1）」（「陸軍省壱大日記」明治三四年二月、アジア歴史資料センター、C〇四一一三七四

八六〇〇）
（2）井上の墓碑はB－31－22に現存する。
（3）この番号は新撰旅団第二大隊第三中隊四等巡査心得菊地福蔵のものである。
（4）今回の考察では紙幅の関係で触れることができなかったが、「故木村吉之助埋葬地の件」には真田山陸軍墓地で明治二三年に墓地整理が行われたという記述がある。

（飯沼雅行）

第3章　日清・日露の戦争から大正期の対外戦争まで

日清戦争時の清国人俘虜の墓碑から見えてくること

一　知られていない清国人俘虜

旧真田山陸軍墓地には、一八九四（明治二七）年から一八九五年の日清戦争時に、大阪俘虜収容所などで死亡した清国人六名の墓碑が残されている。清国人俘虜一七九〇名のうちの一〇〇〇名少しが日本国内に送られて、九カ所の俘虜収容所に収容され、一八九五年八月の帰国までに、判明するだけで二九名が死亡した。日露戦争（一九〇四～〇五）時のロシア人俘虜、第一次世界大戦（一九一四～一八）時のドイツ人俘虜を日本が人道的に取り扱ったことはよく知られている。しかし、この清国人俘虜については、日本民衆が「アジア」と大々的に出会った近代最初の出来事であったにもかかわらず、ほとんど知られていないし、わずかに触れている本にも誤った記述が多い。

A-3-51 呂文鳳・A-3-52 劉起得の墓碑

二　最初の清国人俘虜と国際法

日清戦争は一八九四年七月二五日の豊島沖海戦から始まるが、最初の俘虜は、そのときに拿捕《だほ》した操江号の清国人船員八一名と、デンマーク人電信技士一名と、撃沈した英国船高陞《こうしょう》号のイギリス人船長・船員二名と、フィリピン人船員（スペイン原籍）一名、計八五名であった。

七月二八日に操江号の八二名は佐世保鎮守府監獄に、高陞号の三名は佐世保海軍病院に収容された。西郷従道海軍大臣は翌二九日に、「捕獲人中西洋人ハ特別擲重ニ取扱、衣食其他不自由ナキ様取計ヒ、清国人モ可成懇切ニ取扱フ可シ、清国人ハ別ニ置ケ」と発信した。この高陞号の西洋人には深い事情があった。巡洋艦・浪速の艦長であった東郷平八郎大佐が、清国兵一一〇〇名を乗せた高陞号を、イギリス商船旗を掲げているにも関わらず、「抵抗」したとみなして撃沈させたのである。さらに東郷は溺れる清国兵の射撃を命じる一方、西洋人船員のみを救助しようとした。この撃沈事件は国際法違反ではないかとイギリスで大きな問題となった。救助された三人は調書を取られた後、船長には二〇〇〇円、フィリピン人にも八〇〇円という多額の金銭が授与され、すぐに釈放された。日本に有利な証言を引き出すためであった。この戦争において日本寄りの姿勢を示していたイギリス政府が国際法違反行為ではないと沈静化を図ったため、幸いにも大きな問題にならずに済んだ。

一方、他に適当な場所がなかったと弁明しているが、操江号の清国人船員を監獄に入れたことも「囚徒と同視」していると問題になった。七月二九日には、福沢諭吉の『時事新報』が、社説に「文明と野蛮の戦争」を掲載した。八月一日には、『清国ニ対スル宣戦ノ詔勅』で、「……苟モ国際法ニ戻ラサル限り……」と国際法を守ることを対外的に宣言した。その影響もあろう、政府は俘虜の扱いを慌てて周知し始めた。陸軍は八月一一日に『万国戦時公法』を発刊、八月二三日に「俘虜取扱規定」全一四条を制定した。

三　清国人俘虜の多くを都会に置く方針に

その結果、佐世保鎮守府監獄の俘虜八二名は陸軍に引き渡され、九月八日に広島の国前寺・瑞泉寺に送られた。しかし、一週間もたたない一四日には、松山の長建寺に移動させられた。翌一五日に、天皇が広島に到着するためだったと思われる。続いて、成歓（七月二九日）・平壌（九月一五日）の戦いの俘虜五三九名が送り込まれることになり、多くの俘虜収容所が必要となった。九月二〇日の「俘虜配布表」では、第一・第三・第四・第五師団の歩兵聯隊《れんたい》の兵営がある松山（愛媛）、大阪、大津（滋賀）、名古屋（愛知）、豊橋（愛知）、佐倉（千葉）、高崎（群馬）、丸亀（香川）、姫路（兵庫）に俘虜収容所を置き、大阪、大津、名古屋の三カ所で九〇〇名、他の六カ所で六〇〇名を収容する計画であった。この時点ではまだ東京は入っていなかったが、後述するように最終的に東京も加わった。一方、丸亀、姫路は除外された。広島には、各地の俘虜収容所に振り分けるための一時的な収容所がおかれた。大阪、名古屋に多くの俘虜を置き、さらに東京を加えた理由は、俘虜をなるべく日本の都会に置くことによって、俘虜に日本の「国威」を知らしめる一方、日本の多くの民衆に彼らを「見学」させ、清国人の「野蛮」さ、自分たちの「文明」化を実感させるためであった。また、俘虜になることを恥じない「怯懦」な清国兵と、命を惜しまぬ「勇敢」な日本兵とを対比させるためでもあった。大阪に到着する俘虜の数を予想した新聞記事は、その数を「三百人」ではなく、清国人に対する蔑称である「豚《とん》尾漢《びかん》」から「三百頭」と表記した。

四 「臭い」清国人俘虜の日本到着

五三九名は一〇月一四日夕方に広島についた。健康者は大本営（広島城本丸跡）の坂下で跪坐《きざ》させられ、遠く離れた高い場所から「天覧」に供された。清国人に天皇・大日本帝国の「偉大」さを知らしめると同時に、「聖」なる天皇に「不浄」な清国人を近づけてはならなかったのである。その後、一〇名を広島に残して列車に乗せられ、大阪で一七三名、大津・名古屋・豊橋で各一〇〇名、東京で五四名が降ろされ、大阪・豊橋では各一名の死者も降ろされた。東京の五四名は、当時はまだ郊外であった渋谷の広尾にあった赤十字病院に収容されたが、それ以外は町の中心にある寺院が収容所とされ、大阪では津村別院（北御堂）、難波別院（南御堂）があてられた。佐倉に収容されるはずの四五名が、手違いがあったのか、大阪に収容されてしまったため、佐倉の歩兵第二聯隊が第四師団に弁償を要求したらしい。どの師団・聯隊も連行した「俘虜」を見せることによって、我が部隊の「活躍」を地域の民衆に誇示したかったのであろう。

大阪駅には一五日午前一〇時に到着、駅から四ツ橋筋を南に下る→渡辺橋を渡り、大阪朝日新聞社前を通り、肥後橋を渡ったところで、東に曲がり、土佐堀通に入る→今はなき西横堀川にかかった西国橋を渡ってすぐを南に曲がる→西横堀川にかかっていた相生橋の東詰を東に曲がる→備後町を通って御堂筋に出て南に曲がる→北御堂・南御堂という経路を辿った。二キロメートルを少し超える距離であった。健康者一二二名が南御堂、病人・負傷者五一名が北御堂に収容された。南御堂に収容された一二二名の内訳は、兵士が五一名、人夫が六二名、理髪職が一名、炊夫が八名であった。

　どの町でも俘虜が到着したときには、駅、途中の通路、寺院前に黒山のような群衆が詰めかけたが、大阪の様子を新聞記事から見てみよう。「捕虜を見んとて沿道は見物人の山を築き、梅田の如き一時は動きもならぬ程にて、軈《やが》て俘虜の護送に係るや数万の見物一斉にウヮーァと声を上げし様、それでも恰《あたか》も牡丹台を乗取りし時の鬨《とき》かとハ思はれたり」、「何《いず》れも我一に梅田へ心ざし、それでもまた梅田へ行より途中に待合せた方がと、梅田道より俘虜の通り筋は人の山を築き今か今かと待ゐる中に、ソリヤ虜が逃たとて、そのまま北の新地のうら町をドヤドヤと東へ走るもの有るに、そのまま己れ憎くきチヤンチヤン坊主奴、逃やうとて逃さうかと、そのまま松茸にしたら一斤もありそうな握り拳か溜めて追かけるもあれば、そのままイザ引捕へて之へ投込み呉うと虫籠持て走るもあり」と興奮状態に陥っていた。また、「其醜《しゅう》汚《お》なること言語に絶江、路上に群集せる見物人は至る所指笑して囂雑《ごうざつ》を極め、中には思はず聲《こえ》を放ちて其陋體《ろうたい》を嗤《わら》ふ」者も多かった。清国人は俘虜となったときのままのぼろぼろの服装であり、入浴もさせられなかったため、「異臭」を発していたのである。「実に其規律なき宛かも橋下に非人乞食の寄合たると一般なり」と、当時、謂《いわ》れない差別の対象となっていた「非人乞食」になぞらえた記事もあった。半年以上たった翌年四月二〇日も、新たに大阪に到着した俘虜二九名に対して、「梅田より難波別院までの沿道例の如く人堵をなし、無心なる児童は異口同音に大日本帝国万歳を連呼」するような状態であり、自らが「文明人」である優越感を味わった。

五　「見世物」とされた清国人俘虜

お祭り騒ぎは、到着時だけではなかった。俘虜は毎日午前、午後に一回ずつ、門内の広庭にて運動させられていたが、その様子を見るためにも、多くの「見学」者が詰めかけた。あまりの「見学」者の多さに、寺院内に立ち入るのは許可制となったが、門外から見物するのは自由であった。子どもたちが兵隊ごっこよろしく、隊列を組んでラッパを鳴らしながら押しかけ、門内に石を投げ込むようなこともあった。近隣の寺社等の屋根に登る者さえいた。戦争に「参加」できない子ども、女性の姿が目立った。どの収容所付近にも、俘虜「見学」者のための屋台が開業したり、付近の飯屋、居酒屋も繁盛した。

民衆が清国人をどのように見ていたかの一例を一八九五年（明治二八）六月一五日『やまと新聞』から見てみよう。佐倉の海隣寺では、番兵が許可のいる表門を避けて裏門よりこっそり入れてやっていた。「……（清国人俘虜は――筆者）宛から人に飼はるゝ猿《ましら》の如し、群聚の人も珍しき余りに巻煙草を与へて余念なく喜こぶ顔の横さまより突然《だしぬけ》に唾を吐きかけ『ちゃんちゃん茲へ来い好い物を遣る』と呼び寄せては土礫《つちくれ》を投げつけ驚き怒る色を見て『態ァ見ろ』と叫ぶなどを見るも可笑しく憐れなる心地せらる」。政府は赤十字病院で負傷兵などを「文明」的に厚遇している様子を対外的には宣伝していたが、実際の写真を使わずに、俘虜がくつろぎ、楽しそうに過ごしているように見せるため、錦絵として加工したものを使うこともあった。新聞や雑誌には、辮髪《べんぱつ》をことさらに強調するなどの清国人を嘲《あざけ》るような挿絵が多数掲載された。

大阪での「見学」者数の記録はないが、最初の収容から二〇日後の名古屋の建中寺の様子が新聞

ビゴーが描いた東京浅草東本願寺で清国人俘虜を「見学」する日本人の様子（「ザ・グラフィク」1895年4月20日『ビゴー素描コレクション3　明治の事件』より引用）

に掲載されている。「見学」には毎日、平均五〇〇〇人内外、最も多い日は一万五〇〇〇人もあり、二〇日間で一〇万人を数えた。特に、捕虜慰問のため物品を寄贈し来る者には舎内の縦覧が許され、名古屋動物園の熊や猿をみるのと同じ様子であったという。当時の名古屋市の人口は約二〇万人に過ぎず、かなり離れたところからも「見学」に訪れた様子がうかがえる。一二月二八日に送られてきた旅順の俘虜一七九名は、当時の東京最大の繁華街である浅草の東本願寺別院に収容された。浅草の「見学」者の様子を風刺画家として有名なフランス人のビゴーが描いているが、やはり黒山のような「見学」者が訪れている。大阪でも最終的に一〇〇名弱が増員され、帰還時には二六五名が収容されていた。帰還時には総俘虜の五六パーセントにあたる五四四名が、大都会である大阪・東京・名古屋の中心街に収容されていたことを考えると、「見学」者は当時の「日本人」人口四〇〇〇万強のうち、数百万人にも達したのではなかろうか。

六　清国人俘虜の死亡者と墓碑

現在、旧真田山陸軍墓地には六基の清国人の墓碑があるが、「埋葬人名簿」によるともともとは八基あった。八基は固まって小さい崖際にあったようだが、雨で崖が崩れたときがあり、そのときに陳文章（腸カタル）と索林之（肺結核）の二基が不明になったと思われる。残りの六基のうち、西方診（銃創と敗血症）・楊永寛（銃創と腸カタル）は、大阪到着直後の一〇月下旬に亡くなっており、最初は長柄《ながら》墓地に埋葬された。一九一〇（明治四三）年六月に真田山に改葬され、さらに一九一五（大正四）年六月に在郷軍人会西区聯合会によって墓碑が再建された。おそらく、墓碑の形が違っていたのであろう。列車内で死亡して、大阪駅で降ろされた人物も長柄墓地に埋葬されたが、この人物は真田山に改葬されていない。その理由は不明である。残り四基は劉漢中（銃創）・劉起得（銃創）・呂文鳳（死因不明）・李金福（脚気）である。一九二八（昭和三）年の墓地縮小の際に、並び替えが行われ、現在のようにバラバラの配置となった。帰国直前に真田山避病院においてコレラで死亡した王亮宏の墓碑は存在しておらず、遺骨がどこに埋葬されたかは不明である。いずれの墓碑にも「（故）清国俘虜〇〇〇之墓」と刻まれたが、今は「俘虜」の文字はセメントで埋められている。第一次大戦時のドイツ人俘虜の二基の墓にも「俘虜」の文字が刻まれていたが、一九三一年（昭和六）五月にドイツ領事が墓地を訪れたのを契機にセメントで埋められたため、同じときに埋められたと思われる。

広島では五〜六名が亡くなった。五基の墓碑が存在したが、原爆によって一基を残して倒壊、戦後に掘り起こされたときには三基の墓碑しか見つからず、現在は四基が残されている。松山では五名が亡くなった。松山の陸軍墓地はアジア太平洋戦争末期に個人墓が廃止され、忠霊塔に合葬になり、墓碑は廃棄されたが、清国人は忠霊塔に合葬されていない。いずれも操江号の船員であったために、仲間が遺骨を持ち帰った可能性も高い。大津では二名が亡くなり、二基の墓碑が大津陸軍墓地に残されている。豊橋陸軍墓地には車中で亡くなった一名の墓碑が残されているが、この墓碑の形状は、他の場所に残されている一般的な軍人墓地の墓碑とは異なっている。東京の赤十字病院では二名が亡くなったが、陸軍墓地ではなく、赤十字病院近くの青山墓地に隣接する罪人のための「徒刑人墓地」に埋葬された。アジア太平洋戦争（一九四一～四五）後、引揚者関係施設から青山公園となったときに、墓地は整理され、この二名の墓碑がどこに行ったのかは不明である。佐倉では三名が亡くなり、陸軍墓地に埋葬されたが、アジア太平洋戦争末期に忠霊塔に合葬され、現在も遺骨が忠霊塔内の三個の骨壺に収められている。高崎では一名が亡くなり、高崎陸軍墓地に埋葬されたと思われるが、現存していない。整理番号一四二の墓碑が欠落しており、墓地が縮小された際に、清国人の墓碑だけが撤去されたと推測される。

七　清国人俘虜の帰国

八月一三日に九七六名が帰国の途につき、日本兵俘虜一一名と交換された。清国人俘虜は庶民の「見世物」となり、嘲《あざけ》りの対象となった一方、清国兵の士官・下士官の中には教養のある者もいた。南御堂に収容されていた馬清瑞もその一人であった。彼は詩才もあり、日本語の習得に努め、通訳もできるようになった。南御堂での運動の時間に、きびきびと他の兵に号令をかけ、統率するようになり、その上二枚目だというので、女性たちの人気の的になった。彼は日本人僧侶とも懇意になり、戦後、その僧侶を頼って再来日し、中国語を教えたという。

（塚﨑昌之）

故軍役人夫南方留吉の墓碑

一　墓地の入り口にたたずむ墓碑

旧真田山陸軍墓地の門を入ってすぐのところ、左側に一段低い場所があり、多数の墓碑が並ぶ。Aゾーンと呼ばれているところである。ここには軍役夫等の墓碑九二六基と、清国人俘虜の墓碑六基およびドイツ人俘虜の墓碑二基がある。

門に一番近いところにある墓碑（A－01－01）は、正面に「故軍役人夫南方留吉墓」、右側面には「大阪府松田郡赤井村」、左側面には「明治二十八年一月四日死」と刻されている。

正面に刻まれている「軍役人夫」とは軍に雇傭された労働者で、たいていは「軍役夫」と刻されている。Aゾーンの墓碑のほとんどは右側面に何も刻まれておらず、南方留吉の墓石のように出身地が刻まれているのは希《まれ》である。

ところで南方留吉の出身地が「大阪府松田郡」とあるのは間違いである。この墓地の埋葬者を記した「埋葬人名簿」にも「松田郡」とあるが、そもそも「松田郡」という郡が大阪に存在したことはな

A-01-01
南方留吉の墓碑

南方留吉墓碑の側面。
「大阪府松田郡赤井村」と刻まれている

い。茨田郡の間違いである。赤井村は現在の寝屋川市域になる。

「埋葬人名簿」には所属も記載されていて、南方留吉は「第三師団兵站部糧食縦列」に所属していた。第三師団は名古屋にあった師団で戦地に派遣されていたが、南方留吉が死亡した明治二八年（一八九四）一月には戦闘していない。だから、南方留吉は病死であった可能性がある。

日清戦争期の軍役夫については、中下秀夫氏の論考「大阪真田山旧陸軍墓地に見る日清戦役軍夫」（『旧真田山陸軍墓地研究年報5』、二〇一七年）がある。それによれば、第三師団は人夫徴発を愛知県に依頼したが、県では調達できず、民間の運送会社にその募集を委ね、募集範囲は愛知県外にも及んだようである、大阪府に住んでいた南方留吉もそういった事情で第三師団に雇用されたのであろう。

二　日清戦争に従軍した民間人

先にも言及したところであるが、Aゾーンにある墓碑は、正面には「軍役夫〇〇之墓」、左側面には死没年月日・場所が刻まれているのがほとんどであり、出身地や所属は刻まれていない。しかし、「埋葬人名簿」には出身地や所属が記載されている。そこで、南方留吉が所属した「第三師団」の文字を「埋葬人名簿」で探してみると、七三基あることがわかり、それらはいずれもAゾーンにあることがわかった（ただし、重複墓碑が、E・Fゾーンに各一基ある）。出身地の府県は、京都府が最も多くて二四、ついで大阪府が一八、滋賀県一五、兵庫県が九と続き、後は奈良県・岡山県が各二、三重県一となっている。なお、大阪府と滋賀県に重複が各一あるので、実人数は大阪府一七人、滋賀県一四人となる。

軍役夫というのは、軍隊に雇用されて、軍の雑事に従事する者である。物資や弾薬運搬その他を行う。兵ではなく、武器も携行しない。軍からの依頼に応じ、行政機関が徴募する場合もあれば、民間の請負業者が志願者を募る場合もある。日清戦争に従事した軍役夫は全体で一五万三九七四人であり、一方、動員された陸軍の将校・兵士は二四万〇六一六人であった[1]。軍役夫の数は陸軍の将校・兵士の六四パーセントにあたる多さである。いかに多数の非戦闘員である民間人が従軍していたかがわかる。

軍役夫に応募した者が、どういう意図を持っていたか。そこには、愛国的な感情からの者もあったであろうが、支給される賃金目当ての者も多かった。日清戦争には軍人だけでなく、多くの民間人も戦地に赴いていたことがわかる。

軍役夫の大半の墓碑が砂岩でできている中、南方留吉の墓碑は花崗岩である。初めは南方留吉の墓碑も他と同じく砂岩であったものが、建て替えられたときに花崗岩になったのであろう。そのときに、右側側面に改めて出身地が刻まれたと思われる。建て替えがいつ行われ、誰が建て替えたかは不明である。しかし、南方留吉の遺族が建て替えたと考えることはできない。なぜなら、明らかな間違いである「大阪府松田郡」といった文字を刻することはないであろう。この墓碑は大阪府の事情に詳しくない者がつくったとしか考えられない。

南方留吉の墓碑は、一見すると他の墓碑と変わらないように見えるが、調べてみるといろいろなことを語りかけて来るのである。

三　墓碑からわかる軍役夫のあれこれ

さて、旧真田山陸軍墓地には、Hゾーンの旧野田村遺族会建立墓碑、Iゾーンの爆撃破片墓碑塚および日露戦争・満州事変の合葬墓碑を除き四六六二の墓碑がある。そのうち軍役夫の墓碑は八一七基ある（重複含む）。Aゾーンが最も多く、八一四基に達する。Aゾーン以外に、B・E・Fに各一基あるが、E・Fの墓碑はAゾーンと重複しているので、Bゾーンの一基だけが違うということになる。このBゾーンの軍役夫は軍医の従者であり、明治一〇年（一八七七）一月二一日に没している。西南戦争の直前である。Aゾーンにある八一四基の内訳は、明治二七（一八九四）年没七二人、二八年（一八九五）没七〇六人、二九年（一八九六）没九人、三〇年（一八九七）没七人、没年不詳二〇人となっている。二九年・三〇年の死没者は病院等での死没であるので、日清戦争による死没としてよいであろう。

出身地別に見ると、大阪一六九、京都一四七、兵庫一三五、滋賀一〇〇、和歌山七一、奈良六四、岡山七一、他五六となっており、大阪・京都・兵庫・滋賀・和歌山・奈良の近畿圏で六八六になる。やはり第四師団管下ということであろうか。

従事した師団別では、第一師団一七、第二師団二五、第三師団七三、第四師団一三〇、第五師団一七となる。師団に従事した者の合計は三九四である。約半分弱が師団に雇われた軍役夫であることがわかる。それ以外の軍役夫の分布を見ると、混成支隊・混成旅団等の他、民間で雇用された軍役夫がいる。中下氏が紹介した有馬組の他、栗谷組・黒田組・岡の組等があるが、いずれも少人数である。

それ以外は、基隆・旅順・柳樹屯等の兵站基地、臨時台湾鉄道隊に雇用されている。また、師団ではなく、後備歩兵第六聯隊、後備歩兵第一三大隊などに属したものもかなりいた。これらの正確な所属については、煩瑣《はんさ》になるので、ここでは省略するが、ここに列挙した中では臨時台湾鉄道隊に軍役夫が七一人いるのが注目される。

軍役夫を雇傭した軍や機関などは多岐にわたっており、その全容を知るのは困難を伴うが、この軍役夫の存在と置かれた状況をさらに詳細に調べることが大切であると感じた。

追記　本稿を作成した後、冨井恭二氏から名古屋の陸軍墓地（平和公園内）に、第三師団の日清戦争軍役夫の合葬墓が三基あり、そこに軍役夫の名前が刻されているという連絡を受けた。写真も添付されていて、それを見ると南方留吉の名も刻されていた。出身地も大阪府松田郡となっている。冨井氏はその碑面から他に六人の大阪府出身者の名前を確認しているが、その六人も真田山陸軍墓地に名前のあることが判明した。他の府県で第三師団に軍役夫として属した人も、真田山だけでなく名古屋の合葬碑に名前がある可能性がある。このあたりの追求は今後の課題である。

（1）『明治廿七八年　日清戦史』参謀本部編纂、明治二八年

参考文献

池山弘「愛知県に於ける日清戦争従軍の軍役夫」『四日市大学論集』第一八巻一号、二〇〇五年
付丘佑紀「日露戦争の軍役夫――日露戦争の軍役夫と軍夫熱を中心に」『駿台史学』第一六一号、二〇一七年

（堀田暁生）

『朝日新聞』に見る日露戦争 ――「戦死者家族訪問記」

一　小説のような「語り」を駆使した遺族訪問記

日露戦争時に報道の雄として台頭した新聞、殊に躍進著しかった『大阪朝日』を中心に旧真田山陸軍墓地に眠る勇士たちを拾い出してみた。そこで気づいたことは遺族への訪問記事が稗史小説のような「語り」を駆使していることであった。これは日清戦争時に見られなかったスタイルで、日清戦争までは七、八行程度の経歴記事に顔のスケッチ画や手紙葉書の引用に終始していた戦死者報道が、戦死者に親しい人々を訪問し直接話を聞くというスタイルに変わった上、掲載も社会面を舞台にするようになったことだ。当然のことながら社会部記者の感性が重視されることになるが、そこに見る文章は手入れの行き届いた芝生のように滑らかで、快適な趣に満ちていた。日露戦争以後各社とも社会部記者の地位が向上したと言われるが、それはこの「戦死者家族訪問記」に起因するものと思われる。

F-23-8 川口市太郎の墓碑

墓地Fゾーンに墓碑のある陸軍一等卒川口市太郎（F－23－8）にも明治三七年（一九〇四）六月一五日付の紙面にこの訪問記がある（長文のため数カ所割愛）。

若年ながらも元和の昔豊臣家の柱石といわれた木村長門守戦死の古跡として有名な若江村に於いて、然も長門守墓地の三丁ばかりのところにある一茅屋に産声を上げたる一兵士が、さしも名高き南山の激戦に比類なき珠功を奏し英名天下に轟たる兵卒川口市太郎氏にして、記者は先挽き付の人力車を駆り雨後の泥道を、ともすれば車輪を啌んで車体転覆せんとする事しばしばなるを忍び、玉造より奈良街道を一直線に疾走し、中河内郡若江村大字若江なる川口氏が宅前に梶を下ろしたるは十三日午後四時二十分なりき。銀杏の樹蔭修竹茂る処に細き流れを北方に巡らして立てる陋屋は、即ち名誉ある猛卒が住馴れたる久恋の家にて心なしやいぶせき茅の軒端も氏が勲功の光を浴びて瑠璃堂と思われ、床しさ如何ともなし。

このようにつぶさに道程までを記した上、さらに続けて、「それ、そこに並んでおりますのが」と実父川口次郎平（六二）に遺された家族を紹介させる。

親の口から我が子を誉めるのは見苦しいことで御座いますが、此処にいます村の人や親類の者も皆知っております、実に辛抱強い働き者で子供のときから遊んでいるのが嫌いで年がら年中稼いで稼いで稼ぎぬいておりました。兵営にいる間も日曜の休暇に遊びにも出ず、次男と男衆に車を兵営まで持ってこさせ、自分も兵服をボロ着に着かえ、人が笑ふにも頓着せず兵営内の肥料を三人がかりで担ぎ出し村へ送り届けてくれました。このような勉強家はまたとあるまいと上官の方からもお褒めを戴きましたそうです。今度入営する前日までも少しも身体を休めず、私がおらぬようになると父さんが骨が折れるから、少しでも骨の折れぬようにと日の暮れるのにまだ畑より戻りません。私は迎えに行き手を合わすようにしてようよう連れ戻りました。入営中も善行賞を貰い褒章休暇免許証も十四五枚貰っておりますと声うるませて語りぬ。

さらに、友人・知己にも筆を向け、

傍にありし八尾町の従弟高橋豊治郎は、親たちより涙もろく市太郎氏の逸事を語り、小林医院の某氏も口を揃えてその素行を称揚せり。折柄慰問に来たりし同村の西村幸五郎というは長門守戦死当時よりの旧家なるが、市太郎氏の謡曲の師匠にて氏が嗜好の高尚にして且つ氏が武術鍛錬に熱中して八尾の剣客加藤某氏に学びしことも物語りぬ。（中略）記者は尚村長に聞くことあらんとせしも不在にてその意を果たせず外に出れば暮色淡く青田を染めて茂林修竹夢の如し。

と感傷的に訪問記を終えている。

川口市太郎より七列東に位置する陸軍一等卒南辰之助（F－29－20）も同様である。

南山の役にて奮闘激戦の末花々しく名誉の戦死を遂げた八聯隊の勇士を訪うべく記者は去る十一日、しとしとと降る雨の中南海鉄道列車を同郡貝塚駅に降り、東へ五十丁なる木島村大字三松に到り南辰之助氏方を訪れたり。座敷には親戚近隣の人とおぼしき十四、五人も集まりおれど粛然として記者の目に映じたる家内の光景は、陰雨濛々たる外空よりも尚粛条なりき。親戚某の、母なる人にかわりて語るを聞けば辰之助氏は幼にして父を失い叔父卯之助氏（三十八）の保育を受けて成人し、農家なるを以て教育は尋常小学校を卒えたる程なるが体格強健力量衆に超え、殊に評判の親思いなりしが今回出征するに臨み平素貯えおきたる金に己が頭髪を添えて母に贈り、且つ仏壇に暇乞いして出発せりという。現在家族は祖母ふじの（六十二）母いや（四十九）の外いさの（二十二）たみ

F-29-20
南辰之助の墓碑

え（二十）の二妹と治三郎（十六）勝次郎（十三）音二郎（十）留吉（七）の四弟あり。

（明治三七年六月一四日付）

こうしたスタイルは日露戦争を通じて戦死者報道の定型となっていくが、悲しさの中にもほのぼのとした情緒を匂わせ、乾いた砂が水を吸い込むように遺族にも受け入れられた。明治三七年七月一四日の大阪朝日には、得利寺で戦死した森川上等兵の父親が息子の記事を紙面に載せてほしいと写真と八円余を送ってきたことが報じられている。

こうした戦死者固有の生をとらえた「最も小さな物語」は弱いと言われた第八聯隊の活躍もあってか、大阪ではむさぼるように読まれたと思われる。

しかし、日露戦争は一〇年前の日清戦争とは桁違いの犠牲と危機感を国民に強いた。戦病死者の激増もその一つで、動員された兵士約一〇九万人、しかもそのうち戦死四万三〇〇〇人、病死六万三〇〇〇人、計一〇万六〇〇〇人余。実に動員兵士の一割に上った。兵士の不足を補うために政府は戦争半ばで徴兵令を改正し、三七歳の壮年まで戦争に駆り出した。そのせいか日清戦争にも増して厳しい報道管制を政府は敷き、戦地での直接取材を規制強化した。したがって報道規制が強まれば強まるほど、記事の信憑性など二の次に新聞社は号外の発行に走った（鈴木健二『ナショナリズムとメディア』岩波書店、一九九七年）。その結果、新聞の使命である事実報道に混乱が生じた。朝日に続き各社が日露戦争の全期間「戦死者家族訪問」に力を注いだのも、従軍記者の派遣、通信代など莫大な費用を投じながら正確な戦場記事を発信できなかったことに対応する新聞社の、窮余の策であったことも見落とすことができない。

二　「出征に際し妻と離縁」は美談か？

こうして出発した訪問記事だが、勇み足と言おうか「いかがわしさ」ものぞかせた。それは出征に際して妻を離別した兵を、拠って来る処《ところ》を探究せず「後顧の憂いを失くす為」と美談として描いたことである。真田山墓地に眠る歩兵上等兵武喜一郎氏（F－24－20）の訪問記にそれを見る。

いよいよ出征することになった。ついては縁あって夫婦となったが今度出征すれば生きて帰ることは難しい。強いてというわけではないが、うら若いいまを盛りを後家で通させるのは俺の本意でないから、幸い子もない今のうちなら再婚する口はいくらもあろう。お前の望み次第で今日只今双方得心の上快く離縁しようかと思うがどうか（『大阪毎日新聞』明治三七年六月一一日付）

この武喜一郎の墓石から北へ一〇番目に墓石のある滝本政治郎一等卒（F－24－10）も、「ただ心残りは妻みねの身にて、短き縁に一生を不幸を見するは忍びず」と離縁を切り出している（明治三七年七月八日付）。

さらに、武、滝本両氏より四列西に墓石のある池西上等兵（F－20－3）にも、「妻（二十四）を若後家となさんことを憂い、陛下の御楯となっていく身体、生きて帰るなと我から割いて離別したのは本年二月」とある（明治三七年六月一七日付）。これらにはすべて軍国美談のタイトルが付いている。

こうした妻の離別記事というのは日清戦争時にはなかった現象であった。明治の初期は一人の人間と一生を添い遂げるという観念は根づいておらず、離婚することに抵抗はなかった（湯沢雍彦『明治の結婚 明治の離婚』角川選書、二〇〇五年）。明治三一年（一八九八）七月の民法改正で離婚は難しくなり離婚率は下がるが、手続きの面倒くささから、今度は「足入れ婚」「内縁婚」がブームとなり、籍を入れない男女が増え、明治三〇年代には二〇パーセント以上がそうだったと言われている。

そのせいか、新婚間もなく召集を受けた男子が「後顧の憂いを断つため」と女房を離縁することを「扶養の責任を逃れる為との声もある」と『平民新聞』は揶揄《やゆ》している（この記事はたしかに見ている。ただし、残念ながら今その日付を明らかにできない）。

明治二三年（一八九〇）教育勅語の発布以後、国民教育はすべて教育勅語をもとにして進められていた。その教育勅語は、明治一五年（一八八二）の軍人勅諭が原資であって、そこには天皇崇拝を基本に据えての「軍人社会から次第に市民社会へ軍国化の傾向を強めよ」の意図があった。「万一戦争の場合は我が身、親族、知己を忘れ偏に天皇陛下のために喜んで死ぬ」という愛国精神の高揚を図るため、教育を以て天皇崇拝の注入を画策していたことは明白で、明治三〇年代には小学校の修身や国語に国体論に基づく忠孝一致の教材が目立ち始める（安藤忠「教育勅語発布以後の修身教育に関する一考察」『教育学雑誌――日本大学教育学会紀要』一九七〇年）。殊に朝日新聞は開戦強硬論で部数を伸ばしていたから、こうした流れに準じたと言えなくもない。

三　ナショナリズムと結託したときの新聞の危うさ

もちろん、この軍国美談には反論も生じている。

そもそもこれ等軍人が離別した本意はどこにあるのか。もし生還を期せざる為最早妻に用なしというにあればこれは不道徳の極みである。なんとなれば、一旦結婚した妻は用不用によりて去るべきものでないからである。後顧の憂いと云うことであればその親はどうする。まさか親も兄弟も離縁する訳にはゆくまい。それとも女の愛に未練を残さないという決心を示すにあるのか。若しそうであるなら自分が勇士であることを証明する為には妻なんか生かしても殺しても勝手であるということになる。如何なる点から論じても出陣に臨んで妻を離別するのが美談であるとは思えない、これを勇士の大決心らしく振舞う軍人も軍人、之を誉める新聞も新聞である。

（福島四郎『婦人界三十五年』婦女新聞三十五年記念会、一九三五年）

しかし、日露戦争以後の数々の戦いの中でこの「皇国の民」思想は徐々に峻厳な充実感に衣替えをし、

自らが妻に手触れぬ君なりき
いつの日までもわすれられなくに
井戸川美和子

出で征く日決まりて清しく身を保つ
夫とおりつつ心足らへり
本田順子

との怨歌にも、「召集令状を受けると同時に常の夫ではなくなり、今生の別離になるかもしれぬ妻にも手を触れぬ兵士の様が歌われている。能力の完璧を願って童貞を保つという、こんな男性の清潔さは珠玉よりも美しい」（西牟田重雄『戦争と結婚』牧書房、一九四二年）と逆に賛美され、昭和に入ってからこの思想は一層根深く浸透していく。

メディア倫理の視点から見て、妻離別の美談化は戦意高揚以外の何者でもないが、昭和に入って熱狂的に受け入れられた事実を目の前にしてみると、ナショナリズムと結託していく新聞の危うさを

「戦死者家族訪問記」の流れの中に見る思いがした。

（中下秀夫）

南山の戦い、村田虎吉一等卒の戦死と埋葬
——日露戦死者の個人墓碑と「満州」の忠霊塔

一　日露戦争の南山の戦いで戦死した若者の墓

Fゾーン北側の西から一三列目、北から六基目の墓標は「陸軍歩兵一等卒勲八等功七級村田虎吉之墓」である。右側面には「大阪市東区宰相小町番外六百八十八番地」とあり、左側面には「明治三十七年五月二十六日於南山攻撃戦死」とある。

一九〇四年（明治三七）から翌年にかけて日本は日露戦争の渦中にあった。墓標にある「南山」は、その初期の激戦地であり、多数の死傷者がでた有名な戦場である。この戦いに大阪に拠点を置いた第四師団第八聯隊も参戦した。

村田虎吉は、『靖国神社忠魂史』（第二巻、一九三四年）に「予一卒」とあるので、予備役で召集された陸軍歩兵一等卒であったことがわかる。二一～二三歳まで現役兵としての服務を終えて、市民とし

F-13-6
村田虎吉の墓碑

村田虎吉墓碑の側面

ての暮らしを送っていた。日露戦争は大国ロシアとの戦争であり、兵力増強のため急遽予備役（現役終了後四年四月までの青年）、後備役（現役終了後九年の青年、のち一〇年に延長）を召集した。村田青年はこの予備役に召集されたのである。彼らは野戦部隊として編成された。

なお「宰相小町」という町名は「宰相山町」の書き誤りである。「山」の文字が墓標に刻む際に「小」と誤記されたものと考える。「宰相山町」は現在は存在しないが、旧真田山陸軍墓地周辺の地を指す。宰相山町の村田青年は陸軍墓地の姿を見ながら育ったものと思われる。

二　南山の戦いで戦死したときの様子

村田青年の属した第四師団第八聯隊は、日露戦争時は第二軍（司令官奥保鞏大将）の指揮下に置かれた。第二軍は第四師団以外に第一師団（東京）、第三師団（名古屋）と合計約三万六〇〇〇人の兵力でロシア軍の旅順要塞を孤立させるため、一九〇四年（明治三七）五月上・中旬に遼東半島の付け根にあたる大連の北東方面に上陸した。ロシア軍は旅順要塞が孤立するのを避けるため、遼陽から旅順要塞への鉄道線を確保して大連の北方にある金州城と南山の要塞の防御工事を緊急に実施して備えていた。

上陸直後の五月二五日には金州城の攻防があり、日本軍の予想をはるかに超える激しい砲撃戦・銃撃戦になり、翌朝相当の死傷者を出して日本軍はやっと占領できた。南山の戦闘は五月二六日朝五時三〇分から始まった。日露両軍の猛烈な砲撃戦が始まり五時間も続いたが、ロシア軍の南山要塞はびくともせず日本軍の砲弾は予備弾を残して底をついてしまった。この間使用した砲弾は、日清戦争の全期間に使用した日本軍の砲弾数を上回ったという。ちなみに、日本軍が用意したのは主に榴散弾であり、空中で炸裂してその破片が飛び散り敵を殺傷する野戦用の砲弾だったので、コンクリート陣地に守られたロシア軍にはほとんど効果がなかった。

砲撃戦が始まると、日本軍の歩兵が南山要塞に向かって前進しようとした。ロシア軍は南山一帯に鉄条網を張り、落とし穴を掘り、要所要所には塹壕に保護された機関銃座を設け、大砲をコンクリートの壁で守り、攻めてくる日本軍を迎え撃った。日本の兵士たちは、生まれて初めて体験する鼓膜が痺れるような銃砲撃の中を命令で前進しようとするが、次々に銃砲弾に倒され、死体の山を築いていったという。村田青年もこの戦闘の中で命を落とした。『靖国神社忠魂史』には、「南山付近の戦闘」と「南山の戦闘」で戦死者をわけて記録している。村田青年は「南山の戦闘」で名前があるので、この日午前五時三〇分から南山要塞が日本軍に占領された午後七時三〇分頃までの戦闘のどこかで戦死したものと思われる。戦況を変えたのは午後になって南山要塞の西側の海上から日本海軍の砲艦六隻が鋼鉄・コンクリートも突き破る艦砲射撃を南山砲台に集中して西側砲台を破壊し、そこを村田青年が所属した第八聯隊が突撃して占領して東側のロシア軍が動揺したこと、そこにロシア軍の総司令官クロパトキンから南山要塞を死守するより兵員を温存して旅順要塞に立てこもるのに加勢せよ、という指令が届きロシア軍が退却したためだといわれている。

日本軍が初めて体験した本格的な要塞戦は、工業力・輸送力も競う二〇世紀の戦争の特色である総力戦の相貌が見えた戦闘であった。二六日の日本軍の死傷者はたった一日で四三七八人も出たが、この報告を受けた大本営では一桁間違えて多く報告したのではないかと初めは信じられなかったという。

三　村田一等卒の遺体・遺骨はどう扱われたか

南山で戦死した村田青年の遺体は、他の多くの第八聯隊の兵卒・下士官の遺体と一緒に南山の周辺に集められ、中隊ごとにまとめて焼かれた。将校の死体は一人ずつ焼かれた。この戦場での死体処理については、日清戦争の規定では対応できないと考えた陸軍が五月三〇日に「戦場掃除及戦死者埋葬規則」を制定した。この規定はアジア太平洋戦争の終わりまで生きていたことになっている。二六日の南山の戦闘後の戦死者死体処理の経験が反映したと考えられる。これによると「各部隊ハ戦闘終ル毎ニ速ニ掃除隊ヲ編成シ戦場ニ於ケル傷病者及死者ヲ捜索シ且其ノ遺留品ヲ処理スベキモノトス」「将校同相当官及准士官ノ遺骨ハ各別ニ埋葬スルコト、下士兵卒等ノ遺骨モ成ルヘク各別ニ埋葬スベク若シ之ヲ為ス能ワサル場合ニ於テハ合葬スルコト」の規定がある。各部隊の最小の単位は中隊であるので、戦いが終わった二六日夜から二七日にかけて中隊ごとに戦場掃除隊が組織され、村田青年は所属した中隊の下士官・兵卒の死者とまとめて焼かれたものと考えられる。

この場合、村田青年の所属した中隊の下士官・兵卒はまとめて焼かれた遺骨の中から、適量の遺骨を村田青年分として取り出し遺骨入れに収容した。たくさんの戦没者が出た場合、その遺骨が必ずしも村田青年のものとは限らない。将校は規定で必ず一人ずつ焼いたので、このような事態は起きなかった。

この遺骨は第八聯隊でまとめられ、大阪の留守第四師団司令部に還送された。そこから遺族に連絡され、遺族は師団または聯隊の主催する慰霊祭に招待された。規則では、遺族が希望すれば死体・遺骨は遺族に下げ渡すこととされていたので、おそらく「村田青年の遺骨」はその遺族に渡ったものと考えられる。そして、陸軍もまたこの時点では同じように真田山の陸軍埋葬地に村田青年の個人墓を建て遺骨の一部を納めたのである。

しかし、日露戦争では陸・海軍の予想をはるかに超える約九万人の戦没者が出た。一九〇六年三月には第四師団から陸軍に個別の墓標を建てるのを止め、合葬墓標にして個人名を刻むかわりに墓誌を備えることにしたいがよいか、と聞き合わせがあった。陸軍はこれを受け入れ、各師団にも大阪のように処理するようにとの通牒を出した。こうして、真田山陸軍墓地には戦後階級ごとに大きさの異なる合葬墓碑が四基建てられた。村田青年の個人墓は、そうなる前に真田山陸軍墓地に建てられたものであろう。

四　大連忠霊塔

南山で焼かれた村田青年等の遺骨の残灰は、南山の周辺に部隊ごとにまとめて埋葬された。日露戦争後金州城の戦い、南山の戦いをはじめ旅順を除く遼東半島南部の戦闘で亡くなった将兵の遺骨残灰は六〇二九人分に上り、部隊ごとにまとめて箱に入れ（将校は一人ごとに）、一九〇八年（明治四一）九月に建てられた大連忠霊塔に納められた。

『満州補充読本』という子ども向けの本がある。日本軍の後ろ盾でつくられた「満洲国」に居住する日本人の子ども用の補充用教科書である。存満日本教育会教科書編集部で作成されている。その中に「遼陽の父」という一文がある。日露戦争の遼陽の戦闘で戦死した父の面影を求めて、一九三二年

(昭和七)八月に遼陽忠霊塔を訪れたという設定の文章である。この中で父の名の遺骨箱を探すが見つからず、番人に聞くと気の毒そうに「何しろ多数の戦死者でしたから、士卒の方は一緒にして納めてあります」と言われて、父の部隊名を記した箱の前で長い黙祷をする話がある。この記述は、日露戦争の激戦地の忠霊塔が、下士官・兵卒は部隊単位で戦死者を焼き、還送した残灰を部隊ごとにまとめて箱に入れ収納していた姿を伝えている。旅順、大連、奉天、安東といった南満洲各地につくられた忠霊塔も陸軍の規定に沿って遼陽と同様であったと思われる。

村田青年の残灰も、大連忠霊塔の中に納められていたと推定される。しかしやがて様相が変化する。一九三一年(昭和六)九月から日本軍によって始められた満州事変により、南満州だけでなく全満州で抗日戦闘が始まり、それと対峙して死んだ戦死者は日露戦争の遺骨を納める南満洲の忠霊塔には納まりきらなくなった。そのとき、関東軍司令官であった陸軍大将菱刈隆は、これまでのように軍や政府が資金を出して忠霊塔をつくるのでなく、全満州に住んでいる日本人に訴えて募金を集め、整地作業は日本人会が有志を組織して勤労奉仕をし、忠霊塔の設計図も公募して決める、不足分を軍が出すという、住民を動員して「自分たちの忠霊塔」という意識を持たせた忠霊塔を建設する運動を提唱し一定の成功を収めた。これが一九三四年(昭和九)一一月に竣工した新京の忠霊塔である。

新京忠霊塔以後、哈爾濱《ハルビン》、斉斉哈爾《チチハル》、承徳、ハイラルの五基の忠霊塔は、同様の運動を組織して建設された。満州事変が始まった一九三〇年代には、日本ではツーリズムが盛んになり、日本の勢力圏にあった満洲は、異文化に触れ大日本帝国の威勢を体感できる絶好の対象地となり、多くの観光客が訪れた。その際巨大のモニュメントとして、日露戦争の遺骨を納める忠霊塔と、満州事変の戦没者遺骨を納める忠霊塔は一体のものとして観光の対象とされた。日本人観光客は一〇基の忠霊塔をめぐり、日露戦争と満州事変の戦没者を、大日本帝国の礎としてその身を犠牲にした「英霊」として礼拝する対象とした。当時の学校教育の担い手を教育した多くの師範学校の修学旅行は「満鮮」（満州と朝鮮）に出かけ、その情景は学校教育の場で子どもたちに伝えられた。

これ以後、日本軍を批判する声が起きると、軍部やそれを支持する政治家が決まって口にしたのが「満蒙一〇万の英霊、二〇億の国帑を見捨てるのか！」という威嚇であった。それが日本人に浸透する上で満洲に建設された一〇基の忠霊塔の存在には大きなものがあった。この声の前で反論するのは困難であった。

一九四五年（昭和二〇）八月日本軍が破れ無条件降伏したとき、「満蒙一〇万の英霊……」と叫んだ軍部は、忠霊塔を見捨て、一〇万人の遺骨は放置された。多くの忠霊塔は中国人やソ連軍に破壊され、収められていた遺骨は散乱・放置された。大連の忠霊塔も破壊され遺骨や残灰は放置されたが、巨大な台座は残された。その中には村田青年の遺灰も含まれていたと推定される。

二〇〇六年（平成一八）夏、筆者は大連に忠霊塔の現状を見に行った。大連市の中心部に労働公園という巨大な公園がある。その隅に大連のスポーツが盛んである象徴として巨大なサッカーボールのモニュメントがあった。その土台とされていた多角形の特徴ある石造建造物が大連忠霊塔の土台であった。近くに行って見ようとしたが、立ち入りはできなかった。

（横山篤夫）

近藤元粋撰の宮津隆成墓碑銘
――其れ亦た以て瞑す可きかな

一　大阪の高名な漢学者、近藤元粋が撰んだ墓碑銘

「旧真田山陸軍墓地概要図・墓碑銘文一覧」（『歴史民俗博物館研究報告』第一〇二集、二〇〇三年三月、以下、「墓碑銘文一覧」）をめくっていくと、意外な人物に出会うことがある。G－13－2宮津隆成墓碑銘（「墓碑銘文一覧」では高成となっているが誤植）を撰んだ漢学者の近藤元粋（南州と号す。一八五〇－一九二二）もその一人である。元粋は松山の人。大阪に移り、猶興書院を開いて当時泊園書院と並び称された。その蔵書は没後大阪天満宮御文庫に収められている。ちなみに司馬遼太郎『坂の上の雲』にも登場する。

さてこの撰文は『南州先生詩文鈔』（私家版、一九三二）にも見られないもので、元粋の事績の一端として、また大阪の儒者の日露戦争認識の一端をうかがう上で興味深いものである。さらにまたこの宮津隆成および宮津家も非常に興味深い。そこで大阪天満宮に問い合わせたところ、二〇〇六年新寄贈の資料を含めて現在整理中であり、閲覧はできないとのことであったが、近藤元粋関連の文献数種を拝受し（大阪天満宮社報『てんまてんじん』五一、五七、六〇号）、重要な内容を含む話も拝聴した。とはいえまだわからないことが多いので、ここでは、今後の研究の下準備として、まずは墓碑銘そのものをゆっくり読んでみたいと思う。

G-13-2
宮津隆成の墓碑銘

二　墓碑銘と宮津隆成の人物像

まず墓碑銘を掲げる。「墓碑銘文一覧」をもとに、墓碑を実見して校訂し、現行字体に改めるとともに、明らかな誤字は注を付した。本文は点を切り、また読み下しを付した。

〔正面〕陸軍歩兵中尉正八位勲六等功五級宮津隆成墓

〔左面〕明治三十七年五月二十六日於清国盛京省南山戦死

〔背面〕君名隆成、大阪人。父宮津賢次郎、尾張人。少壮来往大阪、以商名于府下。娶長谷川氏、生二男二女。長名一郎為嗣、次即君也。明治庚子、為志願兵、入福知山歩兵第二十聯隊。癸卯、任歩兵少尉、叙正八位、罷帰。庚申、魯西亜国背盟、

詔征之。君応徴于歩兵第八聯隊、補第四中隊小隊長、航遼東。敵拠金州南山之険。五月二十六日、三道攻之。君在右翼瀕海、而進弾丸雨注。既而海潮大至、蒼波及胸。君叱兵奮戦、飛丸貫頭斃。全軍急攻、遂陥之。而能奏先登第一之功

〔右面〕者、実第八聯隊也。死傷殆四千人、可謂激戦矣。君年二十有四、官禄其功、陸任中尉、賜功五級金鵄勲章・年金三百円、授勲六等旭日章。君幼与其兄倶就余。学資性温厚、善事父兄、接姉妹甚懇切。容貌端麗如美女子、而頗有気概。奮激勇進、其身方斃、堅寨随陥、其軍能建首功焉。其亦可以瞑矣。七月十五日葬、遺骨于真田山。余乃表其墓。

明治三十七年甲辰（庚の誤）八月、近藤元粋撰。従五位勲四等大邨屯書。

君、名は隆成、大阪の人なり。父は宮津賢次郎、尾張の人なり。少壮にして大阪に来

往し、商を以て府下に名あり。長谷川氏を娶り、二男二女を生む。長男は一郎と名付け、嗣（跡取り）なり。次は即ち君なり。明治庚子（三三年）、志願兵と為り、福知山歩兵第二十聯隊に入る。癸卯（三六年）、歩兵少尉に任ぜられ、正八位に叙せらる。罷めて帰る。庚申（三七年）、魯西亜国盟に背き、詔してこれを征せしむ。君は歩兵第八聯隊に応徴し、第四中隊小隊長に補せられ、遼東に航す。敵は金州南山の険に拠る。五月二十六日、三道よりこれを攻む。君は右翼瀬海に在りて弾丸雨注を進む。既にして海潮大に至り、蒼波胸に及ぶ。君は兵を叱して奮戦し、飛丸頭を貫きて斃る。全軍急攻、遂にこれを陥す。而して能く先登第一の功を奏す者は実に第八聯隊なり。死傷殆ど四千人、激戦と謂ふ可し。君、年二十有四、官は其の功を禄して中尉に陞任せしめ、功五級金鵄勲章、年金三百円を賜ひ、勲六等旭日章を授く。

君、幼にして其の兄と倶に余に就く。学びては資性温厚、善く父兄に事へ、姉妹に接して甚だ懇切なり。容貌端麗、美女子の如く、而して頗る気概有り。奮激勇進、其身方に斃れんとするや、堅寨随て陥ち、其の軍能く首功を建つ。其れ亦た以て瞑す可きかな。七月十五日葬し、骨を真田山に遺る。余乃ち其の墓を表す。

明治三十七年庚辰（本文中「甲辰」となっているのは誤り）八月、近藤元粋撰。従五位勲四等大郁屯書。

まず墓碑の関係者について確認しておきたい。最初に宮津家であるが、史料として現時点で「宮津賢次郎履歴」（樋口守之著、国立国会図書館蔵）ならびに「歩兵中尉宮津隆成君」（『大阪朝日新聞』明治三七年六月二日二面）を見ることができた。それによれば、宮津賢次郎は明治元年（一八六八）に長谷川柳子と結婚し、長女輪子（またはりん子）は明治三年（一八七〇）、長男一郎は明治五年（一八七二）、次男隆成は明治一四年（一八八一）に生まれた。なお、このとき賢次郎は北区区会議員であった。二女蓮子（またはれん子）は明治二〇年（一八八七）生まれであった。

宮津賢次郎は大阪の実業界で名を知られた人物で、尾張宮津に生まれたが、家業を継いで医師となることを好まず、幕末には京阪を往来し、明治維新後には堂島での米の仲買人となり、さらに第六十四国立銀行頭取となるなど活躍した人物であった。明治三七年（一九〇四）当時、賢次郎は第五十八銀行の重役として名があり、兄の一郎は韓国にあった第五十八銀行仁川支店に勤務、長女の輪子は同じく仁川支店の支配人で大阪市西区南堀江通二丁目在住の柳井楢蔵に嫁いでいたが明治三七年五月二九日に死去している。また二女の蓮子は柳井家に寄寓し堂島高等女学校に通学中であった。

さて宮津隆成の経歴であるが、「歩兵中尉宮津隆成君」によれば、明治一四年三月に高麗橋通四丁目の家に生まれ、小学校を出て第一中学校に学び、かたわら漢学を近藤元粋に受けたという。卒業後、商業興信所の書記となったが、明治三三年（一九〇〇）一二月には「適齢を以て」志願し、福知山歩兵第二〇聯隊に入った。明治三六年（一九〇三）三月には歩兵少尉となり、正八位に叙せられた。退営後は再び商業興信所に務めたが、日露戦争にあたり召集され大阪歩兵第八聯隊第五中隊小隊長として出征し、南山の戦いで戦死した。なお右に述べてきた経歴は碑文と一致し、この碑文がたしかに宮津隆成のためにつくられたものであることがわかる。

隆成は人物に優れ、また非常な美男子であったと伝える。これは碑文のみならず「歩兵中尉宮津隆成君」にも述べられるところであって、「中尉眉目清秀、資性温厚、父母に事へて孝なり、宮に仕へて忠なり、遂に武夫本年《ママ》の面目を完うして世界有数の劇戦《ママ》に戦死す。外柔かにして処女の如く内剛にして鬼神の如くなる中尉の如きは蓋し日本男子の本色を発揮したるもの」であったという。墓碑銘に書かれ、新聞に掲載されているところを見ると、おそらくその通りだったのであろう（ただし記事に署名はなく、そもそもの情報の出どころが元粋であった可能性も否定できない）。ただし「歩兵中尉宮津隆成君」に添えられた似顔絵では筆者には美男子かどうか判定できなかった。これは筆者に当時の似顔絵を見る目がまだ足りないためかもしれない。

隆成が明治三七年五月二六日に戦死したことも、碑文のみならず別の史料からも裏付けられる。まず死去日については隆成の名を参謀本部編纂『明治卅七八年日露戦史』第一巻「付録第十八別表ノ四　明治三十七年五月二十六日　第四師団死傷表」に見ることができる。ただし同書では隆成の名の上に戦死を示す「△」が付されていないので、戦死か戦病死か確定できない。けれども「南山役戦死将士の陸官叙勲」（『大阪毎日新聞』明治三七年六月二日一面）として「陸軍歩兵少尉正八位　宮津隆成」名義で「任歩兵陸軍少尉」「叙功五級綬金鵄勲章并に年金三百円、叙勲六等旭日章を授け給ふ」とあるから、『明治卅七八年日露戦史』の「△」欠如は誤植であり、たしかに戦死したことがわかる。なお「歩兵中尉宮津隆成君」によれば戦死は五月二九日の四日前となっているが、誤植もしくは戦死当日を一日目と数えたのであろう。

なお墓碑について見てみると、そもそも「墓碑銘文一覧」を見る限り、陸軍にとって部外者の元粋が撰した例は見出せないようである。大邨屯が筆を執ったのは、他の大邨執筆の墓碑と同じような経緯であったことだろうか。筆跡は全体としては同時代によく見かける系統に属するのではないかと思うが、このあたりについても追跡していくと何か発見があるかもしれない。なお碑文中、庚辰が甲辰となっているのは端的に誤字であるが、元粋のミスか、それとも大郵屯が書き誤ったかは現時点では確定しがたい。

三　近藤元粋から見た宮津隆成と日露戦争

さて猶興書院との関係である。宮津隆成が事実元粋の弟子であったことは、「歩兵中尉宮津隆成君」の記述からも確実である。また大阪天満宮に問い合わせたところ、「宮津昌堂」という人物が文献に出てくるが、この宮津氏と関係あるかどうかははっきりしないとのことであった。これは推測であるが、碑銘に「君、幼にして其の兄と倶に余に就く」とあるので、宮津昌堂とは兄の一郎のことなのではなかろうか。あるいは隆成本人のことを指すかもしれない。

次に近藤元粋（南洲）その人について述べておくと、大阪を中心に文運の研究で知られた水田紀久によれば、「先生は濂洛関閩（宋学を指す――編者注）の正統を承け、とりわけ左伝に通じ、かたわら風月を友とし逍遥遊社を結んで吟哦を楽しまれた」人物であり、当時名声高く泊園書院の藤沢南岳とともに「二南」の称をほしいままにしたという。ただ晩年は三人の息子をすべて立て続けに失う不幸に苛まれた。のち旧蔵書は大阪天満宮御文庫に収められた（水田紀久「近藤南洲先生と猶興書院」『てんまてんじん』第五一号）。

それにしても元粋の隆成についての記述は、さすが文雅《ぶんが》でよく知られた人物というべきか、実に堂々たるものである。元粋によれば、隆成というのは非常な美少年で人格は穏やか、父兄には孝悌《こうてい》の道をもって仕え、姉妹に対しては懇切丁寧、そうでありながら内心は非常に気概のある人物で（以上先に挙げた新聞記事とほぼ完全に一致する）、南山の戦いでは海沿いの道を攻め上り、胸まで波に浸かりながら麾下《きか》の兵士を叱咤激励、銃弾を浴びて戦死するとともに、第八聯隊は南山の要塞を撃破占領したのであった。そして隆成は真田山に葬られる。元粋は彼を思って墓碑銘を撰び、目を閉ざしてその姿を思う。「其《そ》れ亦《ま》た以《もっ》て瞑《めい》す可《べ》きかな」――実に劇的な表現と言うべきではなかろうか。

こうした筆致は、元粋自身が「与友人論詩書」（『南州先生詩文鈔』所収）のうちで、「詩の妙は韻致に在り。韻致は固より文字の巧拙に在り。而して其の真趣は却て文字の外に在り」（上巻六三丁オ）と述べていることから考えるならば、元粋は現地を見ていない以上、記述自体はもちろん想像を交えたものであろうけれども、それも含めて元粋にとっては感情表現そのものであっただろうと思われる。ではその心情、つまり「其れ亦た以て瞑す可きかな」の言葉の背後にある心理はどのようなものであったであろうか。

元粋の思想の全体像は大阪天満宮収蔵近藤元粋関係資料からかなりうかがい得ると期待される。また『南州先生詩文鈔』（前掲）およびその他多様な校訂刊行書の頭注からもある程度うかがうことができるのではないかと筆者は考えている。ただ如何せん現時点の筆者は元粋の著書の漫然たる読者であって精密な分析に及ばないままであるから、ここではその議論は控えたい。なお元粋の学問については合山林太郎「『坂の上の雲』と近藤南州」（『てんまてんじん』五七号）が、また詩作品については同「近藤南州の『夏祭行』」（同六〇号）があるので参照されたい。

本論では、日露戦争に関連した詩をごく簡単に紹介しておきたい。すなわち『南州先生詩文鈔』下巻二二丁ウ以下二六丁ウまでの間に「仁川」「旅順口夜襲」「閉塞敵寨」「庚辰秋日雑感（うち一首）」「陥城行」「丙午夏日。児元精与各府県諸学生。遊歴于満韓。乃作此以送行（うち一首）」が見えている。特徴的なのは日露戦争関係の作品には雑体《ざったい》（いわゆる漢詩のうち、各句の字数が一定していない詩体）が非常に多いことであるが、隆成の戦死と関連してことに興味深いのは「庚辰秋日雑感」、つまり隆成の墓碑建設後二、三カ月のうちにつくられた七言律詩であろう。

大邦士気頓揚揚　　大邦の士気　頓に揚揚
捷報頻伝人欲狂　　捷報頻りに伝はり　人狂はんと欲す
已道滄溟戮鯨鰐　　已に道ふ　滄溟に鯨鰐を戮し
又聞原陸斃豺狼　　又た聞く　原陸に豺狼を斃すと
雨沾鬼哭雲低野　　雨は鬼哭を沾し　雲は野に低れ
草圧陰燐月帯霜　　草は陰燐を圧し　月は霜を帯ぶ
自古戦場多惨事　　古より戦場　惨事多く
細懐誰不起悲傷　　細《ひそ》かに懐ふ　誰か悲傷を起さざらんやと

日本の士気はいやが上にも上がっている。戦勝の報せはしきりに伝わって来、人は狂わんばかりだ。もう海戦では敵艦を沈めたといい、また荒野では敵軍に勝利したという。雨は戦死者の魂を潤し、雲は野に垂れ込め、草は鬼火よりも高く生え、月は霜を帯びている。古来戦場には惨事が多いものだ。誰がその惨事を悲しまないことがあろうか、と私は心密かに思っている。――表面上の解釈の大略はこのようなものであろう（押韻は陽韻。鯨鰐・豺狼はそれぞれ海陸の生物であるが、悪意をもつ相手という含みがあり、文脈から見てもロシアを指すのは明白なので、ここではそれぞれロシア艦船、ロシア陸軍と取った）。

だがこの詩をどう読むかはかなり難しい。少なくとも一つ、漢詩における伝統的な戦争への忌避感情が読み込まれていることは確実であり、そこに直前における隆成の死も織り込まれていると見るのは十分可能であろう。だがそれで解釈が終わるとも限らない。たとえば雑詩である「旅順口夜襲」は「魯平魯平真愚魯。吁嗟魯平魯平真愚魯」つまり、ロシア（魯西亜）よロシアよ、本当に愚魯（愚か者の意。おそらく「愚かなロシア」とかけているだろう）だなあ。ああロシアよロシアよ、本当に愚魯だなあ、という言葉で結ばれているように、ロシアに対する敵対感情は明白だからである。だがこの問題に見通しを与える前に、少し回り道しておきたい。

四　碑文撰述における文章表現

元粋が詩でとどめたように捷報で満ち溢れていた『大阪朝日新聞』であるが、その第八聯隊関係記事に目を通していくと、碑銘と関わって興味深い事実に気づく。というのは、元粋の碑文が明らかに新聞記事の影響を受けているのである。明治三七年六月一〇日の記事「大阪旅団の勇戦」から見てみよう（本文中傍線部は原文大字。また原文振り仮名は割愛した）。

二十六日　午前三時雨を衝いて龍王廟道を前進し隘路を行進す。時に猛烈なる銃声を聞く。此戦にて大隊長藤岡少佐戦死す。尚敵を撃退して南進し、金州西門の西方に達す。銃弾雨の如し。余は軍旗とゝもに後方予備線に在りしが、第十九旅団の苦戦に次で敵弾本隊に集注し、遂に余の予備線を以て第一線とするに至り、尚左側より斜撃を受く。天明軍艦湾内に驀進し、熾に砲撃を加へ、我全野砲亦一斉に砲火を開けり。然るに第四師団の陣地は平坦開豁にして一の地物なく全隊悉く曝露す。加ふるに我が八聯隊のある処は海中の平沙にして潮の満るに随つていつしか漫々たる海となり、全隊腰より下を没して戦闘せり。敵は数月間照準を定めたる地点とて送弾最も巧妙に我が兵一歩を進むる毎に十数人の死傷者を出す。海潮は漸次満ち来り右翼は殆ど胸に及べり。我軍焦燥つて射撃せんとするも敵は散兵壕に匿るるを以て隻影だも見ず、殊に海水敵弾の来る毎に高く飛沫を挙げ、双眼殆ど霧に閉さる。敵弾一発四五名を殪すも我は銃を手にして発射する能はざる間に在りて前進を命ずれば踴躍して奮進す。其服従、其勇気、決して平日の大阪兵にあらず、其沈毅、其豪胆、実に余をして泣かしめたり。戦闘益進んで将校の殪るゝもの数を知らず。余は一少尉の身にして其生残れる故を以て第九聯隊の一中隊を合せ二中隊を指揮する栄を荷ひ、敵前六百米突に進み、曽て一回も伏姿を取らず、一歩一歩兵数を減ずるをも顧慮せず、双眼鏡を以て敵情を視つゝ前進を続くるうち、飛弾南山北端より来つて余が腰を貫き、覚えず海中に倒れしが、直に起つて射撃を指揮す。ときに一兵卒声を揚げて中隊長殿負傷！　と叫ぶ。鈴木伍長来りて後退包帯所に就かんことを勧む。余にして後退せんか、二箇中隊の士気忽ち阻喪して戦機を逸するの虞あり、余は軽微の負傷の為に部下を見棄るに忍びずと答へ、猶全隊を指揮す。伍長猶去らずして戦局は今日に終るにあらず、速かに加療して第二の会戦に奮闘せよと慫慂して止まず。時に流血甚しく、海水為に染む。我が直属の兵は既に殆んど亡べり。余は敵情を一見して万歳声裡に一斉射撃を命じ、其銃声を聞きつゝ、散兵戦後に退き、遂に包帯所に就く。ときに午後二時。

金州北門外の第二野戦病院に入れば中隊長あり、第二小隊長あり、我が中隊にて将校といへば唯第一小隊長一人のみとなれり。

午後七時南山占領、歩兵第八聯隊の軍旗先登第一たり。第八聯隊の名誉は第二軍に赫々たり。以て其名誉恢復戦のいかに激烈にいかに勇猛なりしかを知るべし。後にて聞けば金州城も第八聯隊の第十中隊にて之を占領したりといふ。(以下略)

この一文が碑文の「君は右翼瀕海に在りて弾丸雨注を進む。既にして海潮大に至り、蒼波胸に及ぶ。(中略)全軍急攻、遂にこれを陥す。而して能く先登第一の功を奏す者は実に第八聯隊なり」という部分とそっくりそのままなのは明白であろう。ことに「先登第一」という言葉は、新聞記事と元粋の用語が全く同じであって、この記事もしくはそれときわめて近い語感をもった記事から取ったものとしか考えられない。先ほど紹介した漢詩に「捷報頻りに伝はり　人狂はんと欲す」「魯や魯や真愚魯」とあるのも、当時の新聞記事が戦争捷報に満ち、またロシアを低く評価していたことから、右の推定を間接的に支持する。碑銘撰述作業と日露戦争報道との間には密接不可分の関係があったと想定しなければならないであろう。

ここから見えてくることは、元粋が『大阪朝日新聞』もしくはそれと近い新聞報道に常に目を通しており、それに基づいて碑文を撰んだということである。今回「君は兵を叱して奮戦し、飛丸頭を貫きて斃る」の部分を裏付ける記事は発見できなかったが、全体としては元粋が新聞記事を通じて日露戦争を理解し、そのなかで隆成の死に際のイメージを膨らませ、また隆成の死そのものを位置づけていたことがわかる。

そこで、前段で保留した「其れ亦た以て瞑す可きかな」の意味合いは、現段階で考えられる最も穏当な結論としては次の通りになろう。すなわち、元粋としては、戦争そのものは悲しいものであり、好むものとは言いがたいけれども、今回のようにロシアが盟に背き、天皇が命じてこれを懲らしめようという場合には戦争も致し方ないことであり、自分の教え子もその戦いの中で勇戦し命を落としたのだ。惜しいけれどもこのことをもって納得するより仕方あるまい。

こうした考え方は当時通行のものには違いなかろうけれども、一方でいわゆる非戦論とは相容れないものであろう。なおまた元粋のような考えがどの程度他の儒者との共通認識であったかは、現在手持ちの史料からは考察しがたい。少なくとも先に挙げたいくつかの日露戦争関係作品について言えば、読者であるはずの藤沢南岳その他の人々は頭注はおろか傍点さえ付していない。雑体が多いこともあり、作品としてはコメントしづらかったのであろうか。

なおこの点に関して、先ほど引いた「庚辰秋日雑感」について「苔園云」として「警在一狂字、五六今人不須一顧」（この詩の警告は「人狂はんと欲す」にある。また「雨は鬼哭を沽し〜月は霜を帯ぶ」という見方は最近一顧だにされない）とあって、コメント時期は明確にしがたいながら、元粋の交流圏において捷報に踊る人を批判する見方があったことがうかがえる。ただしその意図はこの文字のみでは確定しがたいので、ここでは一筋縄ではいかないことを確認するにとどめておきたい。

五　墓碑銘研究の可能性

以上で当面の検討を終える。本論で確認し得たことは、第一に墓碑銘につき校訂を済ませ、「墓碑銘文一覧」より確実な墓碑銘のテキストができたであろうこと、また「G－13－2宮津隆成」墓碑銘に携わった人物がおおむね見えてきたことである。ここまではほぼ確実に言えるであろう。さらに元粋が墓碑銘を撰ぶにあたって新聞報道を大いに参照したであろうことも、ほぼ確実であろう。そこから先、すなわち「其れ亦た以て瞑す可きかな」の意味合いの検討は、やや不安定な推測である。しかしこれで元粋の日露戦争認識については大凡《おおよそ》の見通しが立つのではなかろうかと思う。

ともあれ、本論はようするに史料の初読であって、漢文読解の基本の一つである典拠の探索や形式の検討さえ十分にできていない有様である。ましてや、現時点で何か大きな結論があるわけではない。しかし今回だけでも、墓碑建設に至る過程やその間の心情が少しなりとも見えてくるのであって、その意味で実に興味深い。総じてGゾーンに葬られた尉官・佐官クラスの人物は、著名な個人をのぞいて研究が比較的進んでいないのが実情であるが、もう少し突っ込んで考察してみるのも面白いのではなかろうか。

（小田直寿）

日露戦争合葬墓碑の前に立つ石灯籠と廃兵前田梅吉

一　戦病死者合葬墓碑と石灯籠

旧真田山陸軍墓地に足を運ぶと、ずらりと立ち並んだ一群の墓石がいきなり目に飛び込んでくる。五〇〇〇基を越える個人墓である。その墓石の間を通っていくと、墓地の南の端に建っている大きな日露戦争戦病死者合葬墓碑に行き当たる。合葬墓碑は四基あり、「兵卒」「下士官」「准士官」「将校同相当官」と階級別に墓石がだんだん大きくなって横一列に並んでいる。一番小さい兵卒の合葬墓碑でも、ずらりと並んだ個人墓に比べればはるかに大きい。しかし、そんな大きな墓石が四基も勢揃いしている割には、あまり迫力が感じられない。五〇〇〇基を越える圧倒的な個人墓の迫力に、合葬墓碑は影が薄くなっているとも言える。たとえ小さくても破損していても、一人一人の名前が刻まれた個人墓には説得力がある。

影が薄いその合葬墓碑をそっと見守るように、一対の石灯籠が立っている（写真1）。あまり大きな石灯籠ではないし、派手でもない。それでもこの石灯籠に注目するのは、この場所に献灯した人物の

写真1
前田梅吉が献じた石灯籠

写真2
刻まれた名前

名前が刻まれているからである。「廢兵　前田梅吉」とだけ刻まれた（写真2）華奢な感じの石灯籠だが、人の温もりが伝わってきて、無機質で冷たい合葬墓碑とは対象的である。夜、この火袋に蝋燭を灯したら、目の前に立つ四基の合葬墓碑を優しく照らすことだろう。階級別に並んだ四基の墓碑を一つの光で温かく包むことだろう。東と西に控えた一対の石灯籠は、まるで土俵入りした横綱の左右に控える露払いと太刀持ちのようにも見えてくる。こんな石灯籠をこの場所に建てた前田梅吉とは、いったいどんな人だったのだろう。前田梅吉がわざわざ「廢兵」と名乗っているのにも、何かわけがありそうだ。そこで、さっそく調べて見ることにした。

二　前田梅吉について

大阪に関する文献が豊富で、なおかつ手に取って見やすい大阪市立中央図書館に行き、まずは各種の人名事典を手当たり次第に開いて見た。やはりダメかと諦めかけたとき、ようやく前田梅吉の名前を見つけたことは見つけたが、それだけだった。その項目の参考文献が『大阪近代文学事典』（日本近代文学会関西支部大阪近代文学事典編集委員会編、二〇〇五年）だったこともあり、これは別人だろうと高を括っていたのである。とはいえ無視する度胸はないので、半信半疑で『大阪近代文学事典』を手に取って開いてみると、前田梅吉について次のように書かれていた。「明治一四年～昭和二〇年。出版人。大阪に生まれる。大阪市内の塩弥書店に奉公し、日露戦争従軍後、明治三八年に文進堂を創業。箏曲全集、坂田三吉の将棋書、囲碁書、茶道書、華道書などや、若山牧水、金子薫園、吉田冬葉らの詩歌俳句書を出版」（傍線は引用者）。

そこで、今度は「文進堂」を手掛かりに、大阪の出版関連の文献を手当たり次第に見ていった。梅吉が文進堂を創業したのは、日露戦争に従軍した後ではなく従軍前の明治三七年（一九〇四）六月一〇日であることがわかった。二三歳のときである。ちょうど南山の戦いが四〇〇〇名を超える死傷者を出して終結したばかりで、国内では数々の武功や遺家族の様子などが連日のように報道されていたころである。やがて梅吉も「日露の役に応召され、妻君が店を守っていた」。妻君は「希に見る賢婦人」で「愛想よし」と評判の女性だったようである（湯川松次郎『上方の出版と文化』上方出版文化会、一九六〇年）。「昔から偉人の母は賢母である如く、勘次氏、勇吉氏のように揃って立派な後継者が生まれたのは、母上の偉大なる感化の力大なるものがあると思う」と絶賛されている。

『大阪近代文学事典』に列挙されていた出版物からもわかるように文進堂はもっぱら「趣味的出版一筋だったが、出版物だけでなく梅吉本人も「趣味道楽の仕方は実に上手」な人物であったと言う。旅行をすれば「その地の骨董屋へ飛び込みゲテ物をあさり回」り、「一方の道楽の方も人後に落ちなかった」。しかし、同時に「氏は達観していて、側で同業の商売上の話などして騒いでいても、吾れ関せずと云う調子で暢気に世を過ご」していた。大阪出版界の大先輩井上如一（井上尚一）も同じような梅吉評を残している。曰く、梅吉の「無邪気な話振りは、何としても趣味の骨董」で「お客も陽気になつて調子を合し、こりやくと唄ふ始末、なんと徳な人だんな」（「茂久録」『浪花書林花暦面影草紙』一九三四年）。

井上翁は梅吉の従軍についても言及している。「主人公は日露戦争に大功名、敵の首を斗桝で計るほど切り立てくそれを土産に凱旋して御褒美を頂戴したとのこと」と紹介した後、最後に一言「百石は敵から貰ふ向ふ疵《きず》　ではないうしろ疵」と付け加えている。どうやら梅吉は日露戦争に従軍して背面に傷を負ったようである。本来、向こう傷とは敵と正面から戦って眉間や額など身体の前面に受けた傷を言い、後ろ傷は逃げるときに後ろから斬り付けられて負った傷で、武士はこれを恥辱とした。『**百石は敵から貰ふ向ふ疵**　ではないうしろ疵』とわざわざ余計な一言を大きな太い文字で書き、「ではないうしろ疵」と遠慮がちに小さく書いている。勇猛果敢に「向う疵」を負った梅吉を大きな声で称えてやろうと思ったら、実は「うしろ疵」でしたと小声で囁いているようで、梅吉の人柄が忍ばれる。「ハハハ、やっぱりな」と、周囲の明るい笑い声が聞こえてくるようだ。言うまでもなく、戦場は笑いごとでは済まなかった。梅吉も、同世代の若者が斃《たお》れる姿に心を痛めたに違いない。そうでなければ、彼らの合葬墓碑に石灯籠を献じたりはしないだろう。

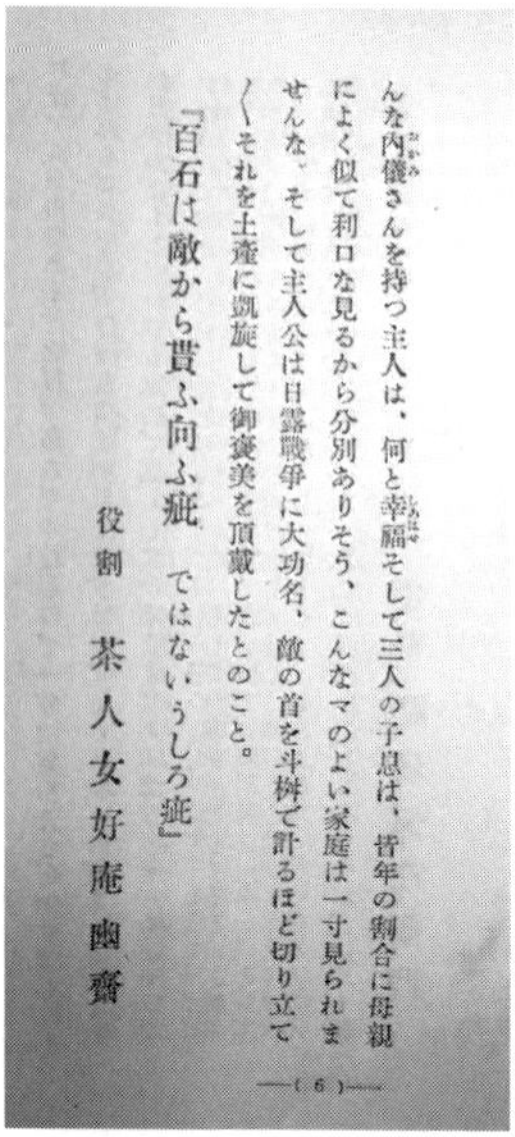
んな内儀《おかみ》さんを持つ主人は、何と幸福《しあはせ》そして三人の子息は、皆年の割合に母親によく似て利口な見るから分別ありそう、こんなマのよい家庭は一寸見られませんな、そして主人公は日露戦争に大功名、敵の首を斗桝で計るほど切り立て〳〵それを土產に凱旋して御褒美を頂戴したとのこと。

「百石は敵から貰ふ向ふ疵　ではないうしろ疵」

役割　茶人女好庵幽齋

—（6）—

「茂久録」『浪花書林花暦面影草紙』1934年より

周囲の声だけでなく、梅吉自身の言葉が残っていないかと探してみたのだが、あいにく見つけることはできなかった。ただ、大阪市立美術館で開催されていた特別展「江戸の戯画――鳥羽絵から北斎・国芳・暁斎へ」（平成三〇年四月一七日〜六月一〇日）で、文進堂から出版された「鳥羽絵本」を見ることができた。鳥羽絵は一八世紀に大坂を中心として流行した軽妙な筆致の戯画である（写真3）。鳥獣戯画で有名な鳥羽僧正の名にちなんでいる。大阪に版木が残っていたのだろうか、梅吉は

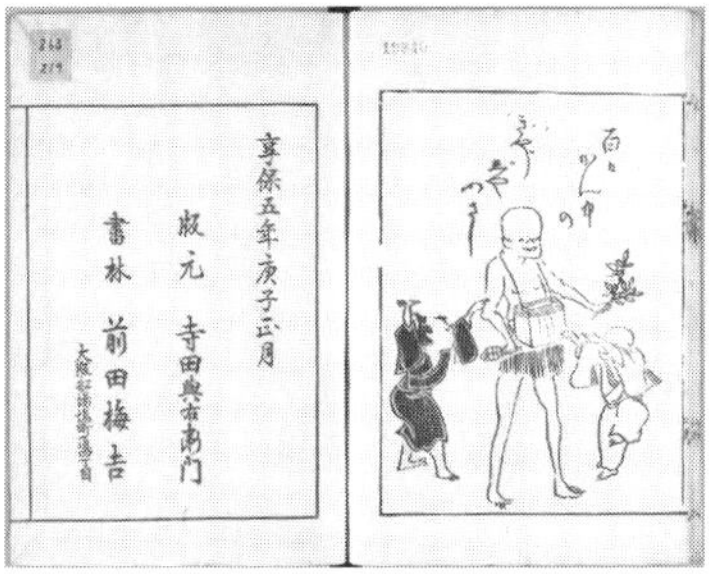

「とばゑ三国志」の奥付
（国立国会図書館所蔵）

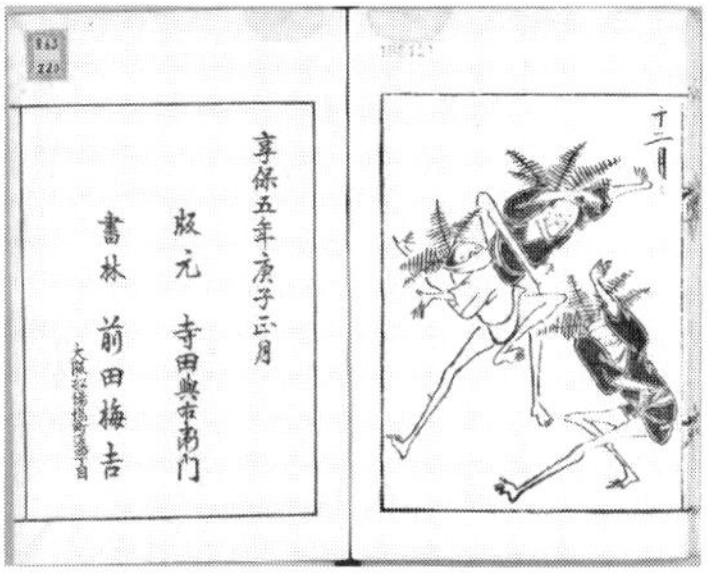

写真３　「鳥羽絵扇の的」の奥付
（国立国会図書館所蔵）

それを後摺《のちずり》して出版した。特別展では奥付に「寛政五年丑年正月　版元大阪北久太郎町心斎橋筋河内屋喜兵衛　書林大阪南区塩町通四丁目前田梅吉」「享保五年庚子正月　版元寺田與右衛門　書林前田梅吉大阪船場塩町通四丁目」とあることから、初版は享保五年（一七二〇）と寛政五年（一七九四）だったことがわかる。初版から一〇〇年以上も一五〇年以上も経ってなお、鳥羽絵は大阪で人気を博したのだろう。その鳥羽絵本を梅吉が後摺して出版したのは、文進堂が南区塩町通四丁目に店舗を構えていたときである。

梅吉は塩町の塩弥古典から独立し、当初は京町堀で古本小売店を営んでいた。その後、出版業に移って南区塩町通で文進堂を創業した。後述するが、明治四〇年（一九〇七）六月には梅吉の住所は西区阿波堀になっており、その後も大正五年（一九一六）に東区南渡辺町、昭和一一年（一九三六）に南区横堀と文進堂は店舗を移している[1]。したがって梅吉が鳥羽絵本を出版したのは、遅くとも明治四〇年六月までの文進堂創業期だったことになる。創業早々に鳥羽絵本を出版するとは、梅吉はよくよく滑稽味を愛する人だったのだろう。まさに「遊びをせんとや生まれけむ、戯れせんとや生まれけむ」を地で行くような人だったに違いない。

三　廃兵による廃兵支援と廃兵前田梅吉

日露戦争後、手脚や視力を失うなどして労働能力をなくし生活に窮する廃兵やその家族が続出して、大きな社会問題となった。「名誉の負傷」と熱狂的に喝采していた人々も、戦争熱が冷めた途端に、自活できない廃兵を厄介視するようになった。それも相まって、「廃兵」という言葉は一段と嫌忌の色を帯びていく（コラム「癈兵について」参照）。

こうした状況の中、日露戦争直後の明治三八年（一九〇五）一〇月二一日、第四師団下の廃兵すてを支援する民間組織がいちはやく大阪に誕生した（今西聡子「日露戦争の傷病兵と地域社会——「名誉の負傷」をめぐって」『鷹陵史学』第四二号、佛教大学鷹陵史学会、二〇一六年）。発起人は七名で「何れも嘗て戦場に於て奮闘したる勇士」、そのうち主唱者は生嶋永太郎、神茂美、橘幾太郎、前中喜三郎の四名である。実業家の生嶋永太郎は別として、三人はいずれも日露戦争の廃兵だった。廃兵自らが廃兵を支援する組織を創設したのは画期的なことである。

日露戦争の干支にちなんで「辰巳会」と命名されたが、これは発起人会の席上「異論百出」する中で、生嶋永太郎が「進退を賭し千陳萬語、漸く賛同を得」て決まったものだった（『癈兵之友』明治四五年二月一七日付）。生嶋は「癈兵諸士が名誉ある戦功者たるを思ひ、苟《いやしく》も癈の如き厭ふべき名を冠する」のは忍びがたかったと述懐しているが、一方で断固「癈兵」を冠するべきとの強い意見があったことを物語っている。

断固主張した一人は、廃兵の神茂美だったと見られる。辰巳会では活動の第一に「癈兵諸士ノ名誉ヲ保全スルニ勉ムル事」を掲げ、その柱として機関誌『癈兵之友』を毎月発行していた。神茂美は『癈兵之友』の編集部長となり先頭に立って活動を牽引した。しかも、明治四〇年（一九〇七）六月に『癈兵之友』が廃刊を余儀なくされると、彼はそれまで辰巳会員に配布していた新聞『辰巳時報』をあえて『癈兵之友』と改題し、新聞『癈兵之友』を明治四五年（一九一二）二月の第七一号まで発行し続けた。何としても「癈兵」という言葉を残したかったのだろう。「癈の如き厭ふべき名」という生嶋の考え方に対する強烈な反発と、廃兵としての矜持が感じられる。「廃兵」として堂々と思うところを述べ発信していくことで、嫌忌の色を塗り替えようとしたのではないだろうか。

『癈兵之友』の廃刊にあたり、辰巳会では所属する「勇士諸士の芳名」を列記して永久の記念とすべく、『癈兵之友』最終号（しょうけい館所蔵）の巻尾に「第四師団管下癈兵住所氏名」の一覧を掲載している。その名簿に「前田梅吉」の名前があった。梅吉は辰巳会の会員だったのである。名簿に記載されている梅吉の住所は、先述した西区阿波堀である。

四　陸軍墓地の石灯籠

旧真田山陸軍墓地に建っている日露戦争の戦病死者合葬墓碑には、側面に「明治三十九年十一月建之」とある。梅吉がここに石灯籠を建てたのは当然それ以降のことだろうが、はっきりしたことはわからない。ただ、軍の管理する埋葬地には様々な制約があり、勝手なことはできなかったはずである。陸軍の「埋葬規則」には「親族故旧ヨリ灯籠水鉢等ノ建設ヲ願フト雖モ之ヲ許サス」と明記されており、石灯籠を建てることも認められてはいなかった。ところが、満洲事変の頃になると、次第にそれが認められるようになる。満洲事変や上海事変の「戦病没者ノ忠烈」を記念するため、花香台や石灯籠などを建設献納して「英霊ヲ永久ニ弔ヒ」たい、などといった声が民間から寄せられるようになったのである。折しも、昭和一〇年（一九三五）は日露戦争から三〇年の記念の年にあたり、「日露戦役第三十週年記念事業」として石灯籠を寄付したいという声も上がっていた。(2)

日露戦争の戦病死者合葬墓碑の隣に「満州事変戦病没将兵合葬墓」が並んで建てられたのは、昭和九年（一九三四）である。その翌年に日露戦争三〇年を迎えたことを考え合わせると、梅吉が真田山陸軍墓地に一対の石灯籠を寄贈したのは、ちょうどその頃だったのではないだろうか。少なくとも、それ以前だった可能性は低い。

梅吉は「廢兵　前田梅吉」と名乗って献じている。一方、陸軍省では「癈兵」は「傷痍軍人ノ名誉ヲ表徴スルニ適セザル憾」があるとして、昭和六年（一九三一）一一月に「癈兵」を「傷痍軍人」と改称している（コラム「癈兵について」参照）。実は、以前からすでに「癈兵」ではなく「傷痍軍人」という用語が使われるようになってはいたのだが、正式に改称されたことで「傷痍軍人」の呼称が定着した。梅吉が石灯籠を建てたのは満州事変以後のはずであり、傷痍軍人という呼び方が一般的になっていた。それでも梅吉は自らを「廢兵」と称してここに石灯籠を建てたのである。

梅吉は辰巳会の会員であった。しかし、神茂美のような高邁な理想を持つ廃兵だったとは思えない。梅吉の人となりを考えると、矜持を込めてあえて「廢兵」と刻んだわけではなさそうだ。商売上の話にも「吾れ関せずと云う調子で暢気に世を過ご」していた梅吉であれば、「名誉ヲ表徴スルニ適セザル憾」があろうがなかろうが、「達観して」いたように思う。そもそも日露戦争で「廃兵」となった梅吉は、自分が「傷痍軍人」だとは思ってもいなかったかもしれない。戦場を共にしながら幸運にも生還できた梅吉が、不幸にして戦病死した人々に捧げるには、「廢兵　前田梅吉」以外にふさわしい言葉が浮かばなかったのではないだろうか。「本当は何考えてたんですか？」と、いつか泉下の梅吉さんに聞いてみたい。

（今西聡子）

（1）大久保久雄監修『戦前・東京／大阪出版業史（第三巻）』金沢文圃閣、二〇〇八年
（2）原田敬一「陸海軍墓地制度史」『国立歴史民俗博物館研究報告』第一〇二集、二〇〇三年

コラム
癈兵について

「癈兵」という用語は軍隊草創期の造語である。「恩給条例第九条六項以下、恩給法第十四條二欵以上」に相当する傷病を負った兵員を指す。具体的に言えば、少なくとも「一眼ヲ盲シ若クハ一肢ノ用ヲ失ヒ」若しくは「之ニ準スヘキ傷痍」か「疾病」に罹っている。軍隊草創期の造語ではあるが、広く一般に普及するようになるのは日露戦争以降である。

文字について言及しておくと、単に兵役免除となったのであれば「廢（廃）」でも良い。しかし、傷痍疾病のために兵役を免じられた者については、あえて「癈」の文字を用いて「癈兵」としたのである（今西聡子「日露戦後の癈兵問題と旧真田山陸軍墓地に立つ石灯籠」『旧真田山陸軍墓地研究年報』四、旧真田山陸軍墓地とその保存を考える会、二〇一六年）。ただし、実際は厳密に使い分けられていたわけではなく、当初から「癈兵」と「廢兵」は混用されていた。その上、「廢」には常用漢字「廃」がある一方で、「癈」には常用漢字にあたる文字が存在しないこともあって、近年では「廃兵」と書かれることが多い。本稿でも原文を引用する場合を除いて「廃兵」と記している。

昭和に入ると次第に「傷痍軍人」という呼称が使われるようになった。陸軍が正式に「癈兵」を「傷痍軍人」と改称したのは、昭和六年（一九三一）一一月である。「癈兵」は「傷痍軍人ノ名誉ヲ表徴スルニ適セザル憾」がある、というのが改称の理由とされている（郡司淳「傷痍軍人の視座から戦争の時代を読み解くために」『編集復刻版　傷痍軍人・リハビリテーション関係資料集成　第一巻』六花出版、二〇一四年）。本来は語義に基づき正確を期して造られた用語であったが、「適セザル」イメージを帯びるようになったのは確かだろう。

（今西聡子）

第一次世界大戦におけるドイツ兵俘虜

一　俘虜となって大阪へ送られた経緯

旧真田山陸軍墓地にドイツ兵の俘虜の墓碑が二基ある。「軍曹ヘルマン・ゴル」と「兵卒ルードリビクラフト」と墓石に刻まれている。

大正三年（一九一四）八月一三日、日本は日英同盟（一九〇二～二三）により、イギリスからの要請に応じる形で、イギリスの対戦国ドイツ帝国に対して宣戦を布告し第一次世界大戦に参加した。ドイツ帝国領南洋諸島の占領を急ぐ一方、中国山東省膠州湾に面したドイツ帝国租借地「青島」の要塞を攻略して、一一月七日に陥落させた。日本陸軍が動員した総数は五万一八八〇名、海軍は二万五二七六名であった。ドイツ・オーストリア＝ハンガリー帝国軍は約五〇〇〇名であるが、すべてが現役兵ではなく、現地で召集された義勇軍（東南アジアで活躍していた商人や技術者）も含まれていた。日本の司令官は神尾光臣陸軍中将（独立第一八師団長）、ドイツは要塞総督マイアー＝ヴァルデック（Meyer Waldeck,Alfred）海軍大佐が指揮を執っていた。日本側の戦死者は陸軍六七六名、海軍三三八名、計一〇一四名である。ドイツ側戦死者一八二名であった[1]。俘虜総

軍曹ヘルマン・ゴル（A-01-50）と
兵卒ルードリビクラフト（A-01-51）の墓碑

数は四七一五名である。

青島陥落後一〇日、一一月一六日より俘虜は日本全国一二カ所の収容所へ送られた。大阪収容所（大阪市西区恩加島、現大正区）もその一つであり、明治四二年（一九〇九）の「北の大火」時に、罹災者の避難施設として利用されていた木津川収容所が、再利用された。

大阪には当初四六八名が収容されたが、その後増減があり、大正六年（一九一七）二月一八日、大阪収容所が閉鎖されたときには五四七名が収容されていた（大阪衛戍病院収容者を含む）。この五四七人は帳簿上全員が二月一九日に広島県似島《にのしま》に移送されている。ベルサイユ条約によって俘虜が釈放されたのは、大正九年（一九二〇）一月一七日。大正七年（一九一八）一一月一一日ドイツ降伏による休戦協定締結をもって第一次世界大戦終結とすれば、それから約一年二カ月後のことであった。

二　二人のドイツ人俘虜のこと

冒頭の軍曹ヘルマン・ゴル（Goll, Hermann　曹長、墓碑には軍曹）であるが、大正四年（一九一五）九月四日、衛戍病院で亡くなっている。その死に疑念を抱いた俘虜たちの要請により、軍医が陸軍大臣の許可を受け解剖を行ったところ糞石が原因とわかった。ゴルは盲管銃創で入院したものだが、便が大腸内で固まり盲腸炎を起こして亡くなったのである。

もう一方のクラフトは大正六年三月一日に亡くなっている。このとき、収容所は既に閉鎖されており、クラフトら数人が移送困難という理由で病院に留め置かれていたのである。ただし、書類上は似島に移送されたことになっている。

左ヘルマン・ゴル、右クラフト。背後の石垣は三光神社のもの

このクラフトの名前であるが、Kraft, Diedderich「ディートリヒ」（青島戦友会パンフレット）、Kraft, Diederich「ディーデリヒ」（「日本軍埋葬戦病死者」「日本国俘虜情報局名簿」一九一七）などと各資料によって表記が異なっている。また、徳島県の旧坂東俘虜収容所（徳島県板野郡坂東町、現鳴門市大麻町檜字東山田）にある「ドイツ兵士合同慰霊碑」の銅板には、Kraft, Ludwig「ルートヴィヒ」と記されている（藤井寛氏「エアハルト・アルバムと大阪俘虜収容所」『大阪俘虜収容所の研究――大正区にあった第一次大戦下のドイツ兵収容所』大正区役所、二〇〇八）。クラフトは海軍の二等焚火兵であったが、青島にいるときから慢性腸炎で入院しており、そのまま大阪の衛戍病院に収容されていたものである。

二人の埋葬は、第四師団によって行われた。大正一二年（一九二三）一〇月、ドイツ軍人墓地管理協会は、在ベルリンの日本大使館に対し、日本で亡くなったドイツ兵の墓地の状況について問い合わせを行った。外務省から連絡を受けた陸軍省は、関係する師団に状況報告をするよう通達した。第四師団からの報告には写真が添えられており、写真には十字架が墓碑の後ろに建てられているのがわかる(2)。

ゴルおよびクラフトの葬儀については写真が残っている。『大阪朝日新聞』九月一〇日の紙面には、今まさに埋葬される直前の様子が写っている。棺は西洋式の寝棺であり、棺の下には綱のようなものが見えるので、地中に埋葬する直前だとわかる。他の収容所で亡くなった俘虜の墓は寝棺そのままの墓碑が据えられたり、十字架を配置したりしているが、ゴルとクラフトの墓も当初は寝棺の形ではなかったかと思われるが、いつのときかは不明だが日本の兵卒の形の墓碑が備え付けられたのであろう。

三　日本各地にあった俘虜収容所

大正三年、日本に一二カ所（後一六カ所、さらにその後六カ所に統合）あった収容所だが、収容所ごとに俘虜の扱いが異なっていた、一番寛容であったのは、徳島の板東俘虜収容所（松江豊寿中佐所長）であり、ここで俘虜たちがベートーベンの交響曲第九番を日本で初めて演奏している。その指揮者ハンゼン（Hansen,Hermann）は最初は大阪収容所にいた人物である。また、似島に移った俘虜のうち広島工業奨励館でバウムクーヘンを披露し、平和回復後日本にとどまって洋菓子店ユーハイムを創業したユーハイム（Juchheim,Carl）も大阪収容所にいた一人である。

大阪収容所はどちらかと言えば悪い方に属する。(3) とはいえ、後の時代のように労役はなく、朝・昼・夜の点呼以外は自由であり、俘虜たちはその時間を読書・テニス・チェス・器械体操・演劇などで過ごした。しかし、周囲は柵などで囲まれ、外部との接触もないので精神的にはうっとうしい環境であった。ただ母国へ郵便を出すことや小包を受け取ることはできた。

他の収容所でも事情は同じであるが、収容所によってはドイツ人の技術を学ばせるということで、俘虜が収容所の外へ出て日本人に技術を伝修するということも行われていた。大阪収容所では、その末期にマルキ号パンという会社に二名の技師が伝習に行ったが、すぐに似島に移動したため、それ以上の接触はなかった。

大阪収容所は当時の西区恩加島にあったが、大阪の中心地から遠く離れ、人家もほとんどないというところであった。大阪収容所にドイツ兵たちが来たときには、新聞記者がその様子を伝えた。その後、新聞報道は散発的に行われていて俘虜が脱走した事件（大正四年一二月、同六月、同九月）、クリスマスの行事（大正四年一二月）、収容所の火事（大正五年三月）などが報道されている。しかし、これらは収容所の動向が伝えられてはいるが、一般市民との接触についてはほぼ皆無であったので、交流についての報道はない。

四　墓碑から削られた「俘虜」の文字

写真にあるように、二人の墓碑には削られた痕跡が残っている、この箇所には「俘虜」という文字が刻されていた。昭和六年（一九三一）五月五日、城東練兵場での招魂祭を終えた阿部第四師団長が陸軍墓地に墓参したところ、在阪のドイツ領事ハンス・ワルネル・ローデが同じく墓参に訪れたのと出会い、両者が揃ってドイツ兵の墓に礼拝した。この後、第四師団は「俘虜」の文字を削ることに決したと『大阪毎日新聞』（一九三一年五月七日付）で報道されている。(4)

右の『大阪毎日新聞』の記事の中に、「第四師団真田山陸軍墓地、そこに一万三百廿一基の墓碑に伍して銀杏の木陰にさびしく立つ二つの墓標」との文章がある。注目すべき点がいくつかある。一万〇三二一基というのは現在の墓碑の二倍以上になり、実数ではないと思われるが、当時真田山には一万〇三二一基の墓碑があるという認識があったのであろう。その根拠は不明である。次に、「銀杏の木陰」については、ゴルの葬儀を伝えた『大阪朝日新聞』の大正四年（一九一五）九月一〇日の記事に、「清国俘虜の墓碑の南、大楓の樹下に埋棺」とあるのと対応するように思われる。同じ場所であるとすれば、昭和三年の墓地改葬のときには、ドイツ兵俘虜の墓は移動していないことがわかる。とすれば、このドイツ兵俘虜の墓はいつ移動させられたのであろうか。昭和二〇年（一九四五）に米兵が処刑されたときの可能性もある。

五　戦前の交流、戦後の弔いのありよう

戦後、大阪のドイツ領事館に、真田山陸軍墓地に古き第一次世界大戦のドイツ兵士の墓があると伝えると、女性を含めた一団が大きな花束を持って墓参に来られたことがあった。また、二〇〇六年に映画「バルトの楽園」が封切られたが、坂東俘虜収容所のことである。先にも述べたように坂東俘虜収容所は、人道的扱いを行った収容所として高く評価されている。大阪俘虜収容所の状況は良くなかったが、それでも、当時からすれば厚遇したと見なければならないだろう。

ドイツ兵（オーストリア兵も含む）の俘虜収容所は、最初一二カ所であったが、後に一六カ所に増設された。最終的には、習志野（千葉）・名古屋（愛知）・青野ヶ原（兵庫）・板東（徳島）・似島（広島）・久留米（福岡）の六収容所に整理された。そのうち、板東収容所は、大正六年（一九一七）に松山（愛媛）・丸亀（香川）・徳島の三俘虜収容所を統合したものである。板東収容所の所長松江豊寿中佐（後大佐）は、俘虜に対して人道的取り扱いを行い、また俘虜の外出を許可し、市民との交流を活発に行わせたことで知られている。俘虜の持つ、酪農の知識や食品加工の技術が日本人に伝わったのもその効果である。市民は俘虜のことを「ドイツさん」と呼んで親しんでいた。収容所はその後軍用地にな

り、演習用兵舎や射撃場として使用された。昭和二〇年にアジア太平洋戦争が終わって、建物は大陸各地よりの引揚者用住宅として使われた。その引揚者のうち、高橋繁治・春枝夫妻が、収容所跡にあった「ドイツ兵の慰霊碑」を発見し、清掃活動を開始した。遂に故郷の土を踏めず、異国に朽ち果てた者の無念さは、シベリア抑留経験を持つ、高橋繁治・春枝夫妻には、他人事ではなかったのだ。

昭和三五年（一九六〇）一〇月六日の『徳島新聞』などが高橋夫妻の奉仕活動を報道すると、ドイツ大使が板東を訪問することとなった。また元俘虜から収容所のその後を尋ねる書簡が届くなどしたことから、板東とドイツとの交流が活発となり、昭和四七年（一九七二）、徳島県鳴門市は日本人とドイツ捕虜との物語などを背景として跡地近くにドイツ館を建設、地元に残されていたドイツ人の作品を展示し、昭和四九年（一九七四）には多くの捕虜の出身地だったリューネブルグ市と姉妹都市盟約を結んだ。かつて松江大佐の尽力で建立されたとされる一一名のドイツ兵の墓との隣に建てられた合同慰霊碑には日本各地の収容所で死亡した（大阪の二名を含む）八七名全員の名が鮮やかに銅板に刻まれている。

板東とは別に、昭和三〇年（一九五五）に千葉県船橋市の習志野霊園内には、習志野俘虜収容所で亡くなったドイツ兵三〇名の慰霊碑も建立されている。

六　俘虜収容所をめぐる研究の現状

俘虜収容所のあった各地では、それぞれの地域の俘虜収容所に関する研究が進められており、インターネット上の研究組織「チンタオ・ドイツ兵俘虜研究会」も平成一五年（二〇〇三）に発足している（俘虜研究の基礎的資料が見られる）。また、鳴門市ドイツ館では『「青島戦ドイツ兵俘虜収容所」研究』を平成一五年に創刊している。

このように収容所のあった各地では研究組織もつくられ、史料の発掘も進んでいるが、大阪では平成一八年（二〇〇六）に大正区役所が『大阪俘虜収容所の研究――大正区にあった第一次世界大戦下のドイツ兵収容所』を刊行し、収容所の跡付近にモニュメントを建立したこと、大正区ドイツ友好の会が発足したこと、大正区民が第九の合唱を毎年行う等の活動していることなどの動きがある。ただ、研究の面では他の地域に比べて停滞している感は否めない。

（1）瀬戸武彦『青島《チンタオ》から来た兵士たち――第一次大戦とドイツ兵俘虜の実像』同学社、二〇〇六年

（2）JACAR：C03025396800（第87画像目）、「独逸俘虜の墓地に関する件」「歐受大日記 3冊之内其1」大正一三年（防衛省防衛研究所）

（3）サムナーウェルズの報告、『大阪俘虜収容所の研究――大正区にあった第一次世界大戦下のドイツ兵収容所』所収、大正区役所、二〇〇八年

（4）なお小田他編著『陸軍墓地がかたる日本の戦争』で新聞の報道を五月一七日としたのは誤植、五月七日が正しい

（吉岡　武・堀田暁生）

第4章　十五年戦争と関わった人々

槍で突かれて戦死した四至本直次郎一等兵

一　死亡事由の謎

Bゾーン西側に二基並んで「槍創ヲ受ケ戦死ス」という墓碑がある。B－26－7とB－26－8だ。碑文は墓碑正面の戦死した兵士の氏名と、墓碑左側面の遺族の記載事項は異なるが、墓碑右側面の戦死した事由の文章は全く同文である。このうち新聞で続報が掲載された四至本上等兵の場合をこの欄で取り上げる。その碑文は次の通りであった。

B-26-8　四至本直次郎の墓碑

（正　面）　故陸軍上等兵勲八等功七級四至本直次郎之墓

（右側面）　昭和七年六月七日満洲奉天省臨江県帽子山ニ於テ匪賊討伐ニ従軍激戦中胸部頭部ニ槍創ヲ受ケ戦死ス享年二十二歳

（左側面）　大阪府泉南郡淡輪村四千六百三十四番地　父四至本安次郎　母同イヨ　四男

昭和七年といえば一九三二年、二〇世紀の半ばに戦死した兵士の死亡事由が「槍で突かれた傷で戦死」とはどういう状況だったのだろうか。この疑問から墓碑に記録された戦闘が行われた戦争について調べてみた。

二　満州事変に抗した中国民衆

一九二〇年代に入ると中国では不平等条約撤廃を要求する民族運動が高まり、日本軍の精鋭と謳われた中国東北部に駐屯した関東軍には危機感が深まった。関東軍参謀石原莞爾らは、武力によって中国東北部・満州を中国の主権から切り離し日本の勢力下に置こうと計画した。関東軍参謀らが一九三一年（昭和六）九月一八日、奉天郊外の柳条湖で南満州鉄道のレールを爆破し、これを中国軍の仕業として軍事行動を開始し満州事変が始まった。しかし日本軍の予想に反して中国人の抵抗は拡大し、公式の宣戦布告はしないのに実質は全土で激しい戦闘が繰り広げられた。江良弘「『満州事変』と中国民衆の抵抗」（『季刊現代史』創刊号、一九七二年）は、この状況を次のように述べる。

「満州事変」の行動は神速と称された。いちはやく奉天、長春、吉林を確保して中国東北軍を分断、武装解除し、あるいは独立を強要し、続いていてチチハル、錦州、ハルビンを占領して、一九三二年初めには主要作戦を終わった。同年三月一日、満洲国建国を宣言、全満植民地化の基礎が完成した。

ところが、戦争はこれで終わったのではなかった。反満抗日の武装闘争が鬱勃《うつぼつ》として起こったのである。長い十五年戦争を象徴するような泥沼の戦争がこのときから始まった。

関東軍は、鉄道に沿って主要都市を占領し、それぞれの地方の政治権力を抑えたが、その範囲は都市周辺にしか及ばなかった。農村部に対しては、新たな戦争をしかける形になった。いわゆる「匪賊《ひぞく》」討伐の作戦が始まるのである。この農村・山岳部で行なわれた作戦、あるいは日常的な治安戦争を、日本では「討伐」とか「討匪行」と呼んだが（中略）中国人は逆に日本軍のことを「日匪」と呼んでいた

日本で陸軍省が発行した『満州事変満五年』（一九三六年）というパンフレットの略年表によると四至本上等兵が戦死した時期は馬占山軍討滅が主要な作戦であったと記述してある。楊克林・曹紅編著『中国抗日戦争図誌』上巻（日本語版柏書房、一九九四年）は、この戦闘を次のように描いている。

一九三一年の九・一八事変から一九三四年初めにかけて、日本侵略軍は東北のいたるところで自発的な反侵略団体の命がけの攻撃に遭った。元東北軍に属した愛国官兵を主体とする労働者、農民、学生たちは、各地の民団、保安隊、警察隊、紅槍会、大刀会、反日山林隊等と結合して、自発的に東北地区抗日武装隊を組織し、日本侵略者攻撃の隊列に加わった。（中略）名前は様々だが抗日自衛の目標は完全に一致しているので、東北義勇軍と総称された。日本侵略軍との激戦に於いて、義勇軍の馬占山が真っ先に立って（中略）日本軍を勇敢に攻撃した。敵軍を数多く撃破して全国人民を奮い立たせ、民族英雄とも称された。その後東北の各地に義軍が続々とでき、奴隷になりたくない人は皆立ち上がって失地回復のため勇敢に戦い、大いに日本侵略者に打

槍や刀で武装した農民たち（楊克林・曹紅編著『中国抗日戦争図誌』柏書房、1994 年より）

撃を与えた（一六〇〜一六一頁）。

引用が長くなったが、当時の状況がわからないと個々の戦闘の背景が見えてこないため、満州事変の初期の戦闘を構成した中国側の抗日軍の実態を述べた部分を引用した。江良は満洲事変とは「農村での新たな戦争」となり、日本軍の傀儡政権「満洲国」が農村も統治の対象としたときに、それまで権力者の争いとみて無関心だった農民が自分たちの生活を侵すものとして「日匪」に立ち向かったことであったと指摘している。楊等は「東北各地の義軍」の構成について分析し、その中に伝統行事や宗教によって結社化した普通の農民を構成員とする「紅槍会、大刀会」等が含まれていたことを指摘していることが注目される。つまり当時日本で「兵匪」と呼ばれた勢力には、旧張学良軍を率いた馬占山等が先頭に立ったとはいえ、各地に蜂起した農民が多数含まれていた。彼らは服装も軍服ではなく、武器も家にあった槍や刀、鍬や鎌などの農具まで使ったという。

三　新聞記事が描写する最期の姿

そこで四至本上等兵が戦死したときの状況を報じた『大阪朝日新聞』一九三二年六月一一日の記事を見る。三段の見出しで大きな扱いである。

戦後の臨江を訪ふ／民家はなほ燃え／黒煙天に冲す／悲壮！四至本一等兵の戦死／敵兵朝食を

棄てゝ潰走

【臨江にて澤村特派員発】入城後四日に及び、夜陰に乗じて便衣の兵匪が市街に潜入する他、民家にも多数潜在して抵抗を試みつゝある。臨江県背後の青溝子三道溝、頭道溝方面には数千を算する叛軍が集結、奪還の機を狙つてゐる。（中略）約二百五十メートルの河幅をもつ鴨緑江を渡ると、いまわが柴田討伐隊の本部となつてゐる敵の兵営だ。付近の望楼四ケ所、敵弾のため壊滅し兵営内右側の煉瓦建の兵舎は見る影もなくわが砲弾の威力で破壊され尽している。七日払暁戦にあたり二発目で的中し、朝飯の準備をしてゐたのか占拠後にみると御馳走が四散してゐたとは戦争の生んだナンセンスだ。聞くだに涙ぐましいのは四至本道次郎一等兵の戦死である。兵匪は七日の払暁戦において、堡塁《ほうるい》付近に肉薄したわが討伐隊本部に猛射を浴せ、柴田隊長の身辺に弾丸雨下激戦状態に陥つたので、手榴弾をもつて前面の敵を撃破するに如かずと隊長より四至本一等兵に輸送を命じ四、五歩行くと、敵弾にあたるとみるや闇のなかから大刀会兵匪の長槍が一閃し背部を突かれ「隊長殿、仇…」と叫んで絶命したといふ。激戦を示したのは臨輯門付近で、こゝで白岩特務曹長以下三名戦死、林田上等兵以下二名負傷したのである。

中国東北部・満州と朝鮮の境界を流れる鴨緑江を越えて、朝鮮に駐屯していた日本軍が満洲での関東軍の苦戦を救うため越境した部隊に四至本一等兵は所属していた。臨江とその周辺の農村には、東北義勇軍の一隊が堡塁を築いて機関銃なども備え、そこの付近の農民も加わり、侵攻してきた日本軍と激しく戦った。農民の中には大刀会に加わっている者もいて、槍や刀で日本軍に抵抗したのであろう。おそらくは付近の農民が持ち寄った炊き出しの朝食の準備中に日本軍が攻撃を始め、朝食が散乱した状態を伝えている。頑強に戦う中国兵の堡塁を潰すため、手榴弾をまとめて投げ込むために後方に取りに行くよう命じられ、四至本一等兵（記事では道次郎、墓碑では直次郎）が走り出したとしたところを銃弾に狙われ、隠れていた農民の槍に突かれて戦死したというのである。墓碑に「槍創」と書かれているので、農民の槍傷が致命傷になったのである。満州事変の「兵匪」と当時報道された実像が農民であったことを示している。

四　家族への最後の便りには辞世らしい言葉が

六月九日付けの『大阪朝日新聞』の記事によると、大阪南部の淡輪村で一家は「漁業兼農業」の家で父と兄が家業を支え、小学生の弟がいたという。本人は淡輪小学校・当時難関だった大阪府立今宮職工学校電気科を優等で卒業し、阪和電鉄に入社していた。今のＪＲ阪和線の前身で、南海電鉄と新しいサービスの開発競争をしていた会社で、技術者として将来を嘱望された存在であったと思われる。

新聞には父親の言葉として、次の文が掲載してある。記事の多くは記者がつくった文だという。

　立派に御奉公してくれたと思つてゐます。便りは二通一しよになつてきのふつきました。それには道遠く仆れる日も迫つて来た云々の辞世らしい意味がありました。

当時は戦死すると一階級特進することになっていた。一等兵は上等兵になった。同時に若きエンジニアの夢はこうして二二歳で断たれたことを墓碑が告げている。

B-26-7
鍵義一の墓碑側面にある槍創の文字

（横山篤夫）

納骨堂発見アルバムにみる、味岡義一少佐の一生

G-15-20
味岡義一の墓碑

G－15－20
（正　面）故陸軍歩兵少佐正六位勲五等味岡義一之墓
（右側面）誠忠院釈真義信士
（左側面）昭和八年八月十九日　於斉々哈爾亡
　　　　　昭和十年八月建之　　父味岡儀平

納骨堂（仮忠霊堂）安置骨壺の悉皆調査中の平成二三年（二〇一一）五月四日に、納骨堂の棚から黄色のスカーフに包まれたアルバム二点、朝日新聞に包まれた肖像写真、和紙に包まれたメモが発見された（写真1）。メモには、アルバムと肖像写真の人物について記されていた。

　昭和八年八月十九日死亡
　陸軍歩兵少佐
　従六位勲六等
　味岡義一
　　　　　　（後略）

写真1　納骨堂から発見されたアルバム一式

このメモからアルバムや肖像写真が、旧真田山陸軍墓地のG－15－20に墓碑がある、味岡義一のものであると確認できた。それでは、このアルバムの持ち主である味岡義一とは、どのような来歴を辿った人物であったのだろうか、今回発見されたアルバムから探っていきたい。

一　幼少期から歩兵第六聯隊勤務まで

アルバムにある、味岡義一の一番幼い頃の写真は、幼稚園時の写真（写真2）である。義一は、明治三一年（一八九八）一一月一五日に福井県士族味岡儀平の長男として生まれていることから、[1] 一九〇〇年代初頭の写真とみられる。その後、堂島小学校、大連第一小学校、大連第二尋常高等小学校、旅順中学校、岸和田中学校を経て大正二年（一九一三）一〇月に大阪陸軍地方幼年学校に入校して、職業軍人になるための道を歩み出した。

アルバムには、この時期の写真として、大連第一小学校卒業記念写真（写真3）や大阪陸軍幼年学校入学時の写真（写真4）などが収められている。大阪陸軍地方幼年学校に入校した義一は、陸軍中央幼年学校に進級、大正七年（一九一八年）に陸軍士官学校に入学し、士官候補生として教育を受け

写真2　味岡義一　4列目右より2人目

写真３　２列目左から２人目

写真５　右より１人目

写真４

ている（写真５）。そして、士官学校を大正九年（一九一九）五月二八日に卒業し見習士官を務め、一二月二六日に陸軍歩兵少尉に任官し、新潟村松の歩兵第三〇聯隊付として補任した。その後、大正一一年（一九二二）に名古屋歩兵第六聯隊に転任し、翌年に陸軍歩兵中尉に昇進している。アルバムには、村松歩兵第三〇聯隊補任時の写真（写真６）は収められていたが、名古屋歩兵第六聯隊勤務時の写真は綴じられていなかった。

写真６

二　歩兵一八聯隊転任と青島・済南への出征

義一は、大正一五年（一九二六）八月に、豊橋歩兵第一八聯隊に転任、愛知県立西尾中学校配属将校としての勤務に就いた。

その後、昭和三年（一九二八）五月、済南事件に伴う第三次山東出兵のため第三師団司令部付として出征することになり、(2) 五月一〇日に、義一以下出征者のための歓送会・袂別会が開かれた。袂別会では義一が出征軍人の最上位者として答辞を述べている。また、袂別会の模様を伝える新聞記事（『三州新聞』昭和三年五月一三日付、五面）に、袂別会での義一の姿も描かれている（以下引用は適宜句読点を補った）。

司令官乾盃して／出征軍人を励ます／十日夜新丸で行われた／将校団主催の袂別会

▽西尾町民の官民一同により、応召軍人の為、西尾劇場で歓送会が行われた十日の夜、更に新丸楼上で一層緊張した袂別会と云うのが催された。（中略）強かに酔った野村少尉が、味岡中尉ともつれ合って何やら頻りに喚いておる。野村君は蠶糸の教諭であり、味岡君は中学の配属将校だ。だが今となっては、上官と後輩である。（中略）▽「味岡中尉殿ッ、貴方は新婚怱々でおまけに生後間もない赤チャンがあってさぞ……」野村君自分の事は云えないから、中尉に同情している。ハタで聞いていた記者は此時目頭が熱くなった、野村君には生後八ヶ月目の愛児があり、記者の子供もいま生後一年の可愛盛りである。▽「おいッ野村少尉ッ、軍隊へ行くと恁う呼ぶぞ、憤るなよ君！」味岡中尉が手廻しのいゝところで上官振りの見本を示してアッハヽヽと笑う（後略）

義一は、新婚早々、子どもを残しての出征のため、同情を寄せられている。この時期の軍人の出征の場面では、ともすれば厭戦気分を惹起しかねない言葉が交わされ、それが報道されていた。出征は、五月一九日、二〇日に広島県宇品から出発、二四日、二五日に青島に到着して任務につく予定となっていた(3)。

青島に出征した義一は、アルバムに写真を残している。アルバムの写真を見ると義一自身がカメラを持ち込んでいたのか、戦闘以外の写真がある。たとえば、アメリカ人と思われる女性と子どもと一緒に写る写真（写真7）や宿舎内の義一の写真（写真8）があり、風景写真として青島の忠魂碑（写真9）がみられる。八月になると第三師団は、第六師団と交替として済南での任務に就いた(4)。アルバムには、済南城内警備隊本部（写真10）、熊本第一三聯隊の奮戦の地吾家荘の写真（写真11）などがある。任務に就いた姿としては、昭和四年（一九二九）一月二五日付の馬賊討伐出勤の写真（写真12）が収められている。その後義一は、昭和四年四月に凱旋して再び西尾中学校の配属将校として勤務し、昭和五年（一九三〇）八月に大尉昇任、歩兵第一八聯隊の中隊長となった。

三　独立守備隊中隊長への補任と満洲事変

昭和六年（一九三一）八月に義一は、独立守備第三大隊中隊長に補任された。独立守備隊は、南満洲鉄道株式会社所有鉄道沿線を守備するため明治三九年（一九〇六）に関東都督府のもと六個大隊で編成された部隊で、義一補任当時は、関東軍指揮下の部隊なっていた。独立守備第三大隊の任地は、中国東北部の遼寧省大石橋となる。九月には任地が鞍山に移った。同月一八日に柳条湖事件が関東軍

写真 7

写真 8

写真 9

写真 10

写真 11

写真 12

の謀略により発生し、満洲事変が始まった。義一は九月一八日に非常呼集を受け、部隊とともに営口に向かい、中華民国の正規軍および各種武装団隊の武装解除を行っている。(5) その後義一の部隊は、翌年にかけて匪賊《ひぞく》の討伐任務にあたった。その模様は『東京朝日新聞』(昭和六年一二月一八日付朝刊)によって伝えられた。

黒林子で交戦／我兵二名負傷

【奉天十七日発電通】十七日早暁六時鞍山出発黒林子の別働隊討伐に向った味岡中隊○○○名は十一時半同地に達したところ、敵より猛烈な射撃を受けたので直に応戦し交戦二時間に渡り、午後一時四十分に及んだが、敵は非常な損害を蒙り、死体十二を残して西方に壊走した、味岡中隊は目的を達して午後二時黒林子を出発し鞍山に帰還したが、この戦いに我が船戸軍曹は前額部に、岩崎上等兵は右大たい部に何れもさつ過傷を受け大石橋衛戍病院に収容された。

写真13

この時期の義一に関わる写真としてアルバムには、九月一八日の武装解除時の写真(写真13)、一一月六日の接官堡匪賊討伐軍幹部の集合写真(写真14)や兵士の写真(写真15)、一一月九日の千山無量観の占領時の集合写真(写真16)、一二月の昌図西方の雪中行軍の写真(写真17)がみられる。また、敵捕虜の写真(写真18)や義一が喪主を務めた昭和七年(一九三二)四月の味岡中隊戦死者二名の部隊葬写真(写真

写真 14　前列右から 4 人目

写真 16

写真 15

写真 18

写真 17

19）などが収められていた。この他、アルバムには、義一の部隊とは、直接関係のない満洲事変の模様を写した写真がある。その写真の内容は、九月一九日の奉天内の城壁での銃撃の模様（写真20）、奉天東三省官銀号金庫の写真（写真21）などがある。これらの写真の中には、満洲事変を伝える新聞記事に使用された写真もあることから、義一が報道カメラマンにより撮影された写真を入手したものであると推測される。

写真19

写真20

写真21

四　吉林省警備司令部教官から黒竜江省警備司令部顧問へ

昭和七年（一九三二）三月に溥儀を執政として満洲国が建国された。形式の上では、民族自決に基づく建国であったが、実際は関東軍による傀儡政権の樹立であった。義一は、四月に独立守備隊から関東軍司令部付に転じ、満洲国吉林省警備司令部の軍事教官として赴任した。軍事教官としては、警備歩兵第二旅、警備歩兵第七旅、警備歩兵第八旅、吉林第一遊撃隊、翔衛軍などの指導にあたりながら、第一線指導として匪賊討伐の部隊指揮を行っていた。同年八月、これまでの功績に対して、勲六等に叙せられ、瑞宝章が授けられている。一一月に黒竜江省警備司令部顧問官に任命され、蘇炳文の反乱の処理などにあたった。アルバムには、吉林省軍警備歩兵第八旅の幹部との集合写真（写真22）、昭和八年（一九三三）七月の洪水に遭うハルビン市内の様子を写した写真（写真23）が収められている。

五　義一の死と葬儀

写真23

写真22　左から味岡、張参謀長、陳旅長、劉通訳

昭和八年八月一五日に、黒竜江省警備司令部の自室にて、義一は死亡した状態で発見された、享年三六であった。当時の新聞は義一の死を次のように報じている。

怪奇の噂呼んだ／味岡大尉の病死／黒龍江省警備司令室の一室で／四日目に死体発見
黒龍江省警備司令部附顧問、味岡義一大尉（三六）は、去る十五日司令部内の自室で変死体となって発見され、他殺、自殺をめぐる怪奇の取沙汰が流布されたが、検死の結果十二日病死したまゝまる四日間部員に気づかれなかったものと判定され、今のところ疑惑は一掃された形である。（後略）（『大阪毎日新聞』昭和八年八月二三日付朝刊）

新聞記事では、義一の死が急な死であったため、様々な憶測があったが検死の結果病死であった旨が記されていた。この死亡を受け八月一九日付で陸軍歩兵少佐に昇進、従六位に叙せられおり、軍は、一五日ではなく一九日を公式の死亡日として扱っている。満洲現地での告別式は、八月二七日に開かれた。告別式の模様を報じた新聞記事がアルバムに貼られている。

故味岡少佐の光栄／畑人情将軍の涙の焼香や／江省軍将兵敬慕の捧げ銃／きのう盛大な告別式
去る十九日、疑似赤痢で突如黄泉の客となった関東軍司令部附黒龍江省警備司令部顧問兼軍事教官歩兵少佐味岡義一氏の告別式は、河崎中佐喪主、田中中佐葬儀委員長となり昨廿七日午後三時より、当地西本願寺に於て挙行された。（中略）未亡人、厳父、畑中将等その他少佐の生前の功を讃え徳を慕う日満官民続々として参列して（中略）喪主の挨拶によって開始されたが、僧侶の読経に移るや折からの初秋の微風吹き出でて、かすかに香煙を揺るがし読経の哀音は参列者の涙を誘った。続いで河崎中佐、軍政部代表、多田少将代理、士官学校同期生代表、孫省長、張警

写真24

写真25

備司令官等相次いで弔辞を朗読（中略）焼香に移ったが未亡人、厳父、畑中将、儀我特務機関長の順序で焼香して、一先づ式を終了し、その後は参列者の自由焼香を行ったが、中にも少佐の懇切なる薫陶を受けて少佐に衷心からの敬慕を寄せている江省軍兵士達は眼に露を宿しながら指揮官の号令によって捧げ銃の敬礼をしたまゝ、今は流れ落ちる涙を払わず、悲しみの極に達して厳然直立して動かなかった。（後略）

この記事によると告別式は、現地西本願寺にて喪主河崎中佐、葬儀委員長田中中佐の下、軍政部代表、黒竜江省長、警備司令官、第一四師団長などが参列する公葬となっていた。そして義一は、在留日本人に止まらず、黒竜江省軍の兵にも慕われる人物であると描かれている。

当葬儀の写真は、僧侶の写真（写真24）、弔辞を読む軍人の写真（写真25）などがアルバムに収められていた。

味岡の遺骨は、大連航路の貨客船うらる丸で九月二一日門司着、翌二二日に大阪駅に帰還した。遺骨の大阪帰還後に行われた在郷軍人会東平野分会葬ついては『東平野分会々報』に、葬儀案内が記されている。

今般本区上綿屋出身故陸軍歩兵少佐従六位勲六等味岡義一殿ハ別記略歴ノ如ク北満ニ於テ不幸八月十二日陣没セラレ其ノ英霊ハ本月二

写真 26

写真 27

写真 28

写真 29

写真 30

写真 31

十二日凱旋致シ候ニ付葬儀ヲ来ル二十九日午後二時於四天王寺本坊ニ於テ分会葬ヲ以テ執行可仕事相成候間特ニ同官ノ偉勲ト功績発揚ノ思召ヲ以テ万障御繰合セ御参列相成度此段御通知旁得貴意候　　敬白

昭和八年九月二十日

帝国在郷軍人会平野分会

分会長　轟　龜太郎

正会員各位殿

これらの葬儀の一連の写真もアルバムに収められており、その内容は、葬儀受付場写真に始まり、葬列の写真が続く（写真26～写真29）。葬列の写真には、儀仗兵、遺族、遺影・遺骨の姿が写される。また、儀仗兵の捧筒、弔辞の奉読時の写真など儀式に関わる写真（写真30）がある。一般の参集者の焼香時の写真（写真31）からは、数多くの人が詰めかけた様子がうかがえる。この他、祭壇の写真が収められていた。祭壇は中央の最上段に遺骨箱が置かれ、その前に遺影および位牌が見える。その前の段には陸軍大臣および参謀総長からの供物、更にその前の左右に参謀次長および陸軍次官からの果物籠がある。この他に、帝国在郷軍人会堺支部等からの花等がみられた。

六　義一のアルバムが問うもの

ここまで、味岡義一の一生をアルバムの写真を見ながら再構成してきたが、最後に葬儀以降の義一の慰霊についてみて本稿を閉じたい。昭和九年（一九三四）四月に義一は、戦病死者等を対象とした

写真 33

写真 32

写真 34

特別合祀者の一人として靖国神社に合祀される。真田山陸軍墓地の義一の墓は、昭和一〇年（一九三五）一〇月に建立された（写真32）。この建立は義一の三回忌法要に合わせて企図されたようで、一〇月六日には三回忌法要が真田山陸軍墓地で行われた。このときの写真もアルバムに収められている（写真33）。真田山陸軍墓の墓碑建立から六年たった昭和一五年（一九四〇）八月三一日に、満洲国黒竜江省チチハルにおいて黒龍団主催の「故味岡少佐以下二十四名追悼会」が開かれた（写真34）。この写真の裏書きには、同年に満洲国の首都新京に建国忠霊廟が建立され、九月一九日に満洲国皇帝が親拝した旨が記されていることから、義一も忠霊廟に合祀されたようである。このように、義一は多重に慰霊される存在となっていた。

アルバムは、幼少の頃から真田山陸軍墓地の義一の墓までの写真が収録されており、味岡義一の一生が詰まったものである。そのアルバムから見えてくる、軍人としての義一は、昭和三年（一九二八）の第三次山東出兵に伴う青島、済南への出征が大きなターニングポイントとなり、独立守備隊を経て満洲国吉林省、黒竜江省顧問官と中国大陸で勤務し続けた軍人である。それは、関東軍を始めとするいわゆる「支那通」軍人が進めた、大日本帝国による中国東北部の支配を最前線で支える尖兵の役割を果たしていたといえよう。

このアルバムを遺族が旧真田山陸軍墓地仮忠霊堂に戦後納めたことは、真田山陸軍墓地が遺族にとり靖国神社、護国神社とは違う意味があったのではと想像させられる。

そして、味岡義一の死後七八年、昭和二〇年の敗戦後六六年に発見されたことは、あの時代に日本人が中国大陸で行ったことをもう一度考える必要を思い起こすことを求めているように感じられる。

（1）アルバムに貼られた、味岡死亡時の新聞記事にある味岡の年譜より生年月日を記載
（2）『三州新聞』昭和三年五月一三日付一面
（3）JACAR：C01005599300、「陸士機密第一号動員下令ノ件」昭和3年「陸支機密大日記 第1号の1　1／3」（防衛省防衛研究所）
（4）『東京朝日新聞』昭和三年八月二一日付朝刊
（5）写真13の裏書きによる

参考文献

坂本悠一編『地域のなかの軍隊7　帝国支配の最前線　植民地』吉川弘文館、二〇一五年

（奥田裕樹）

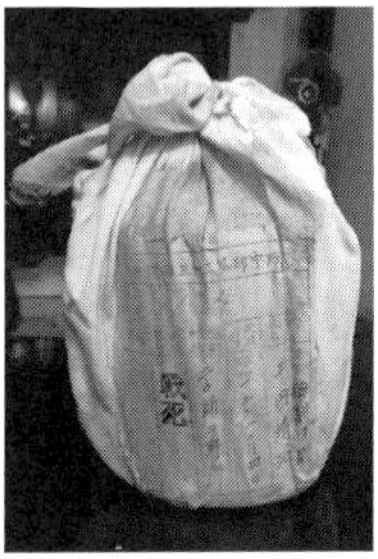

ス-7-2
上田靖治の遺骨

三九人の遺骨が語る日中戦争初期の日本軍の敗北

一　将兵三九人が一日で戦死

二〇一〇年（平成二二）から三年にわたり、科研費を受けて納骨堂の悉皆調査が実施された。私も遺骨の調査に参加していろいろな戦場の様子がわかってきた。その一つの事例を紹介する。

旧真田山陸軍の納骨堂（当時は仮忠霊堂）には一九三七年（昭和一二）七月七日の盧溝橋事件から約四カ月後の一一月四日に、第二〇師団第二野戦病院所属の将兵三九人もが戦死した分骨遺骨が納められている。なぜこんなに多数の将兵が一時に戦死したのか、その事情を調べるために一一月四日以降の新聞を調べた。

二　日本の新聞が報じなかった事実

当時の『大阪朝日新聞』の報道は「連戦連勝の皇軍」ばかりで、多数の日本軍将兵が戦死した戦闘

は掲載されていなかった。この時期は第二次上海事変と華北の太原攻略戦が報道の大部分を占めていた。

第二〇師団の所属部隊なので、戦史叢書『支那事変陸軍作戦〈I〉』（防衛研修所戦史部編、朝雲新聞社、一九七五年）の付表第二「各方面軍戦闘序列表」を調べた。表には一九三七年（昭和一二）八月一日に編成された北支方面軍第一軍に、第二〇師団が所属していたことが示されていた。そして華北の戦場で太原攻略戦に参戦していたことがわかった。第二〇師団は朝鮮竜山を衛戍地とするが、その兵員は本土から徴兵されて振り分けられた結果大阪からの将兵も相当数が含まれていた。

この時期の野戦病院スタッフの定員は二五〇人だった。大阪出身将兵だけで一度に三九人もの戦死者が出たことから、他の地方出身者も相当数の死者が出たことが推定され、野戦病院が壊滅するほどの戦闘があったことが想定される。

日中戦争開戦直後の一九三七年九月に、中国では国民党と共産党が抗日民族統一戦線を結成し、共産党の紅軍は国民政府の第八路軍に編成され国民政府軍と有機的に連携して戦闘を展開した。中国軍は華北でも上海でも果敢に抵抗し、侵攻した日本軍の犠牲者は膨大な数に上った。当時の日本では政府も軍部も国民も、日本軍が本気で一撃を加えれば中国軍はひとたまりもなく、中国政府は和平を求めてきて日中間の当時の紛議は日本に有利に一気に片づくという考えが一般的だった。したがって新聞報道はそうした日本軍の発表に基づいて記述されていたため、実際の戦場の様子を国民はほとんど知らなかった。

しかし新聞を丹念に探していくと、紙面の隅に「英霊けふ凱旋」などの戦死者の記事が出ている。

その中で一一月一二日の『大阪朝日新聞』に、一一月四日に華北戦線で戦死した第二〇師団の将校の記事を見つけた。

> 戦場から肖像画、南区上田少尉戦死
>
> 守田部隊上田靖治少尉はさる四日山西省赤陽《〔ママ〕》県でわが〇〇病院が敵の攻撃を受けこれを撃退した際奮戦、名誉の戦死を遂げた旨一九日厳父大阪市南区安堂寺橋通三丁目写真機店上田松次郎氏のもとに原隊から通知があった。（以下略）

記事によると部下の兵士が少尉のスケッチした肖像画を同封した手紙が最後の便りで、父は「男子の本懐でせう」と語ったとある。同紙一二月一八日付けには「遺烈永へに、きのふ勇士の公葬」が続報で掲載されるが、同時に戦死した他の将兵の記事は見当たらなかった。戦史叢書の「太原作戦」の記述には、日本軍が苦戦したことは書いてあるが第二〇師団第二野戦病院の惨劇の記述はない。

三　中国側の記述から事実を探る

そこで中国側の記述を探した。楊克林・曹紅編著『中国抗日戦争図誌』中巻（日本語版、柏書房、一九九四年）によると、「山西東側で第二六軍、第二七軍、第三軍および第一七師団は第二戦区副司令長官黄紹広の指揮にしたがい、娘子関を防衛し、正太路防御戦を行った。守備軍は侵犯してきた日本軍と一〇日間激戦し、一〇月二六日に撤退した。この間、八路軍第一二九師団は、娘子関から陽泉の南地区までの間の日本軍を猛攻して、日本軍の行動を遅らせることができた」（三二九頁）と述べる。つまり山西省の山岳戦で正面から日本軍と戦ったのは国民党軍第二戦区司令長官閻錫山旗下の諸部隊であり、日本軍の背後からは朱徳総司令旗下の八路軍が補給線や病院を狙って攻撃したというのである。

劉大年他編『中国抗日戦争史』（桜井書店、二〇〇二年）では「一一月四日、第一一五師第三四三旅は昔陽東南で待ち伏せ攻撃し、敵一〇〇人を撃滅した」と記す。第一一五師の師長は、林彪であった。「昔陽」は音読みすれば「セキヨウ」であったため、新聞では「赤陽」と誤記したのであろう。

第二〇師団第二野戦病院が、太原攻略戦の最中に後方で林彪指揮下の八路軍に攻撃され、壊滅的打撃を受けたという従来の戦史では隠されていた事実を、納骨堂の三九個の骨壺が教えてくれる。しかし新聞には上田靖治少尉一人の記事しか掲載されなかった。

四　残された映像が語る当時の「空気」

この上田少尉については大阪での家族の生活や出征・遺骨の帰還・葬儀の様子が映像で残されていた。遺族から一九九七年初夏に映像が讀賣テレビに持ち込まれ、当時の関西大学小山仁示教授、東大阪短大伊勢戸佐一郎教授に鑑定を依頼し、当時の大阪の生活史がわかる貴重な映像であることが明らかになった。

この映像と遺族の話から、上田少尉は南船場の心斎橋に面する老舗の写真館の跡取り息子として大事に育てられたことが判明した。伊瀬戸教授によれば、歯科医にすれば兵役に取られても軍医として後方の安全な勤務で命は取られないだろうと考えられ、条件のある家では跡取りを歯科医にすることが多かったという。

上田少尉が召集を受けたのは一九三七年七月三〇日付けで、「北支事変」（日中戦争の初期には日本ではこう呼んでいた）解決のために三個師団増派するという動員の中に含まれていた。この三個師団増派が中国の徹底抗戦の機運をもたらすことになった事件であった。

上田少尉の出征は、出征すれば勝つに決まっているという、まるでお祭り騒ぎの空気の中で、町内会挙げて華やかに歓送した様子が、生き生きと映像に映し出されている。在郷軍人会はもちろん、国防婦人会、芦池小学校児童、地域の商店街の店員らが隊列を組んで上田少尉の出征を祝い、氏神の難波神社に武運長久を祈願している。完成して間もない御堂筋のたたずまいもくっきりと写っている。

一方遺骨の帰還は、街が南京陥落に湧く一二月一七日に「英霊」として盛大に迎えられるが、葬列の親族の誰一人涙を見せていない。見せてはいけなかった時代であった。

（横山篤夫）

忠霊塔建設運動と真田山「仮忠霊堂」
——「仰ぎ見る」塔から木造納骨堂へ

旧真田山陸軍墓地の「納骨堂」は、一九四三年（昭和一八）八月の建立当初「仮忠霊堂」と呼ばれていた。「納骨堂」と呼ばれるようになったのは、敗戦後のことである[1]。

現在、納骨堂は建設後七〇余年を経て老朽化が進んでいるとはいえ、木造平屋建瓦葺きの堂々とした建物である。なぜこの建物が「仮」施設とされたのか。またなぜ「忠霊堂」と呼ばれたのか、その経過を考えてみたい。

一　忠霊顕彰会による忠霊塔建設運動

一九三九年（昭和一四）七月七日結成の「財団法人大日本忠霊顕彰会」（以下、忠霊顕彰会）による忠霊塔建設運動と、陸軍墓地の合葬墓塔設置との関係は、本書第一部の小田康徳「陸軍墓地の通史をまとめる」の「4・遺骨の帰らぬ戦争へ」に詳しく述べられている。以下、小田論文の記述と重複する部分もあるが、陸軍の対応を中心に見ていきたい。

忠霊塔については「忠魂碑・忠霊塔等」と一括して述べられることが多い。忠魂碑は、主に字《あざ》単位で在郷軍人会分会などによって建てられたもので、宗教的性格もあるが、戦死者を顕彰する軍事記念碑的性格の強い施設である。これに対して忠霊塔は、遺骨を納め慰霊・追悼行事を行う戦死者祭祀施設＝宗教的性格の強い施設である。

「仮忠霊堂」として建てられた
旧真田山陸軍墓地「納骨堂」

市町村に一基の忠霊塔建設運動を進めていた忠霊顕彰会は、忠霊塔設計図のコンペを行い、一九四〇年（昭和一五）入選作を『忠霊塔図案』（忠霊顕彰会）として刊行。各地の忠霊塔建設の雛形として提示した。国内大都市に建設する「第二種」忠霊塔入選作は、高さ五〇〜六〇メートル。国内市町村に建設する「第三種」でも市町村の規模に応じて一〇〜二〇メートルの高さであった。いずれも鉄筋コンクリート造・花崗岩貼りで、納骨施設を持つ本体の他に基壇や翼廊を設け、塔の前面は追悼行事を行う儀礼空間とするものであった。ちなみに「第一種」は、「主要会戦地に建設するもの」である。「第二種」一等入選作（竹崎文二設計）は、高さ五〇メートルの塔を中心に左右に張り出した基壇を設け、その幅は約一三〇メートルという大規模なもので（図）、二等一席入選作（吉村順三設計）も、奥行き約一〇〇メートル、幅約八〇メートルの二段の石積み基壇に高さ六〇メートルの塔を据えるものであった。これら「第二種」忠霊塔構想は、高さ一〇八メートル（避雷針含む）の通天閣には及ばないが、復興大阪城天守閣（五四メートル）に並び、大丸心斎橋店（塔屋含む四一メートル）、難波の大阪高島屋（ファサード三一メートル）を越える壮大なものであった。

「過ぎし日露の戦ひに　勇士の骨をうづめたる　忠霊塔を仰ぎ見よ」と「満州行進曲」（大江素天作詞、堀内敬三作曲、一九三二年）に歌われたように、顕彰会の目指す忠霊塔は、その祖型である満州の忠霊塔のように、人々が仰ぎ見る存在でなければならなかった。

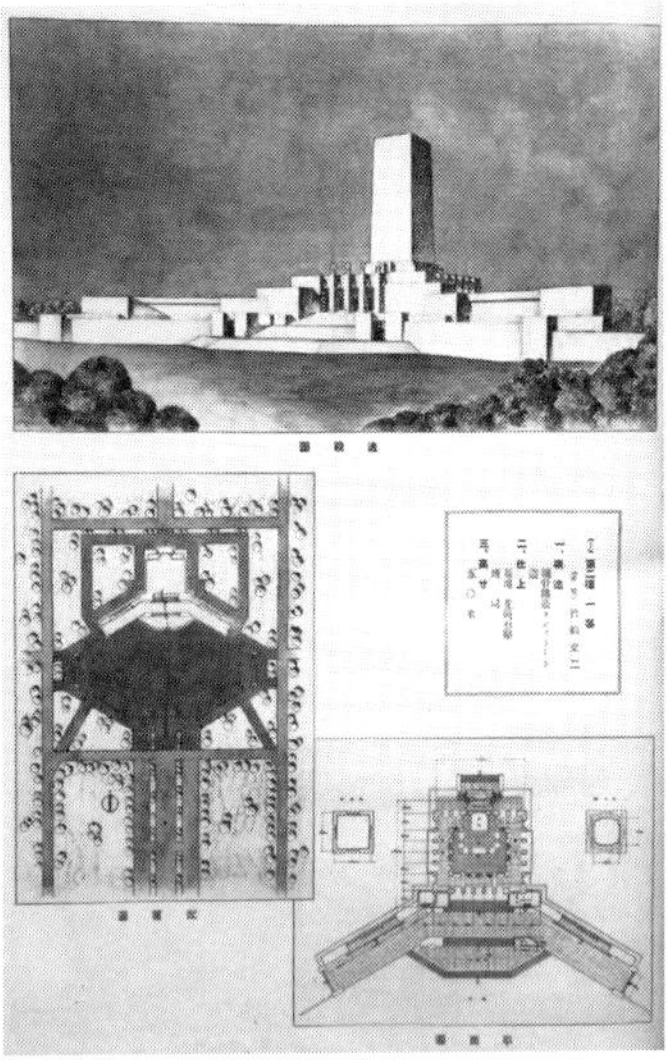

図　大都市に建設する「第二種忠霊塔」一等入選作（竹崎文二設計。高さ 50 メートル、基壇幅約 130 メートル。『忠霊塔図案』忠霊顕彰会発行、1940 年より）

しかし、日中戦争の長期化と経済統制の強化、兵器・軍需生産が優先される中で、このような巨大構築物を、しかも大衆動員（勤労奉仕）によって建設することは、資材と労働力の両面できわめて困難な状況であった。山辺昌彦氏調査の「全国陸海軍墓地一覧」（『国立歴史民俗博物館研究報告』一〇二集、二〇〇三年）にも、偕行社慰霊援護委員会編『陸軍墓地』（偕行社、二〇一四年）にも「第二種」に相当する忠霊塔は見出せない。「第二種」の忠霊塔は、実際には建設されなかったようだ。

一九三九年一一月一八日、陸軍省副官通牒「陸普第七四二八号　支那事変戦歿者合葬墓塔建設竝ニ陸軍墓地整備ニ関スル件」（JACAR：C01005095400〔防衛省防衛研究所〕）が出された。この通牒では、忠霊顕彰会を「地方側」すなわち民間の運動とみなし、陸軍墓地所在地とその周辺市町村では「市町村固有ノ施設ヲナスコトナク、陸軍墓地ヲシテ其ノ地方忠霊顕彰ノ中心施設タラシム」として、市町村忠霊塔の建設を許さない方針を示した。

忠霊顕彰会による忠霊塔建設運動は、「陸軍墓地」を重視する陸軍とのせめぎあいの中で展開されたといえよう。

二　陸軍墓地としての忠霊塔（合葬墓塔）

一九四一年（昭和一六）二月一一日、陸軍次官通牒「陸支密第三九三号　忠霊塔等建設指導要領に関する件」（JACAR：C04123009000〔防衛省防衛研究所〕）が出された。それには「資材関係トノ調和ヲ計リツヽ、左記要領ニ依リ忠霊塔等建設事業ヲ進ム」として、「陸軍墓地ニ建設スル合葬墓塔ニ就テ」次のように記していた（適宜句読点を加えた。以下同じ）。

1．勉メテ石材等ヲ用ヒ、鉄材、セメントヲ節減シ、成ルヘク速カニ本建築ヲ行フ（略）

2．止ムヲ得サルモノ（大都市等ニ於テ、都市ノ忠霊塔ト陸軍墓地ノ塔碑トヲ合致セシムルモノニシテ、多量ノ資材ヲ要シ、資材之ヲ許サヽル場合等）ハ、取敢ス仮施設（主トシテ木材等ヲ用ヒ、鋼材等ヲ用ヒス）ヲ行ヒ、納骨祭祀ヲ行フ。爾後資材ノ状況許スニ至レハ、速カニ本建築ヲ行フ

「大都市等ニ於テ」「多量ノ資材ヲ要」するものという条件付きではあるが、都市の忠霊塔と「合致セシムル」陸軍墓地塔碑（戦死者合葬墓塔）は、当面木造の「仮施設」とすることが指示された。忠霊顕彰会が『忠霊塔図案』で提示した雛形の否定といえよう。

同年七月一九日には「陸軍墓地規則」が改正された。従来の合葬墓塔という名称を、「陸軍墓地の忠霊塔」とし、部隊衛戍地周辺では市町村忠霊塔を陸軍墓地忠霊塔へ「併合セシムル」ことが指示された。市町村の忠霊塔を吸収した「陸軍墓地としての忠霊塔」の成立といえよう。

ただし、大阪府和泉町（現和泉市）に駐屯する野砲兵第四聯隊の陸軍墓地として、地元市町と泉北・泉南地域住民の寄付により、一九四二年（昭和一七）四月に完成した「信太山忠霊塔」は、木材による仮施設ではなく、鉄筋コンクリート製高さ一三メートルの方形塔であった。一九三九年から計画されていたとはいえ、着工は一九四一年一一月で、陸軍次官通牒「陸支密第三九三号」は、必ずしも徹底されていなかったようだ(2)。

さらに、一九四二年四月一〇日の陸軍通牒「陸亜普第二二七号　陸軍墓地忠霊塔ニ関スル件陸軍一般ヘ通牒」（JACAR：C04017019200〔防衛省防衛研究所〕）では「忠霊塔ノ本建築ハ当分ノ間之ヲ行ハズ、取リ敢ズ木造建築ニ依リ仮施設ヲ行ヒ、支那事変及大東亜戦争死歿者ヲ速カニ合葬祭祀スルモノトス」とした。陸軍はこの通牒で、忠霊塔本建築の建設中止を決定、木造の仮施設建設が正式に発令された。

三　忠霊塔としての納骨堂

京都市伏見区に駐屯する陸軍第一六師団では、一九三九年から同区深草所在の京都陸軍墓地を移転し、陸軍墓地としての「京都忠霊塔」を建設する計画を立てていた。一九四二年から高台寺南側（現京都市東山区、現在霊山観音敷地）に於て、高さ二九メートルのコンクリート製八角塔建設のための整地作業を進めていた。しかし、先の陸軍通牒「陸亜普第一二七号」を受けてであろう、一九四三年（昭和一八）二月、八角塔計画を、多宝塔を載せた木造平屋建築に設計変更。最終的には、忠霊塔建設予定地後方に小規模な納骨堂を建設したが、納骨しないまま敗戦を迎えた。(3) この納骨堂は、現在霊山観音の「霊牌殿」となっている。

長野県松本市では、歩兵第五〇聯隊が陸軍墓地移転と忠霊塔建設を計画した。しかし忠霊塔は実現せず、一九四三年、長野県護国神社北側に木造平屋建寄棟造の仮納骨堂が完成した。当時の新聞はこの納骨堂を「忠霊塔（仮施設納骨堂）」と報道した。(4)

一方、一九四〇年編成、翌一九四一年に群馬県沼田町（現沼田市）に移駐した迫撃第一聯隊では、一九四四年（昭和一九）一〇月、同聯隊の陸軍墓地として、木造平屋建寄棟造の納骨堂を建設した。(5) この納骨堂は「軍部ト本町利南村共同ノ下ニ建設中ナリシ沼田忠霊塔」（「昭和十九年事務報告書　沼田町」(6)）で、陸軍墓地としての忠霊塔であると共に、沼田町と利南村の忠霊塔でもあるとされた。改正陸軍墓地規則通り「陸軍墓地忠霊塔ヲ市町村ノ忠霊塔ニ併合」した姿である。

松本、沼田以外でも、一九四三年から一九四五年（昭和二〇）にかけて完成した、高田（新潟県）、新発田（同）、村松（同）、篠山（兵庫県）の各「陸軍墓地」は、すべて木造平屋建瓦葺きの納骨堂で、高田、新発田、村松では「忠霊塔」と称している。[7]

なお、陸軍墓地ではないが、東京市忠霊塔も、高さ四五・四メートルの当初計画を変更、一九四二年一〇月に木造神社形式の「忠霊堂仮堂」が竣工した。[8]『都史紀要三六』は、仮堂となった原因を「市民の寄付金に頼るやり方では実現が困難」としている。しかし、首都の忠霊塔として「二万人を収容するに足る式典広場」と「崇厳な林苑」を設ける[9]として忠霊顕彰会が力を入れていた計画であり、これも陸軍通牒「陸亜普第二二七号」を受けた措置と考えられる。

以上の木造納骨堂は、形態としては「仰ぎ見る」塔ではなくなったが、その性格としては「忠霊

納骨堂（長野県松本市）

沼田忠霊塔（群馬県沼田市）

側面（東側）からみた真田山「仮忠霊堂」

塔」として建設されたものであった。

四　大阪府仏教会による忠霊塔計画

さて、大阪ではどうであったか。大阪府内の忠霊塔計画については、横山篤夫「大阪における忠霊塔建設計画」に詳しい。それによると、陸軍による真田山陸軍墓地と高槻への「合同墓碑」建設計画に対して、一九三九年六月、大阪府と周辺市町村が負担額を決定した――と報じられた。しかし、計画進展の続報はなく、大阪市の忠霊塔建設については「不明の部分が多い」とされている。

宗教専門紙『中外日報』の一九四二年六月一七日付紙面に、「大阪仏教会の忠霊塔運動」の見出しで、次の記事が掲載されている。大阪府仏教会は一九四一年一〇月に結成され、大阪府知事が総裁、府学務部長が会長を務め、四天王寺の僧・森田潮応が副会長といういわば宗教統制団体であった。

大阪府下一円の寺院の結束である(略)大阪仏教会としての報国運動として忠霊塔建設運動なるものがある。これは未だ具体的に理事会にかけられた問題ではなく、森田副会長その他幹部の間で種々話が練られてゐるもので、場所の点、予算の点その時期の点などが考慮されて居り、近くこれが具体的な方針つき次第これを役員会にかけることになって居り、大体場所の候補地などもある模様で、たゞ大阪仏教会が中心となって広く呼びかけての運動とするかどうかが問題であると。

わかりにくい文章だが、『中外日報』らしい内部情報報道である。先に見た真田山「合同墓碑」建設計画との関係は不明であるが、一九四二年段階に大阪府仏教会が独自に忠霊塔建設を計画していた

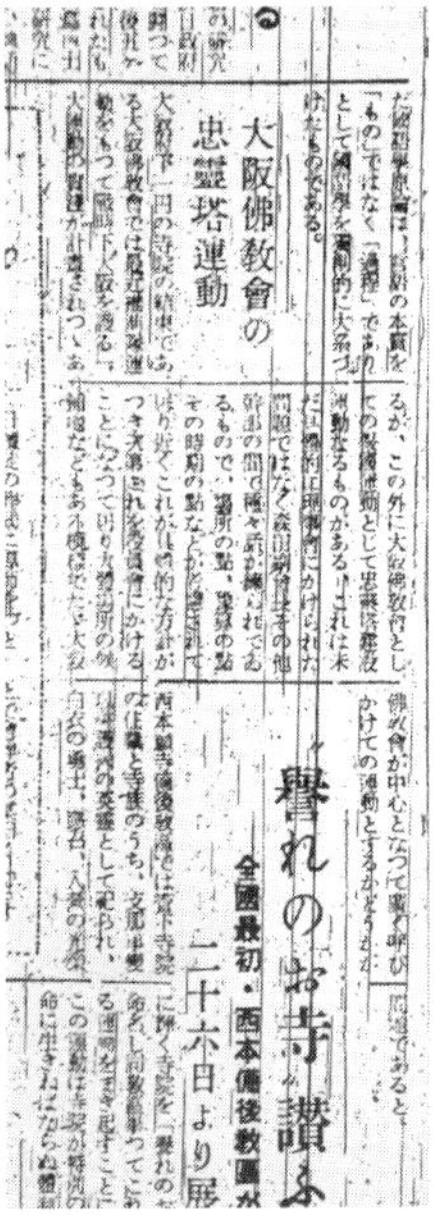
大阪佛教會の
忠靈塔運動

譽れのお寺讃ふ
全國最初・西本願寺教團が
二十六日より展

「大阪仏教会の忠霊塔運動」を伝える1942年6月17日付『中外日報』紙面

ことが判明する。

大阪市に建設する忠霊塔は、忠霊顕彰会提唱の「第二種」に相当する。しかし、前年の一九四一年「金属類回収令」が公布され、寺院の梵鐘から仏具まで供出させられる状況では、鉄筋を使った巨大構築物の建設は不可能なことであった。

そのような中で大阪府仏教会は一九四三年、単独で「忠霊塔」建設資金を陸軍第四師団に「献納」。第四師団は、真田山陸軍墓地内に納骨堂を建設し、これを「仮忠霊堂」と呼んだ。

各地の陸軍墓地納骨堂は、聯隊が設けたもので、平面が正方形の小規模なものである。真田山の納骨堂は、第四師団の施設であり、間口二二・一一メートル、奥行き七・九八メートルの平面長方形の大規模なものである。また、正面入り口の周囲に大理石の額縁を設け、「半永久的建築であるかのような密度の濃い」建物であった（川島智生「仮忠霊堂の建築位相」『陸軍墓地の語る日本の戦争』ミネルヴァ書房、二〇〇六年）。にもかかわらず、「仮堂」とされたのは、一九四二年陸軍通牒「陸亜普第二二七号」の「取リ敢ズ木造建築ニ依リ仮施設ヲ行ヒ」との規定にしたがって「仮施設」とみなしたためと考えられる。なお、真田山「仮忠霊堂」の側面と、松本納骨堂・沼田忠霊塔の正面は相似しており、規格性が感じられる。

また、「仮忠霊堂」は、「大阪師管留守業務規定案」（年紀不明）の遺族宛文書では「大阪陸軍墓地内忠霊塔」「大阪陸軍墓地ノ忠霊塔」と記されている。(10)これは陸軍が、「仮忠霊堂」は、いずれ「本建築」を目指す「忠霊塔」の仮施設であると見ていたことを示している。

真田山「仮忠霊堂」建設をめぐっては、財団法人大日本忠霊顕彰会の関与は見られない。市町村単位の忠霊塔建設を目指した忠霊顕彰会の運動が陸軍に吸収され、陸軍墓地としての忠霊塔＝納骨堂へと一本化されたことを物語っているといえよう。

五　陸軍墓地の最終形態

陸軍当局は、市町村を単位とした忠霊塔建設に対して、一九三九年二月二七日陸軍省副官通牒「陸普第一一一〇号　支那事変ニ関スル碑表建設ノ件」（JACAR：C01005085100〔防衛省防衛研究所〕）で、「軍トシテ適当ナル支援ヲ与ヘ」るとした。このため、陸軍省が忠霊塔建設運動に「本格的に支援する意思を表明した」（大原康男『忠霊塔建設運動』『忠魂碑の研究』暁書房、一九八四年）とする見解もある。しかし、同通牒は市町村忠霊塔と陸軍墓地の「合致」に便宜を図り「一市町村一定地域内ニ於ケル重複ヲ避クルコト」としており、陸軍は忠霊顕彰会結成前から、忠霊塔を陸軍墓地へ統合することを目指していたと考えられる。

その後の市町村忠霊塔の陸軍墓地忠霊塔への統合、仮施設の納骨堂建設へと至る経過は、先に見た通りである。「忠霊塔としての納骨堂」は、忠霊顕彰会による忠霊塔建設運動を吸収した、陸軍墓地の最後の姿であったといえるであろう。

これは、戦死者を靖国神社と各地の護国神社に神として合祀し、遺骨の分骨を「陸軍墓地としての忠霊塔」に集約することによって、戦死者の慰霊顕彰施設を陸軍の一元的統制下に置こうとしたものと考えられる。

真田山「仮忠霊堂」は、忠霊塔としての納骨堂であり、陸軍墓地の最終形態を示しているのである。真田山陸軍墓地は、日本で最初の陸軍墓地（埋葬地）であるとともに、個人墓碑から合葬墓塔、そして最終形態である「仮忠霊堂」が現存しており、その成立から終焉へと至る、陸軍墓地の歴史を物語る貴重な史跡である。

（橘　尚彦）

（1）横山篤夫「真田山陸軍墓地納骨堂建設をめぐって」『ヒストリア』一八六、大阪歴史学会、二〇〇三年
（2）横山篤夫・森下徹「大阪府内の高槻と信太山の陸軍墓地」『国立歴史民俗博物館研究報告』一〇二集、二〇〇三年
（3）拙稿「京都忠霊塔の計画と展開」『京都民俗』二四、京都民俗学会、二〇〇七年。同「京都忠霊塔と霊山観音——東山・霊山山麓における戦死者祭祀をめぐって」『京都民俗』二八、二〇一一年
（4）原明芳「松本にあった二カ所の陸軍墓地」『信濃』第三次六一—二、信濃史学会、二〇〇九年
（5）菊池実「陸軍特殊（毒ガス）演習場の研究」『近代日本の戦争遺跡』青木書店、二〇〇五年
（6）『沼田市史』資料編、沼田市、一九九八年
（7）山辺昌彦「全国陸海軍墓地一覧」『国立歴史民俗博物館研究報告』一〇二集、二〇〇三年
（8）「壮大な忠霊塔建設計画」『都史紀要三六　戦時下「都庁」の広報活動』東京都、一九九五年。横山篤夫「大阪における忠霊塔建設計画」『戦争と平和』一六、大阪国際平和センター、二〇〇七年
（9）菱刈隆述『忠霊塔物語』童話春秋社、一九四二年
（10）前掲横山篤夫「真田山陸軍墓地納骨堂建設をめぐって」

村の遺族会によって建立された陸海軍将兵の墓碑

旧真田山陸軍墓地には「陸軍墓地」にもかかわらず海軍兵士の墓碑もある。このうち西南戦争で埋葬された二基の海軍兵士については小松忠氏が「西南戦争墓碑群がかたるもの」（小田他編著『陸軍墓地がかたる日本の戦争』）の中で事情を明らかにされた。ここではHゾーンに三〇基ある海軍兵士墓碑が、なぜここにあるのか、そこから何がわかるかを明らかにしたい。

Hゾーンの墓碑は旧陸軍墓地内にあるが、陸軍が立てた墓碑ではなく戦後に村の遺族会が一括して建立した墓碑群である。立て方もA～Gゾーンと異なり、一六九基の墓碑が二列対面式に建てられている。墓碑群の北側端に「大阪府南河内郡野田村遺族会」の碑があり、その右側面に「昭和二十三年九月二十四日建立」と刻まれていて、墓碑群建立の主体と建立時期が分かる。

これを手掛かりに、建立の事情を明らかにしようと野田村遺族会を訪ねたのは一九九七年（平成九）の夏であった。

旧真田山陸軍墓地の野田村墓碑群

一　野田村遺族会を訪ねたが、建立の事情は不明

野田村とは、一八八九年（明治二二）から一九五〇年（昭和二五）まで狭山池の北側にあった地方自治体で、初めは大阪府丹南郡に、一八九六年からは南河内郡に所属した。一八八九年にそれまでの北野田、南野田、高松、丈六、西野新田の五カ村が合併して野田村となったが、旧村名は大字名として残った。一九五〇年、西隣の大草村と合併して登美丘町となり、さらに一九六二年登美丘町は堺市に合併されて、現在は堺市東区北野田、南野田、高松、丈六、西野となっている。

この旧野田村が堺市遺族会の下部の単位遺族会となっているので、この役員を訪ねる事から調べ始めた。しかし、約五〇年前の遺族会の事業については直接知る人はいなかった。村の有力な地主で一九三三年（昭和八）から四七年（昭和二二）にかけて連続して村会議員をした松井良一氏が中心になって真田山に村の戦没者墓碑を建立したということは分かったが、数年前に亡くなっており、遺族に聞いても関係する資料は無いということであった。しかも一九九七年からは、この地域は「高野線北野田駅前再開発事業」と名付けられた堺市東南部の地域核拠点市街地形成を目指す再開発事業によって、急速にその景観を変えつつあり、人の移動が激しく進んでいる途中であった。既に野田村以来の地域共同体は、そのままは維持できなくなっていた。遺族会に行けば事情が分かる、という状況にはなかった。そのため当時判明した事実を基に、一部推論も加えて考察したことを述べたい。

二　村民の帰属意識を保つために墓碑建立か

この村を貫通した南海高野線の北野田駅が開設されたのは一九一四年（大正三）のことで、大阪近郊の農村地帯の野田村に、駅と商店街が形成された。さらに一九三一年（昭和六）には電鉄会社と連携した関西土地会社が欧米の田園都市をモデルにした大規模な宅地開発計画を進めた。その結果一九四一年（昭和一六）まで約五〇〇戸の家庭菜園を備えたゆったりした高級住宅街が出現し、人口も増加していった。放射線状に街区が開発され、将来は運動場や劇場も設けられる開発計画は、アジア太平洋戦争の開戦で実現しなかったが、この開発にあたり土地会社からは野田村に相当の寄付があり、野田村は周辺の村に比べて財政の豊かな村となった。

戦後、自治体経営をめぐる政府の方針もありかなり強力に町村合併が進められた結果、野田村は大草村と合併する話が進行することになった。その際、財政も一つにされる前に、野田村の財産で野田村民の帰属意識を保つ事業として旧真田山陸軍墓地に野田村出身の戦没者墓碑を建立することが企画されたものではないかと推測する。直接真田山に墓碑建立する企画に携わった人からの話は聞けなかったが、青年団の一員として墓碑を運んだ人や、遺族会の次の世代の人々から雰囲気や思い出を聞いたことを纏めると、次のようであった。

＊野田村総出で真田山に墓碑を建立する雰囲気であった。中には反対の人もいたが強制はしない空気で、反対の人も村として取り組むことに強い反対はしなかった。

＊墓碑は村の石屋が作った。青年団は総出でトラックにより真田山の入り口まで運び、そこから奥

まで青年団員が運んだ。中には馬力で運んだと記憶する人もいた。
＊墓碑を作り運ぶ資金がどこから出たかを聞いた人はいなかった。ただ軍人恩給もなくなった時代に、新たにお金を集めて作るという話だとまとまらなかった気はする。
＊真田山の墓地は整然としていた。真田山の墓碑前での慰霊祭には、村人総出で掃除に行き、遺族だけでなく村の有力者はたくさん参列していたと思う。
＊ただ、遠いので命日にお参りに行くというようなことはしにくかったと思う。そのためか、地元の共同墓地の一画に、後になって野田軍人墓地、高松軍人墓地が遺族の拠金で作られた。その後、真田山に建てられた村の軍人墓地は疎遠になったと思う。
＊遺骨があった場合、家墓に埋葬されていることが多いと思う。真田山には記念品といったものを埋めたのではないかと思う。

三　戦後の複雑な遺族感情を反映

野田村の正確な全戦没者数はわからない。野田村が合併によって消滅する前に野田村遺族会が作成した名簿を基にいくつかの資料を総合すると、陸海軍合わせて近代に入って二六八人の戦没者氏名が判明した。真田山には一六九基の墓碑があるので、この対比で大体で言うと野田村戦没者の六三・一パーセントが真田山に建碑したことになる。この際、陸軍の軍人か海軍の軍人かは問うところでなく、将校か下士官か兵士かといった階級も問わずに、同一規格で立てるということで村内の同意が得られ、野田村の事業としてなりたったのであろう。

しかし多くの国民が悲惨な体験をした敗戦後三年しかたっていないこの時期に、旧陸軍の墓地に墓碑を立てることに抵抗感があった遺族や、戦後の社会の大きな変化の中で野田村から移動した遺族なども いたことが、全員の墓碑を立てることにならなかったのであろう。ただ敗戦による価値観の混乱や、農地改革による農村社会の激変の中でも、直接・間接の戦争体験者として戦没者に対して哀悼の意を、村の事業として墓碑を立てて示すことに反対しないという共通の意識が存在していたのであろう。

四　墓碑の建つ風景からわかること

こうした状況で野田村出身の海軍の兵士の墓碑が、陸軍の将兵と合わせてHゾーンに建碑されたものであったと考える。海軍の兵士がまとめて建碑されているのではない。碑の配置を検討すると、北から南に丈六・西野・高松・北野田・南野田と字ごとにまとまって建てられている。この順は行政文書で字名を書く順序とは違っている。のちに野田村の共同墓地の一画に野田軍人墓地を作る時、場所は抽選で決めたということであったので、字の順序も抽選に依ったのであろうか。字内では同姓の人がまとめている例も多く、親戚や知人が隣り合わせや向かい合わせに碑を建てたものであろう。その際、陸軍・海軍の別は問題にならなかったのであろう。

原則として陸軍の兵士は徴兵により、海軍の兵士は志願によって集められた。吉田裕『アジア・太平洋戦争』（岩波新書、二〇〇七年）によると、一九四五年（昭和二〇）の日本軍の兵力は陸軍五五〇万人、海軍一六九万であったという。兵員比率は海軍二三・五パーセントだったが、真田山に建てられた野田村の海軍兵士の墓碑は野田村全体の墓碑の一七・八パーセントであった。傾向として豊かな農村地帯にあった野田村の若者が、あまり海軍に志願しなかったことも示していたと言えよう。

一九四八年（昭和二三）九月に野田村遺族会の墓碑は建てられた。その時墓碑を運んだ青年団員の印象は、「真田山の墓地は整然としていた」という。このことは、戦後陸軍の管理を離れ荒れていた旧真田山陸軍墓地に、一九四七年（昭和二二）一一月二五日に四天王寺住職の田村徳海住職を代表とする「大阪靖国霊場維持会」が結成され、整備されて法要も始められていたことで旧真田山陸軍墓地が整理されていたことを物語る。

（横山篤夫）

第5章　真田山陸軍墓地を考える

現景観の原点、墓地南半部の譲渡と大幅改葬の実施

一　墓域の変遷

真田山陸軍墓地の面積は、当初、西成郡吉右衛門肝煎地の三四三〇・三七五坪と紀州藩陣屋地五〇六〇・八七五坪を合わせた八四九七・二五坪であった。その後、明治一五年（一八八二）三月に三一七坪が新たに増地され、これによって、墓域面積は八八一四・二五坪になった。大正二年に発行された『大阪府全志』には、八八四〇・一三坪と記されており、二五・八八坪の増になっている。

大正一五年（一九二六）になって、第四師団はこの陸軍墓地の一部を大阪市清堀第三尋常小学校（真田山尋常小学校。現大阪市立真田山小学校）の敷地として譲渡した。大阪市公文書館には大正一五年一一月から始まり、昭和二年（一九二七）六月に終わった。このときの「墓地埋葬換工事」に関する大阪市の公文書の簿冊が残っており（「昭和弐年四月起／小学校地買収ニ関スル書類綴／大阪市役所教育部建設計

画係」。のちに「用地買収関係書類」と表題替えされている）、そこからは、当時の墓地の有様が明瞭に読み取れる記述が多々見られる。また、今日の墓地景観を考える上でも無視できない記述がある。そこで、この史料を中心に大事なことを以下まとめていくこととしたい（ただし、公文書の全文は『大阪の歴史』七四号で紹介しておいた）。

譲渡した敷地面積について『大阪市立真田山小学校五〇周年誌』では二八〇〇坪、また真田山小学校の由来を示した銘板には二七九〇坪と記しているが、いずれも誤記と思われる。「大阪市東区清堀町外二十八箇町区会議案第八号」に示された予算案には、『東区宰相山町真田山陸軍墓地内　土地三千坪買収費』と記されていて、陸軍が譲渡したのが三〇〇〇坪であることは明瞭である。なお、墓地の面積はその後も変動があった。ちなみに、昭和四〇年（一九六五）四月現在の近畿財務局の資料では、墓地面積は四五六八・八坪となっており、この年度以降の増減はない[1]。

二　改葬作業

真田山小学校に譲渡された三〇〇〇坪の中には、多くの墓碑が配置されていた。その内訳は、大正一五年七月調べで士官一二八基、準士官四基、下士兵卒二八二五基、そのほか「番宅移転地南方軍役夫墓碑」三六基があり、合計二九九三基であった。その後、この数値には変動があり、士官一二九基、準士官五基、下士官四〇〇基、兵卒二四三九基で、合計二九七三基とされている。改装費は、一基あたり見込み、士官が三〇円、準士官が二〇円、下士兵卒が五円と計上されていた。

この工事一切を請け負ったのは豊中村の堀重太という人物で、公文書に貼り付けられた名刺には

「土木建築・設計監督・測量製図・工事請負／堀土木建築工業所」とある。大阪市は工事を第四師団経理部に委託し、第四師団経理部が堀重太に請け負わせ、その費用を大阪市が堀重太に支払うという形を取っている。ただし、大阪市は当該の学区に費用を拠出させており、第四師団は学区に経費見積もりの算定基準をあらかじめ示して費用を準備させていたこともわかっている。

契約によれば、工期は大正一五年（一九二九）一一月二九日から昭和二年（一九三〇）二月末日であったが、竣工調書によれば、竣工は昭和二年六月一六日であったことがわかる。これは、変更設計等が行われ、追加契約書が交わされた結果である。追加契約は昭和二年三月一日にされているので、最初の契約の期限直後ということになる。

さて、この工事に関して、『大阪時事新報』に記事が掲載されている。次のようなものである（『大阪時事新報』、大正一五年一二月一日付）。

真田山の陸軍墓地整理／本月三日から

大阪市東区宰相山町の真田山陸軍墓地のうち、一千八百坪は、清堀聯合清堀第三小学校の移転地として、陸軍省より譲り渡しを受けた事は既報の如くであるが、第四師団ではいよいよ十二月三日より、墓地の整理並に埋葬替への工事に着手し、明年三月下旬に終了する筈であるが、右に就き第四師団では、三日同墓地に於て埋葬替施行の式を遺族列席の上で行ふ事になつてゐる、整理の墓碑数は士官墓碑一二九、准士官五、下士官四〇〇、兵卒二四三九、軍役夫三六、合計三〇〇九で、個々の墓石の存せるものは旧来通りの《(にカ)》在置し、唯間隔を縮め整頓して片隅に寄せる丈である、尚埋葬替へに就て意見を求められる遺族は師団司令部経理部に承合せられたいと右の記事では、陸軍から譲渡されたのが一八〇〇坪となっているが、この坪数は間違っているようである。次に、第四師団が「埋葬換施行の式」を行うとなっていて、遺族が列席すると紹介されているが、文書では、この費用も昭和二年五月に予算として一三八二円八六銭ときちんと計上されている。ただし、この祭典がどのように行われたかをうかがわせる記録は見当たらない。

ただ、真田山陸軍墓地に保管されている「埋葬人名簿」には、辰巳寛のところに「改葬工事ノ際郷里へ持出す」との注記があり、また阪本為蔵のところにも、「昭和元年十二月二十八日郷里へ持ち出す」との注記があるので、改葬に合わせて遺族が遺骸（遺骨）を引き取った例のあることがわかる。この他、持ち出しの例では大喜多利吉のところに「昭和四年一月十九日郷里へ改葬スヘク持出す」と注記がある。これは真田山の改葬後に墓を持ち出した例である。「埋葬人名簿」からは、改葬時に遺族が引き取ったのは二例にとどまったことがわかる。

なお、この新聞記事でよく理解できないのは改葬の対象となった墓碑の数である。新聞記事では軍役夫も三六基あるとしている。「埋葬人名簿」には異動のあった墓碑には朱の〇が付されているが、軍役夫の墓が多いAゾーンの墓碑には朱の〇は付されていない。なぜ新聞記事に軍役夫の墓碑数が記載されたのだろうか。

簿冊中の「陸軍墓地改葬其他工事現場説明事項」の第四項に、「番宅移転敷地南方軍役夫墓碑三六基ハ指定ノ位置ニ改葬スルコト」とある。この軍役夫三六基分を新聞記事は含めたのとも考えられるが、実際には移動させていないと思われる。新聞記事では三〇〇九基が移動となっているが、軍役夫分三六基を減ずると、二九七三基となり、実際に移動された数字と一致する。なお、真田山小学校の銘板では二九六九基が移動されたとしている。

三　移転方法

墓碑移転は次のような指示のもとに厳密に進められた。

①移転予定墓碑は、あらかじめ用意されている図面に記入されている符号を、墓面にペンキなどの塗料で記し、官等ごとに区分された新しい場所に運搬整理する。

②ペンキ等で符号を付けた墓が移動された後の墓域には同じ符号を記した杭を打ち込む。

③その後、その墓域を発掘し、遺骸を掘り出す。

④その遺骸を、高さが一尺三寸（三九・三センチ）の素焼きの陶器でつくった瓶に入れ、納棺する。

⑤厚さ一寸（三センチ）の木製の蓋をあつらえ、同一の符号を記入しておく。

⑥配置図にしたがい、遺骸を入れた遺棺は納棺の上バ（上端、蓋）まで地上から三尺（九〇センチ）以下のところに埋葬して、埋め戻す。

⑦大きな槌などで地面を就き固める。

⑧墓石を据え付ける

以上が、埋葬換えの手順であり、実際にこの通りに行われたと思われる。

この指示から明らかになったことがある。それは、墓石の下には実際に遺骸ないしは遺骨が埋葬されているということである。実際に埋葬されているかどうかは、今まで不明であったが、この書類によって確実に埋葬されていることが明確になった。ただ、瓶は、高さだけしかわからず、全体としての瓶の容量がどれだけあるのかが不明なので、遺骸が入っているのか、遺骨だけになっているのかはわからない。いずれにせよ、墓碑改葬の作業は、設計図を作成して慎重に準備万端整えて行われたと思われる。かなり周到な準備があったと思われ、作業用の杭・瓶等はかなり大量に前もって陸軍の方で準備されていたと思われる。

ところで、右の大阪市の公文書には工事の内容として、「墓石改修」が挙げられ、二〇〇基の工事が予算化され（二九〇〇円）、さらに追加の契約のときに五〇〇〇円が改めて予算化されていた（ただし、後者については工事終了後不要となった旨も報告されている）。第四師団がすでに墓碑の傷みが気になりはじめていたことがわかる。問題は、改葬とともに行われた墓碑改修（補修）がどの程度のものであったか、現在見ることのできる様々な形の改修墓碑（たとえば鉄骨で四隅を固定したもの、あるいは表面が落下した部分にコンクリートを塗り込んだものなど）のうち、どの改修形態の墓碑なのか、わからないことである。また、このときに古い時期に建立されている墓碑については再建された可能性も捨てきれない。今後検討していくべき大きな課題と言わなければならない。ただ、墓碑の補修についてこの公文書で触れられているのは、補修のあり方とその歴史を考える上で重要だといえる。

それからもう一つ。この改葬工事中に「埋葬人名簿」の筆記料がわずかながら計上されていることである。「埋葬人名簿」作成のいきさつを考える上で見落とせない。

（堀田暁生）

（1）横山篤夫「旧真田山陸軍墓地変遷史」『国立歴史民俗博物館研究報告』一〇二集、二〇〇三年

墓碑の形

陸軍墓地の墓碑には様々な形状がある。

一　形の変遷

墓碑について、陸軍は明治六年（一八七三）一二月二五日に「下士官兵卒埋葬法則」（別冊の法令は「下士官兵卒埋葬一般法則」、以下「埋葬法則」）を布告し、ついで明治七年（一八七四）一〇月五日にこの法則を改定した。これによると、下士官は高さ二尺五寸（七五cm）・方六寸（一八cm）、兵卒は高さ二尺（六〇cm）・方五寸（一五cm）と定められ、原則は木柱としたが、石碑も可とした。士官以上の規定は示されていない。

「埋葬法則」で、原則は木標としていることについてであるが、明治一六年（一八八三）一月二二日に、工兵第四方面提理陸軍歩兵大佐山川浩から陸軍卿大山巖に対し、「墓標七基取設費之儀ニ付伺」が提出されている。これによると、無名の木標が七カ所あり、調査して人名がわかったので石碑にするための費用を算出できた。その費用を下付してほしいというものであった[1]。

当初は木標であったものが石碑に立て替えられることになった例である。

また、日露戦争のさなかに真田山陸軍墓地を訪ねた新聞記事がある。それによると、日露戦争で戦死した者の墓標が木標であることが記され、左官級が高さ四尺五寸（一三五㎝）・方九寸（二七㎝）、尉官級が高さ四尺（一二〇㎝）・方八寸（二四㎝）と記されている。下士・兵士については寸法の記述はない。[2] すなわち、日露戦争が遂行されている時期、戦死者は葬られるに際して、最初は木標を立てたことが、この記事から推測できる。また、現状において日露戦争時の戦死者の墓碑はすべて石碑として現存しているので、木標は次第に石碑に立て替えられたと思われる。

「埋葬法則」で、常々疑問に思っていたことがある。それは墓石が方錐形とは定められていないのに、ほとんどの石碑は方錐形、あるいは弧状をしていることである。「埋葬法則」にしたがえば、直方体になると思われる。なお、海軍の生徒・卒に関しては時期がかなり後になるが、「海軍生徒学生下士卒死亡者取扱」（明治三二年〈一八九九〉一月七日）に墓石の方錐形の図が示されていて、奥行き・幅・高さは、「埋葬法則」の下士官・兵卒の規定と同じである、ただし台座の寸法まで記載されているが、これは「埋葬法則」にはない。[3]

二　現在みられる様々な形状

さて、旧真田山陸軍墓地で兵卒の墓石には三つの類型がある。一つは「埋葬法則」通りのもの（次頁の図のB）、二つめは高さが六〇㎝だが、幅が一八・五㎝・奥行き一五㎝のもの（図のC）、三つめは高さ六〇㎝・幅二四・五㎝・奥行き一八㎝のもの（図のD）である。

図のBは「埋葬法則」通りだが、頭頂部については「埋葬法則」は規定していないが、方錐形になっているものである。神道系の墓石には、この形があり、頭頂部のことを兜巾（トキン）又は角兜

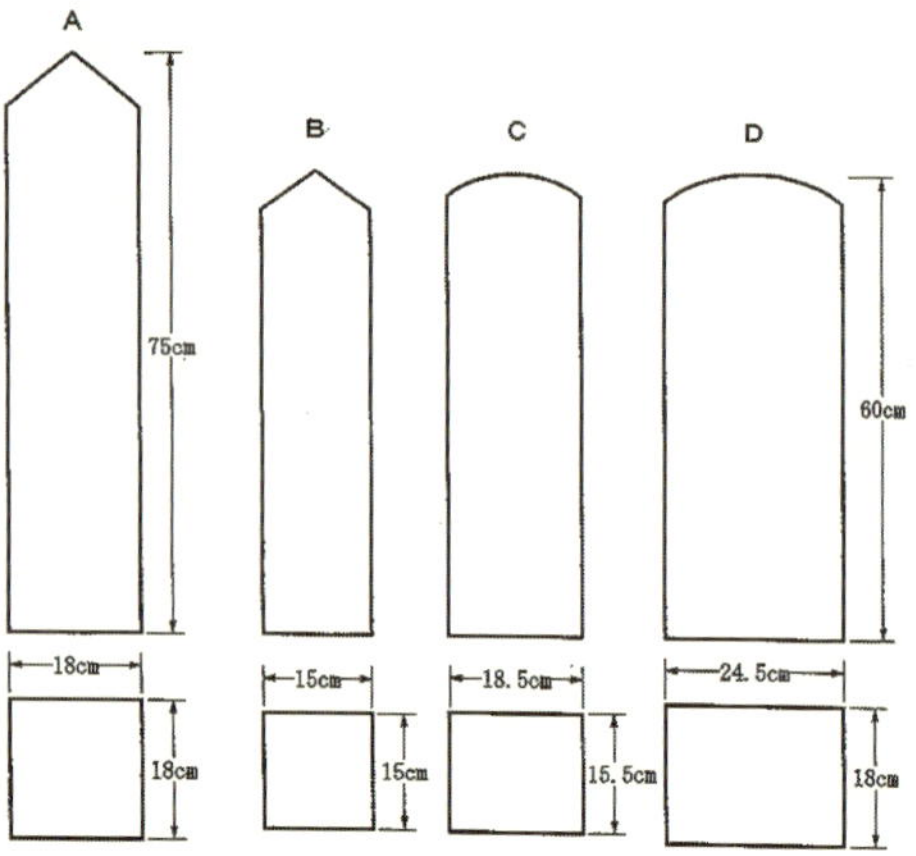

墓碑の形状。A 下士官、B 兵卒 標準規格、
C 兵卒 かまぼこ型、D 兵卒 広かまぼこ型

巾と称するようである（インターネット情報による）。ただ、類似によって、陸軍墓地に神道の影響があるとするのは早計かもしれない。

図のCとDは頭頂部が孤状になっている。この両者は「埋葬法則」が施行された後の年代でも製作されており、「埋葬法則」の規程にしたがっていないのである。C・Dのような形状にせよという法令は未見である。Cのタイプをかまぼこ型、Dのタイプを広かまぼこ型と呼んでいる。旧真田山陸軍墓地だけのものかもしれない。この呼び方は歴博報告の「墓碑銘文一覧」にも採用されている。かまぼこ型であるが、位牌の形とも似ている。むしろ位牌に似せて墓石をつくっているのかもしれない。

三　墓碑の形状の理由は？

明治一〇年（一八七七）八月一日、工兵第四方面提理代理陸軍少佐飛鳥井雅吉代理陸軍大尉谷村猪介から「負傷死亡軍人軍属石碑製鑿着手之儀ニ付伺」が、陸軍中将鳥尾小弥太宛てに出されている。この書面には図が添付されている。士官・下士官・兵卒三種の墓石図である（JACAR：C09081207200

〔第4画像目から〕、「八月七日戊第三九六号　戦死者石碑の件　方面」、伺書綴　指令済之2　明治一〇年七月一日～一〇年八月三一日〔防衛省防衛研究所〕）。

西南戦争で亡くなったものの墓石を制作するにあたって、形状の確認を求めたものである。この伺いは、八月七日に「伺之通」と承認されている。それによれば、士官・下士・兵卒の石碑の模式図が示されている。いずれも方錐形の形状である。

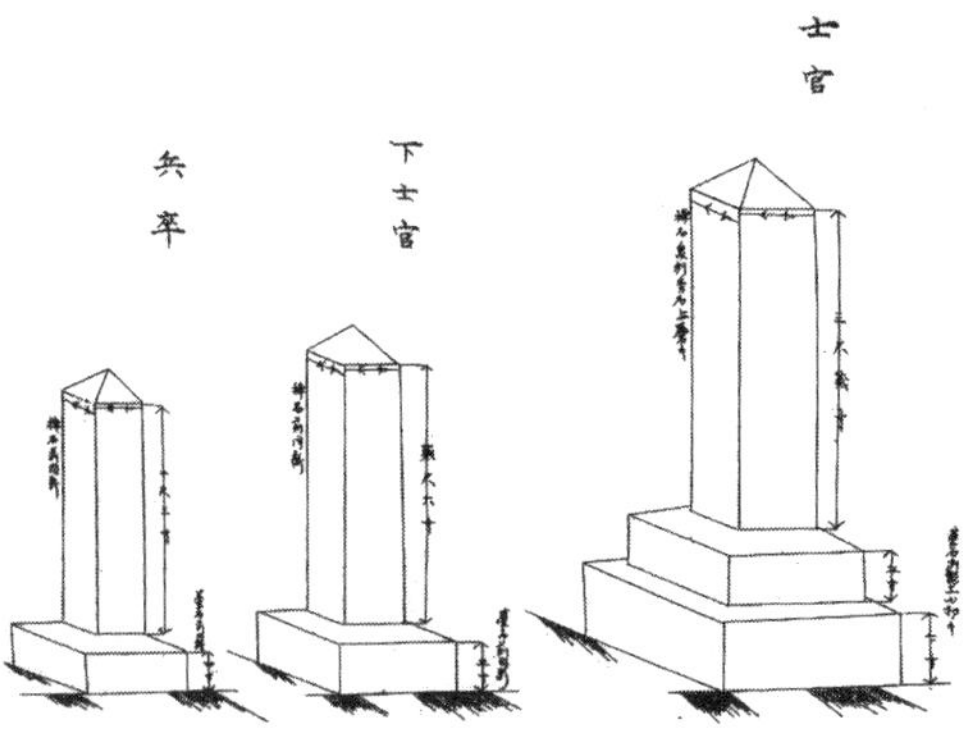

士官・下士官・兵卒三種の墓石図

「埋葬法則」では士官については、特に形状や寸法は示されていなかったが、この伺いでは高さ三尺二寸（九六・九六cm）、奥行き・幅が八寸角（二四・二cm）とされている。旧真田山陸軍墓地でGゾーン（将校・士官）では、二四cm角の石碑が多数ある（たとえばG08－03陸軍大尉溝部素史、G08－12陸軍会計軍吏副明沢弘和、G09－09陸軍中尉生沼曹県など）ので、あるいはこの伺いの通り製作されたかもしれないが、二四cm角でも高さは一〇〇cmのものが多く、伺いとは微妙に異なるが、ほぼしたがっているといえるかもしれない。

八月一日の伺いは、もう一つあって、それは石碑の文字の彫刻の仕様についてで、八月二一日に指示が通達された[4]。この伺いは、石碑の正面向かって右側・左側・背面などに官位姓名や、族籍・出身地、軍歴および死亡日時場所などを彫刻する際しての雛形を示したものだが、軍からの指示は詳細に記すようにとの旨で、正面に刻する官位姓名については偶数で彫刻せよというものであった。これについて飯沼雅行氏は「墓碑正面の文字が『○○之墓』『○○墓』というように『之』のがあったりなかったりするのは、この字数調整の結果」と指摘している（「西南戦争戦病没者墓碑の建造に関する公文書について」小田他編著『陸軍墓地がかたる日本の戦争』）。

四　「埋葬法則」や「通達」では解明できない形状の謎

ところで各ゾーンに含まれるかまぼこ型・広かまぼこ型はどの程度あるのかを調べてみたのが左表である。A・E・Gゾーンには一基もなく、B・C・D・Fゾーンに存在していた。A・Eゾーンは日清戦争関係の墓石なので、その時期には既にかまぼこ型・広かまぼこ型は製作されていないと考えられていたので、A・Eに存在しないのは当然と考えていた。しかし、日清戦争従軍者の墓碑はA・Eゾーンに限らなかった。日清戦争従軍者の墓碑は、かまぼこ型のものがDゾーンで二基（D－05－08、D－05－19）、Fゾーンで二基（F－14－03、F－21－12）あった。明治二〇年代の墓石にもかまぼこ型・広かまぼこ型は少なからずあり、「埋葬法則」や明治一〇年八月の通達があってもなお、その墓石基準が守られていなかったことになる。

その理由については今のところ不明である。

表1-6-2　墓石タイプの分布

ゾーン	総数	かまぼこ
A	934	0
B	1052	52（5%）
C	247	32（13%）
D	154	41（27%）
E	707	0
F	1413	447（32%）
G	155	0
計	4662	572

（1）JACAR：C04030665000、「四より墓標七基取設費の義に付伺」明治一六年「大日記　砲工方面　二月木坤　陸軍省総務局」（防衛省防衛研究所）
（2）「戦没者の永眠所」『大阪毎日新聞』明治三七年八月二五、二六日、『旧真田山とその保存を考える会　会報三二号』
（3）原田敬一「陸海軍墓地制度史」、『国立歴史民俗博物館研究報告』一〇二集、二〇〇三年
（4）JACAR：C09081210500、「八月二一日戊第四〇四号　戦死石碑文字の件　方面」伺書類　司令済之　明治一〇年七月一日～一〇年八月三一日（防衛省防衛研究所）

（堀田暁生）

コラム
墓が二つある？

旧真田山陸軍墓地には、五一〇〇基余の個人墓碑がある。この一つ一つの墓碑の調査を行ったのが国立歴史民俗博物館の調査チームである。その成果は、同館の報告集一〇二に、「墓碑銘文一覧」として報告されている。膨大な墓碑を一基ずつ、正面・右側面・左側面・裏面に刻されている文字を写

F-4-9・F-19-23にある阿部八郎の墓碑

し取り、墓碑の寸法も記録されていて、この墓地を調べるのには非常に便利である。この作業は夏の炎天下で行われたと聞いているが、作業に携わった人たちの労苦を思えば感謝の他はない。

さて、この墓碑を調査していて、同じ名前の墓碑があるのに気がついた。調べてみると、一つや二つではなく、なんと三四人分の墓碑がそれぞれ二つあることがわかった。さらに、今は墓石が全壊、あるいは名前が剝落しているものでも「埋葬人名簿」から推定できるものもあり、一、二基の増もあり得る。

兵卒の墓碑には、その形において三つのタイプ（標準型・かまぼこ型・広かまぼこ型）があるが、同じ人物の墓碑でありながら、重複している墓碑に、片方は標準型、もう一方はかまぼこ型となっているケースもある。三四基の時期的な内訳は、明治九年（一八七六）以前では〇基、西南

表 1-5-3　重複している墓碑

歴博番号	官名・勲位	姓名	死亡年月日
A-03-08 E-19-18	軍役夫	浅見又吉	明治 27.11.12
A-03-37 F-20-13	軍役夫	志野秀松	明治 10.09.09
A-16-29 E-11-22	軍役夫	前田駒吉	明治 10.09.20
B-01-18 F-39-18	二等喇叭卒	小畠多蔵	明治 10.09.23 明治 10.09.22
B-08-07 E-31-08	輜重兵輸卒	坂原徳治郎	明治 10.10
B-20-19 E-25-02	一等駅卒	後藤與之助	明治 10.10.02
B-32-22 F-30-05	兵卒	橋田梅吉	明治 10.10.11
B-37-28 F-26-05	兵卒	内田常吉	明治 12.10.28
B-38-06 F-44-10	兵卒	藤野善右衛門	明治 14.09.01
C-04-18 F-03-04	歩兵伍長	鎌田重太郎	明治 15.02.13
C-05-12 E-12-23	歩兵曹長	坂上　勧	明治 15.04.30
D-03-06 F-55-21	陸軍軍曹	南　長方	明治 18.10.25
D-03-16 F-20-04	陸軍伍長	天野豊次郎	明治 27.11.18
D-05-17 F-21-12	砲兵一等軍曹	松田宇三郎	明治 27.12.12
E-01-21 F-29-04	歩兵一等卒	白井助吉	明治 27.12.20
E-04-22 F-25-03	歩兵一等卒	瓜坂辰次郎	明治 28.02.21
E-05-02 E-26-19	后輜一等卒	木庭治平	明治 28.06.28
E-09-10 E-11-20	補助憲兵　上等兵　予歩上等兵	中田安太郎	明治 28.07.30
E-12-17 F-26-09	砲兵一等卒	豆野政次郎	明治 28.08.17 (8.8)
E-15-13 F-15-05	二等卒	篠岡鶴之助 (注①)	明治 28.08.21
E-23-21 E-24-22	看護手	山下長次郎	明治 28.08.28
E-27-09 F-02-03	歩兵一等卒	吉田和三郎	明治 28.09.02
F-04-09 F-19-23	二等兵卒	阿部八郎	明治 28.09.10
F-13-04 F-18-25	一等卒	上前藤吉	明治 28.09.23
A-03-21 A-16-47	軍役夫	川道増次郎	明治 28.10.01
F-13-09 F-37-06	兵卒	蛭澤宇治松	明治 28.10.1
F-13-16 F-20-19	歩兵一等卒	山本久次郎	明治 36.05.14
F-13-08 F-29-11	歩兵一等卒	芝中成一郎 (盛)	明治 37.01.12
F-19-24 F-56-19	一等砲卒	三林米松	明治 37.05.26
F-47-16 F-54-02	兵卒	黒田虎吉	明治 37.09.02
F-51-02 F-52-02	二等兵卒	藤島芳松	明治 37.09.10
E-03-11 E-25-12	後歩二等卒	三池茲霑 (慈)	明治 37.10.11
B-15-06 E-14-17	砲兵一等卒	白井音吉	明治 37.10.11
B-32-26 B-43-01	兵卒	伊藤卯之助 (注②)	大正 4.09.19

戦争の時期は六基、それ以後日清戦争までの時期は五基、日清戦争期は一五基、日清戦争と日露戦争の間は一基、日露戦争期は六基、大正期は一基あった。

なぜこのようなことが起きたのだろうか。陸軍のように規律の厳しいところで起きていることにも驚かせられるが、時期を問わず発生しているのも不思議である。ただ、今となっては解明の方法も見当たらないが、これも旧真田山陸軍墓地の特徴かも知れない。

（注①）篠岡鶴之助は、「埋葬人名簿」の表記、墓碑では條岡（E－15－13）、藤岡（F－15－05）となっている

（注②）伊藤卯之助は「埋葬人名簿」の表記、墓碑では伊藤亜之助（B－32－26）であり、墓碑F－43－01は剥落があるものの伊東と推定できる。さらにアジア歴史センターの史料では伊東卯之助となっている

（堀田暁生）

真田山陸軍墓地と関わった日々

一　戦時から戦後へ――子どもの目に映った陸軍墓地

私が生まれたのは昭和一二年（一九三七）のことで、今八二歳です。真田山陸軍墓地の近隣で生ま

れ育ち、今も暮らしています。

七歳のとき、戦災で家は焼け落ち、火の海の中を逃げました。昭和二〇年（一九四五）になってからは八月一四日まで爆弾が毎日のように落とされ、機銃掃射も受けました。

想い返せば終戦までの三〜四年間に町の様子は激変しておりました。五歳のとき幼稚園へは毎日平和に通えたのが、昭和一九年（一九四四）国民学校に上がる頃、町内総出で消火訓練、各戸に防火用水設置、防空壕掘りが強制され、角の家は強制疎開で壊されました。私も「鬼畜米英」をやっつけると竹槍の訓練、ゲートルを巻いて戦う気持ちになっていました。学校では教育勅語の暗唱、手旗信号も教えられましたが難しくてサッパリ意味がわかりませんでした。一年生の秋以後だったと思いますが、朝礼のとき南の方に向かって黙祷最敬礼。今想うとサイパン島の玉砕に関わっていたのかも知れません。先生の態度が厳しくなったように思いました。教室で生徒の頭を物差しで殴るのを見たことがあります、強烈なことで、先生は怖い人だと恐ろしくなりました。何か苛立っておられたのかもしれません。

終戦後、大阪は焼け野原になり、子どもたちも食料不足でいつも空腹、傷病兵や親を亡くした戦災孤児の姿は今でも目に浮かびます。

真田山陸軍墓地は幼少のおぼろ気な記憶ですが、戦争中は高いコンクリートの塀に囲まれ、門兵がいて荘厳なところでした。高官も慰霊のときは離れたところで下馬、歩いて墓参されたそうです。神社仏閣とは異なった、引き締まった感じがありました。ところが、敗戦後は草ボウボウで多くの墓石が倒れたまま。爆弾の落とされた穴や納骨堂の壁に機銃掃射で打ち込まれた穴が連なっていました。

戦争に関わるものは敬遠するのが庶民の姿だったのかもしれません。人は寄りつかず見捨てられた有様でした。

一方、私たち子どもには墓地は木々の緑が多く、トンボ・蝶々・蝉取りの楽しい場で、モズやウグイスの声も聞いたことがあります。春は桜、冬は一面真っ白な雪と四季の変化も感じさせてくれました。余談ですが東洋一といわれていた真田山プールは進駐軍が接収しており、広い青々とした水にアメリカの家族が大きな浮き袋を浮かべて楽しんでいました。それを教室の窓から見てプールの無い私たちは羨ましかった。アメリカの兵隊たちはカービン銃を肩にかけ、しかも大きな体で少し怖かったです。

二　墓地活動への関わり

敗戦後、日本は占領下で陸軍墓地の慰霊祭祀が禁じられている時代でした。まだ多くの戦災の焼け跡のある中を四天王寺の田村徳海管長が墓地に来られ、荒れた現状に心を痛められ、遺族会を中心に政・財会にも声をかけられ財団法人大阪靖国霊場維持会（現、公益財団法人真田山陸軍墓地維持会）を立ち上げられた。以来慰霊祭は毎年秋に挙行され六二回に及んでいます。

私が直接真田山陸軍墓地に関わったのは天王寺区空堀防犯支部長をしておりました当時（昭和五六年）のことです。空堀町会に集会所が無く、歳末夜警で役員の詰め所の確保に苦労し、また町内の葬式のとき隣近所に樒《しきみ》を立て並べたり、また準備接待で、近所迷惑を重ねていました。そのうちに墓地内に住んでいた番人が亡くなられ、無人になったので町会で使えないかと考えたのです。古谷町会長・私ほか六名で維持会へ行き、墓地事業に役立てるために小屋を改築して費用は町会が寄付すること、また、墓地事業に協力させていただくことを申し出ました。その結果、建物使用が空いているとき町会に使わせていただくことを承知されました。そして町会長は維持会の理事として協調することになりました。こうして、国有地であり、大阪市の管理下でもあった墓地内に、正式ではないが維持会から市へ建物の改築許可申請をしていただきました。

その後、私が町会長に任じられてからは、墓地事業に一層の協力をし、町会事業もこの集会所（維持会第二会議室）の活用で大きく進展できました。その後、維持会の名称を（財）真田山陸軍墓地維持会と改名することを維持会の理事として説明提案し、理事会で決定されました。

三　被葬者への責務を考える

私は、維持会の活動を事務局長と常に協調し熱心にやっていたのですが、やがて遺族の世代交代、旧軍人さんの減少が進み、慰霊祭の参加が最高一五〇〇人から招待を除くと一〇〇人位にまで少なくなりました。このような状況を見る中で、時代の流れのうちに毎年同じことの繰り返しで慰霊感謝するだけで良いのだろうか、何かするべきことはないのかと思い始めました。そして国はなぜ関わりを避けているのか、墓碑の下に眠る戦病死者に対する責務を考え始めたのです。ひょっとすると参列する人におかれても戦争の意味に疑問を持ち始めていたのかもしれません。このままではと、不安の想いが募ってきたのです。

そのとき国立歴史民俗博物館の調査が入り、当墓地が全国的にも、歴史的にもいかに重要な地であるかと確信させてくれました。少しのふれ合いながら歴博の当墓地の学術的調査研究を国や社会に広く知らしめたく、調査締めくくりの会で、「学者先生は調査の成果を得られ結構かと存じますが、私は今後の墓地維持を進めるためにさらなる学術的調査研究を望む」と訴えました。その結果、関西の歴史学者等を中心とする方々による「旧真田山陸軍墓地とその保存を考える会」（後ＮＰＯ法人）の創立に結びつきました。維持会においてはこの会の調査研究には最優先の協力をすることが理事会で承認され、窓口は吉岡担当となりました。

墓地や墓碑の歴史を忠実に研究していくと今まで見えてこなかった、知らなかったいろいろな事柄がわかってきます。過ちや反省するべきことが多くあります。そうした史実を熱心に明らかにし、急速に進展した調査研究は大事にするべきと空堀町会が資料展示室を設置しました。

一方、ＮＰＯ法人の活動は、その内容を各新聞社・テレビ局が取り上げてくれるようになり、現在では真田山陸軍墓地は広く知られるようになりました。中国や韓国からも取材があり、国際的にも知られるようになったと言ってよいかと存じます。見学会も、定期案内会以外多方面からの依頼にも適時対応しています。数々の大学の授業にも採用されています。ことに若い世代に知っていただくことは大変うれしく思っています。

四年前、法律が変わって一般財団法人と公益財団法人に分けられるとき維持会はぜひ公益財団法人での意向でした。主たる事業が年一回の慰霊祭執行では認可困難なので「ＮＰＯ法人旧真田山陸軍墓地とその保存を考える会」の調査研究や案内業務の実積を提供していただき、公益財団法人と認可されました。ありがたいことで、今後もぜひお互いに協力体制が維持できることを願っています。現在、真田山陸軍墓地はいろいろな宗教団体等による清掃奉仕等もあって常に清浄なところとなっています。このような協力関係ももっと広がればと願っています。

戦後七〇有余年たちました。平和な日本、戦争の悲惨、悲劇を知らない次世代に史実を大事に受けて平和が続くことを祈っております。

余録　墓地案内をして

京都の学生さん一団を納骨堂へ案内した後、どう思いますかと問いかけた。一人の学生さんが言った、「遺骨になっている人は僕と同じ年齢が多いです。この人たちは今まで学んできたことを生かし、世の中に出て活躍したかったでしょう、結婚もして家庭を持ちたかったでしょうね、それが途絶えて残念ですね、国にとっても損失ですね」と答えてくれた。よく理解してくれてうれしかった。ついでながらそれに加えて、「ここまで育ててこれからの成長を楽しみにしておった親はどんな悲しい思いをしたか察してほしい」と申し上げた。

神戸の男性の話です。「兄の遺骨を取りに来るようにと通知がきた。母と二人で受け取りに行った。白木の箱をいただいて帰宅した。夜更けに母がせめてとの思いから遺骨を見たく白木の箱を開けた。中はカラッポ……。母は狂ったように畳をたたいて大声で泣いた」。「あの母の悲しい姿は忘れられない」。「国はせめて遺骨を届けるのは責務であります。それができず魂をおとどけしましたとすり替え誤魔化されました……」。彼は、繰り返しお母さんの姿を話しました。

（吉岡　武）

高校教育と陸軍墓地と私

一　陸軍墓地と私

私は旧真田山陸軍墓地のボランティア・ガイドの一員であるが、大阪市立の高校の教員でもあった。教育現場で真田山陸軍墓地のことをいかに高校生たちに伝えようとし、何ができたか、体験から感じたことを今回書かせていただきたい。

私にとって真田山陸軍墓地は長い間休日の午前中に犬を連れて訪れる散策場所だった。その関係が変わったのが二〇一二年（平成二四）六月のこと。その日はいつも閉まっている建物の扉が開き、作業をしている人の姿が見えた。フェンス越しにのぞき込んでいると声がかかった。「見学されませんか？」と。納骨堂の悉皆調査を行う「NPO法人旧真田山陸軍墓地とその保存を考える会」の方だった。一度帰宅して近所に住む同僚と娘に声をかけて三人で改めて説明を聞くこととなった。今まで散歩の場所として親しんできた墓地の印象が一変した日である。

このころ私は教職員組合の夏季教育研修会「市立高校の教育を考えるつどい」の準備にかかっていた。このつどいでは教育における様々な問題を取り上げげ、二日間にわたって多くの人が発表や討論をする。戦争と平和を考えるパートもあり、そこで参加者たちに真田山陸軍墓地のことを知らせたいと、プログラムに墓地についての講演とフィールドワークを入れることを提案した。結果、第四八次市高教夏季教研集会の二日目の八月二六日午前中、府立高校教員ＯＢでもある保存会会員の中原充雄さんに「旧真田山陸軍墓地から何を学ぶか」という題で記念講演をお願いし、午後に現地のフィールドワークを実施することとなった。ガイドは大阪市立天王寺商業高校出身のよしみで会員の中下秀夫さんがとりわけがんばってくださり、多数の参加者から好評を得た。

次は、生徒にも知らせたいと、一一月二日三日私の勤務する大阪ビジネスフロンティア高校の文化祭で「旧真田山陸軍墓地を知っていますか？」という展示を行った。墓地の集会所にある展示室のパネルや墓碑の模型を貸していただけたので、視覚的にもリアルになり、生徒や保護者の方々の反応が良かった。

一一月二五日、天商同窓会の女性部に講演を頼まれ「旧真田山陸軍墓地を知っていますか？」という講演を行った。二〇数名の参加者は熱心で質問も多かった。

二〇一五年度、私は学校内の人権教育の主担となり、全校生徒対象の人権講演会の企画をすることになった。陸軍墓地の存在を高校生に知らせるよい機会と考え、「ＮＰＯ法人旧真田山陸軍墓地とその保存を考える会」の小田康徳理事長に相談したところ、自ら講演をしてくださることとなった。事前指導として一〇月一日二日の文化祭で展示を行った後、一〇月二八日のロングホームルームの時間帯に「旧真田山陸軍墓地からわかること」という題で講演をしていただいた。

当日は一〇〇〇人近くの生徒が体育館に集まった。まず「ＮＰＯ法人旧真田山陸軍墓地とその保存を考える会」作成のＤＶＤで墓地の全容を示してから、陸軍創設と徴兵制度、西南戦争から語り起こし、墓地の概略、墓碑の刻字からわかること、遺産としての重要性や墓地が現在置かれている状況などが語られた。原稿用紙を配り感想文をその日の宿題にした。後日集まってきた感想文を読み私は驚いた。講演を生徒たちが熱心に聴き、非常によく理解していたのがわかったからである。自分たちの生活圏近くにこの墓地があることに対してはほとんど全員が一様に驚きを示し、かつ知らなかったことに対して自らの無知を恥じていた。また、歴史の過ちを繰り返さないという強い決意や現在の政治に対する疑問や意見を率直に述べていた。生徒たちが興味を持って聴いたことを実感した私は自分の次なる課題としてフィールドワークを考えた。

二〇一六年（平成二八）二月大阪市立都島工業高校のＰＴＡ対象の人権学習会で、小田理事長が「旧真田山陸軍墓地からわかること」という題で講演をされた。かつての同僚山中みどりさんが人権教育の主担というご縁から紹介の労をとった。

これが高校教育に携わった私の最後の五年間でなし得たささやかなことの記録である。今私は教育現場を離れてしまっているのでいささか古くはなるが、二〇一五年の大阪ビジネスフロンティア高校での小田さんの講演についての報告と生徒の感想の抜粋を二〇一六年四月の会報に載せていただいており、その生徒の感想部分を次に再録させていただきたい。当時高校生だった子どもたちの思いを垣間見ることができ、おそらくそれは今もあまり変わっていないのではないかと思うからである。

二　生徒の感想より

〈身近な場所にあることへの驚き〉

「今回実感したことは、今自分が住んでいる場所でもたくさんの人が戦争で命を落としていたということです。平和学習や授業を通して戦争の話を聞く機会は何度かありましたが、自分の住んでいる土地の歴史についてはほとんど無知でした」（二年女子）

「墓がこんなにあるということは、それだけの人が戦争によって死んだということで、さらに大阪城の周りの広大な場所が、昔はそのすべてが軍需工場だったことを聞き、戦時の壮絶さを新たな面から知ることができました」（三年女子）

「まず身近にこのような大規模な墓地があることに驚き、墓石に刻まれた文字が私たちを当時の日本に導いてくれることを知りました。墓の中で眠る人は、どこの人でどのような地位にいたのか、なぜ亡くなったのかなどということが刻まれていました。それは現在の私たちの暮らしからは想像することができない厳しさを感じさせるものでした。その大切な文化財が失われつつあることは悲嘆に堪えません」（三年男子）

〈死者の年齢（若き死）〉

「二十代で亡くなった兵士の名も刻まれていて、今では考えられない。それが当時は普通のことだったのだと思うと悲しい気持ちになった。戦争についての話をもっと沢山聞きたい。これからはもっと戦争や日本の歴史についての研修会を行って欲しいです」（一年女子）

「亡くなった人たちの年齢を見てショックを受けました。わずか二四歳にして死んだ人や死因がわからない人など、今では有り得ないことです。他にも沢山の殺された人たちに心が痛みました。それぞれに家族がいたのに」（三年男子）

「亡くなられた人は二〇代、三〇代が多く、今ならこれからが人生本番という時期、未練や恐怖は計り知れないものだったろうと思いました」（三年女子）

〈違った視点での学び、新たな気づき〉

「墓地だけにスポットライトを当てた勉強は初めてでした。違った視点から戦争という大きなモノを見ると、感じることもまた違うんだなと思いました」（三年女子）

「小田さんの『埋葬されている人の数に驚くのではなくて、その人の立場になって考えることが大切だ』という言葉で、埋葬されている人や、その家族のことを考えると胸が痛みました」（三年女子）

「戦死した人だけでなく、病気や訓練中の事故で亡くなった人も埋葬されていることを知りました。戦地へ行った人だけが犠牲になったのではなく、その時代の状況の中で亡くなった人たちも戦争の犠牲者に変わりはないと思いました」（三年女子）

「兵士たちの死のあり方に陸軍というものの歴史が見えてくると思いました。」（三年女子）

「教科書には載っておらず、授業でも習わないけれど、歴史の中で命をかけて戦ったたくさんの人がいたのだと思いました」（三年女子）

「今回のような研修は戦争を知らない私たちが唯一目視できる戦争の凄惨さではないかと思います。授業とはまた違った視点でお話を聞くことができました。徴兵制度のあった時代の波に呑まれて、泡のように消えていった命を思います」（三年女子）

〈徴兵制度についての学び〉

「徴兵制度とは、訓練・待機・動員・戦争、いずれのときにも国に生身を捧げること。小田先生は何度も『生身』という言葉を口にされた。ここに戦争の怖さを感じた」（三年男子）

「今まで以上に戦争に対して嫌悪感が湧きました。徴兵制度に拒否権はなく、完全に人権を無視した最低の制度だと思います。戦争の話を聞いていつも思うことは、どの国も本当に倒すべき敵は敵国ではなくて、自分自身は安全な場所にいて、国民の声も聴かず、勝手に戦争を決め、指示だけを下すような国のトップではないかということです。各国の指導者が武力に頼ることなく、しっかりした話し合いができていたのであれば、戦争によってこれほど多くの命が失われることはなかっただろうにと思いました」（三年女子）

「徴兵制度について深く考えさせられました。家族が徴兵される人の気持ちに自分を置き換えて考えてみると心が痛みました。命を捧げてくださった方々がいるからこそ、今の私たちの暮らしがあるのだと思いました。戦後七〇年たった今でも、私たちが考えていくべき課題がたくさんあると思いました」（三年女子）

〈なぜ（問いかけ）〉

「感じたのは、なぜこのような歴史のある場所があまり管理されず、激しく傷んでいっているのかということです。国や行政がさらに動き、守っていかなければならないと考えます」（三年女子）

「私はビデオを見ていて、悲しくなってしまいました。どうして人は人を殺せるのかと。同じ人間

同士なのになぜ争い合わないといけなかったのか、この墓地はそのことを語っているように思えました」（三年女子）

「小学生の頃から平和学習といってたくさん戦争のことを学んできました。戦争は二度とやってはいけないことなんだと教えられてきました。今回の講演会でもそのことを一生懸命伝えてくださいました。でも日本政府はなぜ子どもたちに戦争はダメと伝えているのに安保法案を通してしまったのでしょうか。戦後から今の日本で結局は考えが変わっていなかったってことになると思います。今回のお話を聞いて悲しくなりました。伝えようとしてくれている方がこのようにたくさんいるのになぜこんな世の中になってしまうんでしょうか」（一年女子）

〈自分たちの義務・課題・責任として〉

「日本人にはいつ戦争に巻き込まれるかわからないという危機感がありません。だから戦争について学ばなければなりません。この先の子どもたちに戦争の恐ろしさとともに真田山陸軍墓地のことを伝えていかなければならないと思いました」（一年男子）

「小田さんの話を聞いて、一番大切なことは、こういう墓地とかを『もう昔のことやし、いいやん』とか思わないで大切に守り続けること。そして、戦争を再びしてはダメということを戦争を知らない世代へ伝えていくことだと思いました。実際戦争を経験したことがない私たちが、今戦争を再びするのは絶対にダメと思えるのも、こういった墓地などがきちんと残っていて、そこに当時の情報がたくさん示されていて、それを学んでいるからだと思うのです」（一年女子）

「戦死した人々の上に私たちがいるということを小田先生が伝えてくださったということは私たちにさらに後世に伝えて欲しいのだと思いました。世界的に情勢が不安定な今だからこそ二度と戦争の惨禍が起こらないように後世に伝えることが私たちの義務であると思いました」（三年男子）

「戦争を体験した人が少なくなってきている。いずれはその人たちもいなくなり、次は私たちが伝えていかなければならない。今回の研修会はそのような責任を感じさせてくれるものでした」（三年男子）

三　今考えること

会報四六号の自分の文章の最後に「多くの子が墓地を訪れたいという言葉で感想を結んでいました。次はフィールドワークです。企画するのは私の責任です」と書いた私であるが、その後、小人数での墓地案内は行ったものの、学校挙げての活動にすることはできなかった。ゆとり教育も終焉を告げ、授業優先、行事縮小の声が高まる中、平和教育・人権教育としてフィールドワークを年間行事に新たに入れる余地がなかったのが私の所属していた教育現場の実態であった。

退職を迎えてしまった今無所属の立場で私がこれから真田山陸軍墓地でどんな活動ができるかと思うとき考えることがある。

それは「真田山陸軍墓地の記憶の劇場化」である。「記憶の劇場」という言葉は私のものではない。今年私は大阪大学総合博物館主催の「記憶の劇場Ⅲ――大学博物館における文化芸術ファシリテーター育成プログラム」に参加しており、そこからの借用である。

エコ・ミュージアムというエコロジー（生態学）とミュージアム（博物館）をつなぎ合わせた新しい概念の造語があるが、その対象は、現在は存在しない記憶までをも含みつつ、ある地域そのものであり、場所はフィールドを活用し、その地をそのまま保存し、新たな箱物はつくらない。主体は、地域内外の住民であり、利用者もまた同じ、主役はあくまでも住民であること。専門家の学芸員ではなくファシリテーター（促進者）がいて住民の集団活動の支援を行うのである。「真田山陸軍墓地の記憶の劇場化」とは「真田山陸軍墓地のエコ・ミュージアム化」と言ってもよいかもしれない。まだ学びの途中であるが、年度終わりまでには、何かプランが考えられるまでになればよいと願っている。

こう考えるようになったのも、墓地案内をするようになって以来次第に人格を感じる墓碑ができてきたからである。真田山陸軍墓地の特徴の一つとして、墓碑の側面に彫られている文面に被埋葬者の出自、享年ばかりか死因、死に至る経緯まで詳しく書かれているものが多い。たとえばFゾーンにある陸軍歩兵一等卒池田伊太郎の墓碑銘には、彼は日清戦争中、大阪俘虜収容所で衛兵態度を上官に咎められ、遺書をしたためた後、銃口を喉に当て発砲し自殺したとある。初めて読んだときなんと気の弱いことかと思ったし、彼を追いつめた軍隊の機構について考えずにいられなかった。またこの碑文の筆者と伊太郎の関係は何なのだろうとも思った。わずか数行の漢文の碑文に書いた人の哀惜の念が伝わって来て、様々なことが想像されたのである。

埋葬地であり、お参りに来られる遺族もおられる中、墓地のエコ・ミュージアム化とは不謹慎に感じられる向きもあるかもしれない。しかし、私は真田山陸軍墓地の歴史的な経緯を知れば知るほど、ここにおける供養は一律に、たとえば一定の宗派の宗教的な儀式によって行われるものであってはならず個々に悼まれるべきであると思うようになった。もし家族や関係者をつなぐものがあるとすればそれは決して思想や主義であってはならない。

一基の墓碑にひとりの生きた人生の記憶が眠る。真田山陸軍墓地はまさに墓碑の数だけあるおびただしい兵士たちの「記憶の劇場」と言えるだろう。劇場の舞台で役者たちが自在に動くように、兵士たちの記憶を動き出させることができないか、今私はそんなことを考えている。

（岡田祥子）

新しい「供養」を考える
——『イン・リポーズ』によるオーストラリアの日本人墓地での例を参考に

一　戦死とはなにか、どのように弔うべきか

本稿では、オーストラリアの日本人墓地での供養例を参考に、旧真田山陸軍墓地での新しい供養のあり方を考える。

供養には、個人が故人を悼む私的な供養がある一方で、地域や国家などが主体となり行う公的な供養がある。後者の場合、儀式遂行が死者の供養を通しての共同体の再規定や結束強化につながり得る

が、国家機関の一部として創立した真田山陸軍墓地は、後者の供養が行われる場であった。現在の日本には陸軍の名こそないものの機能自体は存在し、国際関係も十五年戦争のひずみの上に成立している。当墓地で供養が行われる場合には、その主体や意図に最大限の注意が払われるべきだと考える。

真田山陸軍墓地の供養のあり方は、時代によって異なっていた。その変遷は、二〇〇三年（平成一五）三月に刊行された『国立歴史民俗博物館研究報告』第一〇二集掲載の横山篤夫「旧真田山陸軍墓地変遷史」に詳しい。一八七〇年以降二〇〇二年までの墓地の変遷を辿る学術論文だが、読み通すと、国家情勢を背景にした祭祀と埋葬の関係性の変動が浮かび上がる。

まず、創設時は埋葬地と共に祭魂社が設置されて招魂祭が催されたが、やがて両者は分離し埋葬地となる。しかし十五年戦争の頃には再び儀式の場とされ、戦争協力を誓う場に利用される。敗戦後は社会一般で戦没者追悼を巡り「死者を護国の英霊とし顕彰する契機」とするか「無謀な戦争を反省する契機」とするかで分岐が生じる。その状況を背景に、大阪靖国霊場維持会の天野理事長らの個人的な歴史観・主張のもと、墓地での慰霊は前者「死者を護国の英霊とし顕彰する契機」の色を濃くしていく……。このように客観的に歴史を追いつつ、横山は日本の戦争責任論のあり方と関連付けて今後の課題を提示する。

横山は、戦没者追悼を巡る分岐を書いた節で、赤澤史郎の「戦後日本の戦争責任論の動向」（『立命館法学』立命館大学法学会、第一七四号、二〇〇一年、一三八頁）から、世界各国では戦後国民間で共有可能な「記憶の共同体」が形成された一方で、日本では未形成のまま、戦争の記憶を巡る分裂と対立が論争の主題として存在する、という一節を引用した。そして、霊場維持会の天野理事長以降の慰霊に

「記憶の共同体」をつくる方向での配慮が欠如する点を指摘し、「同時に霊場維持会の立場や主張を批判する側からも、多数の死者を、長年にわたって祀っている旧真田山陸軍墓地に対して『記憶の共同体』をつくる主張や努力が無かった」（横山篤夫「旧真田山陸軍墓地変遷史」『国立歴史民俗博物館研究報告』国立歴史民俗博物館、第一〇二集、二〇〇三年、八三頁）と、天野の対立勢側の問題点も指摘する。最後に、今後は遺族団体や霊場維持会等諸団体、地域の人々や研究者が協力して戦争に関する文化財保存の方針を考え、「記憶の共同体」の形成の努力をする必要性を示唆して論を終える。

「記憶の共同体」の形成の努力には、たとえば毎月第四日曜に行われる「NPO法人旧真田山陸軍墓地とその保存を考える会」の会員による墓地案内や、同法人が定期的に開催する研究会での学術的議論等の活動や、本稿が収録されている当書籍のような出版物の刊行が含まれるであろう。そして、今から紹介するような概念と、その概念に当てはまるような供養の実施もまた、「記憶の共同体」形成の一助となるように思われる。

二　文化を織り合わせ、「共に弔う」試み

二〇一四年（平成二六）に刊行された論集 *The Politics of Interweaving Performance Cultures; Beyond Postcolonialism*（織り合わせる上演文化の政治性：ポストコロニアリズムを越えて）にジャクリーン・ローの「Dancing for the Dead（死者のための踊り）」が収録されている。論集はエリカ・フィッシャーリヒテが提唱した概念「インターウイーヴィング（Interweaving：織り合わせ）」を巡り、一二人の研究者が事例論考を寄稿したものである。インターウイーヴィングとは、多くの繊維が捻合わせられて一本の糸

になり、その糸が織られて布になるように、文化を捻合わせて新しい差異を創造する行為を指す。布は未完成でも、思わぬ結び目や綻びが含まれていても良いという。(1) 文化的強者と文化的弱者が交流する際に、文化搾取なしに交流することを目的につくられた概念であり、論集では異文化間の上演実践が取り上げられている。その一例として、ジャクリーン・ローはオーストラリアの日本人墓地で行われたアート企画「イン・リポーズ（In Repose：安息の中に）」を取り上げた。

イン・リポーズとはシドニーを拠点に活動する写真家・金森マユが二〇〇六年に始めたアート企画で、ダンサーの浅野和歌子、サウンド・アーティストのヴィック・マキュワン、琴奏者の小田村さつきなど複数の分野の芸術家と共に、オーストラリア各地の日本人墓地にまつわる作品を創作するサイト・スペシフィックな企画である。(2) 彼女たちは、明治期から真珠貝採取に携わった日本人移民が眠る木曜島やブルームの墓地、さとうきび産業に携わった日本人移民が眠るタウンズビルの墓地、太平洋戦争時の日本人捕虜収容所での死者が眠るカウラ日本人墓地などの様々な歴史を背景に持つ墓地で、白豪主義政策や戦争など様々な要因で忘却された移民の魂を呼び戻し、その土地の現在の住民たちと共に供養する。

ジャクリーン・ローは、イン・リポーズの行う供養が日本の文化慣習の再現ではない点が重要であると指摘する。そして彼女たちの供養は、日本の土地や歴史的文脈から切り離された移民が、オーストラリアに受容されるための創造的行為であるとする。(3) さらにそれを現地の人々と共に行うことで、先住民や在オーストラリア日本人たち自身の身体的記憶の中に、日本移民の存在を「再埋葬」しているのだという。(4) ローはまた、ピエール・ノラの論を援用して移民の生きた痕跡を「記憶の環境」とし、彼らが「記憶の場」である墓地に埋葬されることで公式の記憶の中に組み込まれてきたと述べる。すなわちイン・リポーズは単なる供養ではなく、公式の記憶の中から移民の記憶を掬い出し、現在のオーストラリア在住の人々の身体の記憶とインターウイーヴィングし、新たな何かを生み出す試みなのである。

三　権威的な国史ではない、動態的な「記憶の共同体」の構築を

横山もまた、軍人墓地の始まりを「家や村といった生活空間とは異なる巨大な組織に青年たちが組み込まれていった。そのため、平時、戦時の病死者、事故死者、戦死者、戦病死者を軍隊の単位で埋葬する空間が必要になった」（横山篤夫、前掲書、一七頁）と説明する。青年たちは、彼らの祖先とのつながりや故郷の土地、文化的背景から切り離されて、記憶の場である軍人墓地に埋葬され、国史に組み込まれてきた。この書籍の第一部で行っているような各墓碑の詳読は、その国史から彼らを個人として解き放つ試みであるが、その試みはやはり歴史や言葉を媒介にして行われるものである。横山が言う「記憶の共同体」も固化すれば権威的な国史となり得る。共同体とは、動態的である必要があるのではないだろうか。また、真田山陸軍墓地には少ないながらも清国兵もドイツ兵も眠る。彼らの鎮魂は、たとえば現在遺族会が行っているような日蓮宗の法要の中でどう意識され、表現されているのだろうか。彼らの個々の記憶を、戦争の記憶や敗戦後の記憶と共に呼び起こし、現在の人間の記憶の中に再埋葬するイン・リポーズのようなインターウイーヴィングを行うことで、彼らを供養しつつ、平和な未来の創造へとつながる「記憶の共同体」を動態的に形成することができるのではないだろ

うか。

（1）Erika Fisher-Lichite, Introduction, *The Politics of Interweaving performance Cultures; Beyond Postcolonialism*, Routlege, 2014, p.11.

（2）二〇〇六年の公演は、Australian Music Center のホームページに情報が掲載されている。https://www.australianmusiccentre.com.au/work/whiticker-michael-in-repose（二〇一八年八月二九日最終閲覧）二〇〇七年以降の上演履歴等詳細は金森の旧ホームページで確認できる。http://mayu.com.au/folio/inrepose/index.html（二〇一八年八月二九日最終閲覧）最新の金森の情報は新しいホームページを参照。http://mayu.com.au/ ホーム /（二〇一八年八月二九日最終閲覧）また、日本では二〇〇六年八月二日にアサヒ・アートスクエアで金森らによるプレゼンテーションがあった他、二〇一〇年四月一日から五月一四日まで、ジャパンファウンデーションギャラリーで写真展示とパフォーマンスが行われた。二〇〇八年の木曜島でのパフォーマンスは Youtube で観ることができる。http://www.youtube.com/watch?v=yPVl4QvSwXY（二〇一八年八月二九日最終閲覧）

（3）Jacqueline Lo, Dancing for the Dead, *The Politics of Interweaving performance Cultures; Beyond Postcolonialism*, Routlege, 2014, p.123.

（4）Jacqueline Lo, ibid, p.126.

（岡田蕗子）

台風二一号の惨禍と保存への道

一　激烈だった台風二一号

二〇一八年（平成三〇）九月四日正午頃に徳島県南部に上陸した台風二一号は、真っ直ぐ北上し、一四時には神戸市付近に上陸、近畿を縦断し、一五時には日本海に抜けるという韋駄天台風であった。戦後、大阪にはジェーン台風や第二室戸台風が襲来し大きな被害を受けたが、旧真田山陸軍墓地では被害がほとんど出なかったという。しかし、台風二一号はここに大きな被害の爪痕を残した。

九月五日、台風の翌日、墓地が大変なことになっているという情報を得て、「ＮＰＯ法人旧真田山陸軍墓地とその保存を考える会」（以下「保存を考える会」）では状況を確認するため、会員二人が墓地に赴いた。墓地は木立に囲まれた中にあるが、その木立が惨憺たる有様になっていた。大きな木は幹が裂け、あるいは根こそぎ倒れたり、途中で折れたりしていた。木の枝が引きちぎられて散乱し、それが墓石に大きな被害を与えていた。

九月五日に確認したのは墓地内約一七カ所であった。実際に墓石の近くまで行って確認できないケースが多々あったが、それでも概況だけは把握することができた。

入り口近くのＡゾーンでは、少し低い位置にあるためか、墓碑列に数カ所、倒れた木がかぶさっている程度だった。

Bゾーンは、もともと木立の多い場所であったので、全体的に被害が大きく見えた。墓碑の上にかぶさる倒木や枝のため、墓碑の状況を視認できないところや、堆積する枝で足を踏み入れる場所もないところもあった。特に、Bゾーンの中心付近には連なって立っていた大きな木の幹が裂け、あるいは枝が折れ散っていて、その付近が墓碑の被害も多くあるように感じられた。

Fゾーンは、Bゾーンほど木立が多くないせいか見た目には被害が少ないように見えた。とはいえ、墓碑列の中に倒木が倒れ込んでいる所があったり、枝で墓石が払われたりしたようなところも見受けられた。

納骨堂の東側Eゾーンでは、西側納骨堂に近いところが特に被害が大きく、楠の折れた枝がその付近に集中して落ちており、墓石が倒れている状況が見て取れた。C・Dゾーンもよく似た状況であった、ここでは倒木のため、近くにあった電柱も倒れており、その影響で墓石も被害を受けていた。Gゾーンでは、目立つ被害は一基だけで、G11－05歩兵大尉上森英夫の墓石の台座の上部分が地上に落下していた。

九月六日「保存を考える会」では、この状況報告を踏まえ、旧真田山陸軍墓地を管理している大阪市建設局管財課を訪問し、被災からの復旧作業について「これ以上の墓碑の破壊を避け、かつ元通りの状態に戻すことを基本目標として、そのためのいろんな配慮が兼ね備わる必要があります」とした上で、破壊状況の記録作成を行うこと、本体から落ちて剝がれた破片等にも注意することなど五点にわたって基本的な注意事項を申し入れた。

一方、「公益財団法人真田山陸軍墓地維持会」が一〇月二七日の慰霊祭を前にボランティアを募り墓地の復旧工事を実施しようとしていることを聞いたので、九月一四日、復旧工事が簡単なことではないこと、専門家の協力が必要なこと、「保存を考える会」はそのために協力できることを申し入れ、さらに二三日「保存を考える会」の理事会の日にさらに破壊状況について詳細調査を実施する予定であることを付け加えておいた。「保存を考える会」としては、墓碑の原状への回復を第一とし、そのためには細心の注意が必要なこと、また、今後のために復旧に関する記録を残しておくべきことを重視したためであった。

二　被害状況の概要

九月二三日、予定通り改めて六名の会員が実地調査を行った。この日までに、大阪市の担当部局が墓地内の倒木や飛散していた枝の撤去を行い、また危険であると判断された立木の伐採を行っていたので、墓地は九月五日の光景とは全く違い、遠くからは台風前の状況と違わないように見えた。しかも、多くの立木が伐採されていたため、空が大きく見え、明るいようにも感じた。

作業は三人ずつ、A・B・Fゾーンを調査するチームと、C・D・E・Gゾーンを調査するチームと二班に分かれて行った。被害のあった墓石の状況確認および写真による記録作業である。約二時間半かけて行った結果、Fゾーンを中心に台風以前に剝がれ落ちていた墓碑の存在も発見できたが、それも含めると、九七基の墓石に被害もしくは影響のあったことが確認できた。被害がないと思われていた野田村の墓碑列（Hゾーン）にも一基が倒れているのを確認した。

ゾーン別の被害状況は、Aゾーン五基、Bゾーン二八基、Cゾーン四基、Dゾーン二五基、Eゾーン一二基、Fゾーン一八基、Gゾーン四基、Hゾーン一基で、合計九七基である。

また、確認できた被害の形状および被害墓碑数は、次の通りである。被害状況が重複している事例があり、合計は一〇四件となる。

①墓碑が根元から倒壊。三四件

ゾーン別内訳は、Aゾーンに四件、Bゾーンに一三件、Cゾーンに一件、Dゾーンに九件、Eゾーンに四件、Fゾーンに二件、Hゾーンに一件。このうち二基は台風以前に倒壊していたことが明白。二基は、倒れたときにバラバラとなっていた。また二基は土台にずれが生じていた。単純に根元の固着料が剥がれて倒れていたのは二八基である。

②墓石のずれ（墓碑の角度が変化）。一二件

ゾーン別内訳は、Bゾーンに五件、Dゾーンに四件、Eゾーンに一件、Gゾーンに二件。このうち一件は墓石の途中で折れ、また二件は土台のずれで、墓石自体は倒壊していた。

③墓碑の折れ（墓碑が途中で折れて落下）。三三件

ゾーン別内訳は、Aゾーンに一件、Bゾーンに九件、Cゾーンに二件、Dゾーンに一三件、Eゾーンに五件、Fゾーンに三件。このうち破片も生じていたのは四件。墓石のずれを伴っていたのは一件。墓石が途中で折れている原因としては、折れの位置、形状から判断して過去の修復工事にセメントを利用していたことと関係があるものと思われる。

④墓碑の表面が剝離（破片は一面に散乱）。一二一件

ゾーン別内訳は、Bゾーンに一基、Cゾーンに一基、Dゾーンに三基、Eゾーンに四基、Fゾーンに一二基。このうち、四基は墓石の折れに伴ったと考えられる。また、Fゾーンの一二基は、すべて本体墓石はそのままの形で立っていたが、碑面のみが剝がれ落ちているもので、おそらく台風以前に風化が進行していたものと思われる。また、これらのうちには枝の小片や雑草のため、見えないものもあり、誤って踏みつける可能性も高い。

⑤その他（墓碑の上部落下一件、その他三件）

以上が二回にわたった調査の概要である。被害を受けた墓碑の復元は簡単なものでないことが判明した。おそらくは、さらにきちんとした被災状況の記録を取り、それをもとに専門家および墓石業者を交えて復元方針を定め、実施に移していくことが大事なところとなるであろう。

三　墓地保存への道

調査を通じて、再認識させられたのは、墓地管理の複雑さである。国の所有で、大阪市が管理を任されているものの、現状が変わった場合には市の負担で補修するという取り決めの不自然さがネックになっている。祭祀行事は「公益財団法人真田山陸軍墓地維持会」に任されているが、これとて墓地管理との関係は明確でない。大阪市は管理を国から押しつけられているのであり、本来は国が歴史的にも重要な意味を持つものとして史跡に指定すべきであり、国が主体となって管理運営すべきものだと改めて感じた次第である。

結論的にいえば、本来国が管理運営すべきことを、自治体に押しつけてきたために、墓地の簡易な清掃や枝払いなどは自治体が行っても、大がかりな墓地の景観の維持や、墓石の修復は自治体の手にあまり、放置されてきたのが今日の事態を招いたのではないだろうか。

「考える会」の発足の端緒は、国が積極的に関わっていないことに、当時の維持会の役員が危機感を抱いたことにある。そこで数人の研究者に墓地の歴史的意義を明らかにしてほしいと依頼し、そこから研究者・市民を巻き込んだ「保存を考える会」が生まれ、数々の業績を積み上げて現在に至っている。「考える会」は発足当初から、痛みの激しい墓石の保存・修理、納骨堂の修復について、国・府・市へ要望書を提出し、開設以来一四〇年余を経た陸軍墓地において、墓碑の劣化が進行し、墓碑に刻された碑文が消滅していくことは、国民共通の財産である歴史的文化的財産の喪失になると訴えてきた。単に訴えるだけでなく、墓地の研究も怠りなく継続し、会報・年報などを随時刊行し、啓蒙活動の一環として研究会を年数回開催し、ここには市民も参加して情報を共有してきている。

この「保存を考える会」が望んでいることは、墓地を文化財として認め、史跡として指定し、恒常的な展示施設を伴う研究施設を併設するような形をつくることである。これらの対策が、今までに取られていれば、今回の台風被害の幾分かは緩和されていたのではないかと思われる。

（堀田暁生・小田康徳）

あとがき

編集が終ったいま感じること。それは、よくもまあこれだけの数の論考を揃えられたなあという驚きと安堵感。しかし、同時に、まだもっと書くべき人、取りあげるべき事柄が残っているなあ、という取り残し感もある。

本書は、二〇〇六年に公刊した小田康徳・横山篤夫・堀田暁生・西川寿勝編著『陸軍墓地がかたる日本の戦争』（ミネルヴァ書房）に次ぐものである。前著が大きい視点から旧陸軍墓地を論じ、その概要を認識しようと努めたのに対し、本書は視点を一つひとつの墓標に絞って旧真田山陸軍墓地ひいては全国の旧陸軍墓地全体の性格解明に資していこうとする。本書に掲載された諸論考は、個別の墓標に取り組み、執筆者それぞれ独自の視点で問題に迫っているが、それが期せずして旧陸軍墓地とそれを取り巻く敗戦以前の社会および国民意識の多面性と複合性をあぶりだすこととなっているのである。旧陸軍墓地に対するこの間十数年にわたるわれわれの認識の歩みが読み取れるのではなかろうか。

ちょっと思い出を語らせていただきたい。二〇一三年八月から一一月にかけてＮＨＫが『ファミリーヒストリー』という番組作りで落語家桂文枝さんの御父上を取り上げたとき、秋の深まる納骨堂内で案内するわたくしを傍らにして、小さなその遺骨を骨壺の中に確認された師匠は、頭を骨壺に押し付けて号泣された。また、同年納骨堂調査が完成した後、それが全国紙の記事になったのをご覧になった多くの方々から肉親の遺骨の所在について問い合わせが相次いだ。わたくしは、戦争はまだ終わってないのだと思った。

これらのことを思い出すたび、わたくしは、旧真田山陸軍墓地には近代日本の軍隊そして戦争というものの重荷を一身に受け亡くなっていった人びとの生への思いに心が震え、この墓地を生み出し運用していった旧陸軍のしてきたこととの重大性に心は暗然とした。一つひとつの墓碑や小さな骨壺の姿は、小さいながらもその全身をかけて、陸軍・戦争そして多くの軍人の死がもつ意味の全体的・総合的な解明を後世のわれわれに訴えかけているのではないかと思う。

われわれは、いま、このような形で一冊の本を作ることができた。わたくしは、もう一度すべてに目を通し、旧陸軍とそれが主導した日本の戦争の中でともかくも生きていこうとして、ついに叶わなかった多くの人びとの短い生涯を考えていきたい。また、これら一人ひとりの生についての論考を通して、彼らの死を招いた旧陸軍と戦争のことを振り返ってみたい。生きているわれわれは、この墓地から何を学ぶべきなのか、何を知るべきなのか。思考停止に陥らず、考えていこうと思う。

本書が成るに当たっては、直接間接、多くの人びとや団体のお世話になっている。特にお名前を挙げるならば、〈公益財団法人真田山陸軍墓地維持会〉には、長年にわたってわれわれ執筆者が所属する〈NPO法人旧真田山陸軍墓地とその保存を考える会〉の活動を物心両面にわたって支えていただいた。同会の助成もあり刊行を続ける『旧真田山陸軍墓地研究年報』も今年ですでに第六号を数えるに至っている。

また、大阪に中心を有する大阪歴史学会と大阪歴史科学協議会、さらには東京に本部を持つ地方史研究協議会、その他多くの歴史系の学会その他の研究団体には、それぞれ時宜にかなった時期において本書執筆者らの論考等の掲載をお許しいただいた。個々の執筆者はこのような支えもあり、問題点を見出して研究を進めてきたのである。なお、今回種々の事情に妨げられて論考を寄せられなかった会員の方々が多数存在し、旧真田山陸軍墓地を文化財に指定し、その保存を実現させるために力を注いでいることも、蛇足ながらこの機会に表明しておきたい。

本書出版にあたっては阿吽社社長小笠原正仁氏から熱心なご支援のみならず、論点の絞り方において貴重なアドバイスもいただいた。また、本書の全体構成、組版づくり、またこまごまとした文字の見直し等については編集者である大槻武志氏のお世話になった。それぞれ、お名前を記して感謝の意を表しておきたい。

二〇一九年一〇月

小田康徳

付録　旧真田山陸軍墓地を知るための基礎資料

1　旧真田山陸軍墓地の俯瞰図

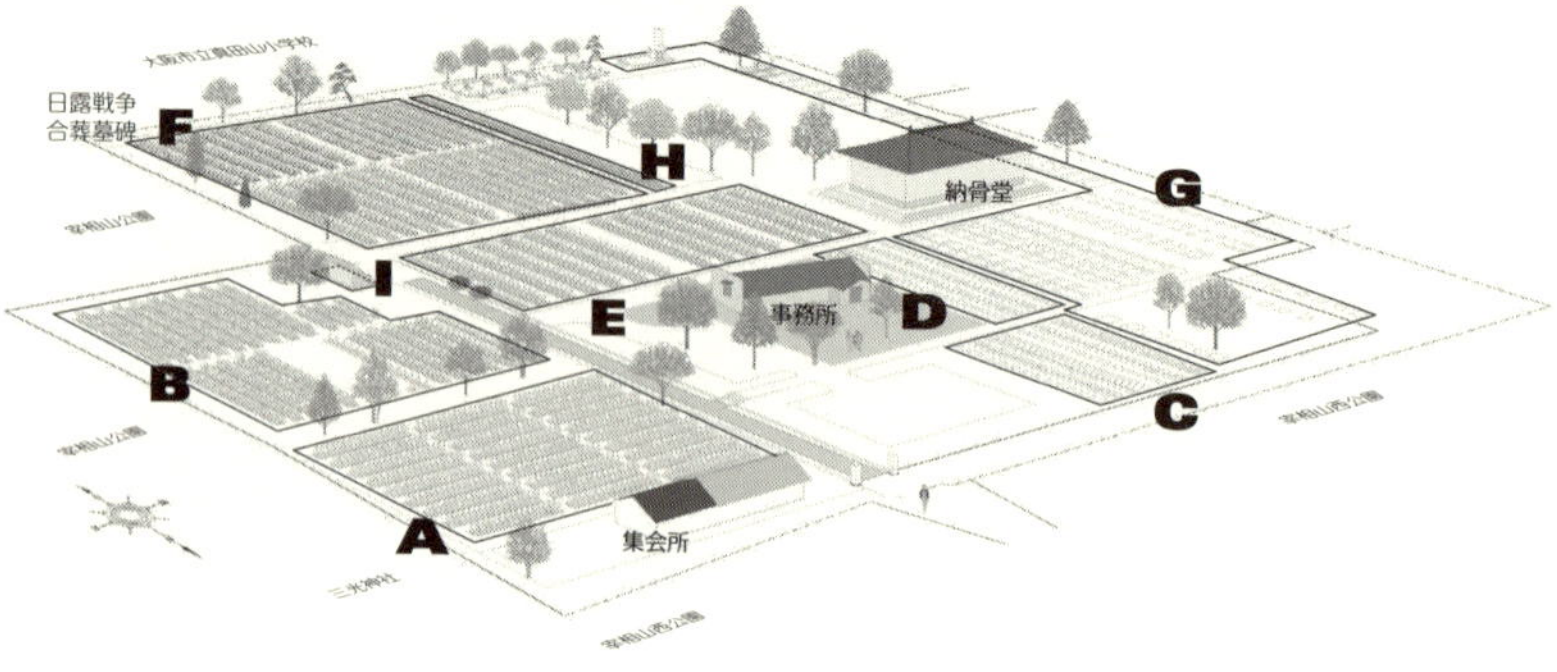

2　年次別に見た個人墓碑の建立一覧

西暦（年号）	墓碑数	累計	注　記
1870（明3）	1		墓地にある最初の埋葬者
1871（明4）	14		
1872（明5）	51		
1873（明6）	40		下士官兵卒埋葬一般法則（※遺体引き渡し不能の場合埋葬地に埋葬）
1874（明7）	68		
1875（明8）	43		
1876（明9）	42	259	
1877（明10）	976	1235	西南戦争に関わる死没者の埋葬。コレラ感染死者も
1878（明11）	117		
1879（明12）	94		
1880（明13）	74		
1881（明14）	85		
1882（明15）	95		
1883（明16）	78		
1884（明17）	63		麦食開始、脚気による死者の減少
1885（明18）	43		
1886（明19）	47		
1887（明20）	21	1952	
1888（明21）	28		
1889（明22）	28		
1890（明23）	17		
1891（明24）	51		
1892（明25）	13		
1893（明26）	20	2109	
1894（明27）	101		日清戦争　戦時陸軍埋葬規則（※戦場で火葬・埋葬ができることとなる）
1895（明28）	1681	3891	日清戦争　この年、第4師団の大陸および台湾等への動員
1896（明29）	37		
1897（明30）	35		陸軍埋葬規則（※戦地で死亡、火葬されても、後必ず陸軍墓地に改葬）
1898（明31）	22		

1899(明32)	14		
1900(明33)	11		
1901(明34)	11		
1902(明35)	19		
1903(明36)	11	4051	
1904(明37)	315		日露戦争 戦場掃除及戦死者埋葬規則
1905(明38)	91	4457	日露戦争
1906(明39)	23		※第4師団、日露戦争死没者合葬墓碑を建てる
1907(明40)	8		
1908(明41)	13		
1909(明42)	7		
1910(明43)	11		
1911(明44)	5		
1912(明45)	16	4540	
1913(大2)	0		
1914(大3)	7		対独戦争
1915(大4)	3		
1916(大5)	1		
1917(大6)	3		
1918(大7)	8		
1919(大8)	6		シベリア出兵
1920(大9)	6		
1921(大10)	4		
1922(大11)	4		
1923(大12)	0		
1924(大13)	1		
1925(大14)	0		
1926(大15)	0		
1927(昭2)	4		
1928(昭3)	0	4587	真田山尋常小学校に墓地の半分を譲渡
1929(昭4)	2		
1930(昭5)	0	4589	
1931(昭6)	2		満州事変
1932(昭7)	11		
1933(昭8)	4		
1934(昭9)	0		第4師団、満州事変戦没者合葬墓碑を建てる
1935(昭10)	5		
1936(昭11)	2		
1937(昭12)	2	4615	日中戦争
1938(昭13)	0		陸軍墓地規則(※陸軍墓地と改称。個人建碑せず遺骨の合葬・参拝へ)
1939(昭14)	0		
1940(昭15)	0		
1941(昭16)	0		対英米宣戦布告、第二次世界大戦に日本も参加
1942(昭17)	0		
1943(昭18)	0		大阪府仏教会、仮忠霊堂(納骨堂)を建て、陸軍に献納
1944(昭19)	0		
1945(昭20)	1	4616	ポツダム宣言受諾、降伏文書に調印。第二次世界大戦終結
1946(昭21)	0		
合計	4616		

※堀田暁生氏作成「埋葬人名簿データ」(2017年版)を基本とした。ただし、2018年に入り補訂があったがそれに基づく補訂は行っていない。また歴博調査の名簿による補正を加味した。

3　戦時期・平時期別に見た個人墓碑建立状況

西暦	年号	戦時期	平時	備考1	備考2
1870～76	明3～9		259		
1877	明10	976		西南戦争	
1878～93	明11～26		874		
1894～95	明27～28	1782		日清戦争	うち軍役夫・俘虜等非軍人が934人
1896～1903	明29～36		160		
1904～05	明37～38	406		日露戦争	（別に合葬墓碑。約4,000人）
1906～13	明39～大2		83		
1914	大3	7		対独戦争	
1915～18	大4～7		15		
1919～22	大8～11	20		シベリア出兵	
1923～30	大12～昭5		7		
1931～32	昭6～7	13		満州事変	（別に合葬墓碑1基）
1933～35	昭8～11		11		
1937～45	昭12～20	3		日中・太平洋戦争	（別に納骨堂あり。約8,250人）
合計		3207	1409		

※前の表より作成。「戦時期」とは戦争が行われた年という意味で、必ずしも戦争による死者のみを含むものではない。また、「平時」においても戦争に起因する死者があったことを考慮しなければならない。

4　納骨堂、被葬者遺骨の年次別推移と遺骨の有無

年次	納骨数	遺骨の有無			遺骨無しのうち				
		開封不能・不明	遺骨有	遺骨無	写真等遺品	位牌のみ	懐中名号	砂等	何もなし
1937	88	3	75	10	4	0	0	1	5
1938	263	2	226	35	11	2	0	0	22
1939	935	13	872	50	11	0	1	1	37
1940	896	28	852	16	6	0	6	0	4
1941	555	12	506	37	19	0	1	4	13
1942	950	441	443	66	37	2	1	18	8
1943	1018	174	650	194	91	42	10	16	35
1944	1088	51	315	722	329	362	1	1	29
1945	215	14	75	126	51	67	0	0	8
1946	1	0	0	1	1	0	0	0	0
1947	5	4	0	1	1	0	0	0	0
1948	0	0	0	0	0	0	0	0	0
1949	1	0	1	0	0	0	0	0	0
1950	0	0	0	0	0	0	0	0	0
年不記載	2233	87	1909	237	48	7	16	24	142
年疑問	1	0	1	0	0	0	0	0	0
合計	8249	829	5925	1495	609	482	36	65	303

（注）2010～12年度学術振興会科学研究費補助金（基盤研究(B)）研究課題「旧真田山陸軍墓地内納骨堂の悉皆調査」から見る『戦没者慰霊』の歴史的実相」（課題番号 22320135）による被葬者調査データから作成。

5　納骨堂、位牌を有する被葬者のうち遺骨の有無の年次別推移

年次	全体	位牌あり			
			開封不能	遺骨有	遺骨無(うち位牌のみ)
1937	88	0	0	0	0(0)
1938	263	2	0	0	2(2)
1939	935	0	0	0	0(0)
1940	896	0	0	0	0(0)
1941	555	0	0	0	0(0)
1942	950	6	0	0	6(2)
1943	1018	70	0	2	68(42)
1944	1088	698	5	16	677(362)
1945	215	142	3	29	110(67)
1946	1	0	0	0	0(0)
1947	5	0	0	0	0(0)
1948	0	0	0	0	0(0)
1949	1	0	0	0	0(0)
1950	0	0	0	0	0(0)
年不記載	2233	17	0	1	16(7)
年疑問	1	0	0	0	0(0)
合計	8249	935	8	48	879(482)

（注）2010～12年度学術振興会科学研究費補助金（基盤研究(B)）研究課題「旧真田山陸軍墓地内納骨堂の悉皆調査」から見る『戦没者慰霊』の歴史的実相」（課題番号 22320135）による被葬者調査データから作成。

6　納骨堂、戦没地別被葬者数の推移

	全体	1940年まで	1941年	1942年	1943年	1944年	1945年	1946年	1947年	1948年	1949年	1941～49年	年不詳
中国	856	458	51	146	153	26	15	0	0	0	1	392	6
満州	90	53	1	14	15	6	0	0	0	0	0	36	1
フィリピン	389	0	1	366	3	7	3	1	3	0	0	384	5
インドシナ、タイ、ミャンマー	27	0	0	4	2	14	6	0	0	0	0	26	1
インドネシア	7	0	0	0	0	5	1	0	1	0	0	7	0
ニューギニア	34	0	0	2	29	2	0	0	0	0	0	33	1
ソロモン諸島	38	0	0	2	36	0	0	0	0	0	0	38	0
マリアナ諸島	247	0	0	0	0	247	0	0	0		0	247	0
硫黄島	22	0	0	0	0	0	22	0	0	0	0	22	0
海上	370	0	0	0	11	348	10	0	0	0	0	369	1
沖縄	0	0	0	0	0	0	0	0	0	0	0	0	0
その他(本土等)	375												
合計	2455	511	53	534	249	655	57	1	4	0	1	1554	15
戦没地不記載	5794	1671	502	416	769	433	158	0	1	0	0	2279	2218
納骨数	8249	2182	555	950	1018	1088	215	1	5	0	1	3833	2233

(注) 2010～12年度学術振興会科学研究費補助金(基盤研究(B))研究課題「旧真田山陸軍墓地内納骨堂の悉皆調査」から見る『戦没者慰霊』の歴史的実相」(課題番号22320135) による被葬者調査データから作成。

7　日本国内の主な陸海軍墓地

1 陸軍墓地

都道府県	陸軍墓地名	都道府県	陸軍墓地名
北海道	旭川　札幌　〔函館〕台町　〔函館〕	滋賀県	八日市　大津
	柏野	京都府	〔京都〕伏見　舞鶴　福知山
青森県	青森幸畑　弘前	奈良県	奈良
岩手県	盛岡	大阪府	〔大阪〕真田山　信太山　高槻
秋田県	秋田	兵庫県	篠山　〔姫路〕栗林山
宮城県	仙台	和歌山県	和歌山　深山
山形県	山形	鳥取県	鳥取
福島県	会津若松	島根県	〔浜田〕長沢　松江
栃木県	宇都宮	岡山県	岡山
群馬県	高崎　沼田	広島県	〔広島〕比治山　〔広島〕戸坂山　福
茨城県	水戸	山口県	山
埼玉県	（記載なし）	香川県	〔山口〕山崎　〔山口〕初瀬ヶ原
東京都	音羽　東京　（雑司ヶ谷）	愛媛県	〔下関〕部府前　下関
千葉県	柏　国府台　習志野　佐倉　下志	徳島県	丸亀　善通寺
	津　千葉	高知県	〔松山〕丸山　ロシア人　御幸
神奈川県	相模原　〔横須賀〕平作	福岡県	〔徳島〕蔵本
新潟県	新発田　村松　高田		〔高知〕朝倉　（高知）
長野県	松本		〔小倉〕千堂　〔小倉〕高坊　小倉
山梨県	甲府		〔福岡〕千代松原　〔福岡〕谷　大刀
静岡県	三島　静岡　浜松		洗　久留米
富山県	〔富山〕長岡	大分県	〔大分〕四手ヶ丘
石川県	金沢	佐賀県	（佐賀）
福井県	鯖江　敦賀	長崎県	大村　長崎　峰坂　厳原　鶏知
岐阜県	岐阜	熊本県	〔熊本〕小峰　〔熊本〕花岡山
愛知県	豊橋　名古屋	宮崎県	都城
三重県	津	鹿児島県	〔鹿児島〕永吉
		沖縄県	那覇

（注）墓地名の前に慣用的につけられている地名等は〔　〕で表記した。存在自体不明のものは（　）で囲んだ。

（出典）山辺昌彦「日本全国における旧陸軍墓地の現状」（旧真田山陸軍墓地とその保存を考える会編『旧真田山陸軍墓地を考える』4　2003年）掲載の各表のうち「日本国内の陸軍墓地一覧」より作成

2 海軍墓地

東京白金　横須賀　舞鶴　呉　佐世保　函館　佐賀関

8　関係年表

西暦(年号)	月日	真田山陸軍墓地および陸軍墓地一般に関する事項	月日	一般事項
1870(明3)			4.–	大阪に陸軍所設置
1871(明4)	4.10	真田山が陸軍御用地となり埋葬地になる。祭魂社(招魂社)を設ける	7.14	廃藩置県
			8.–	仙台、東京、大阪、熊本に鎮台
1873(明6)	12.15	**下士官兵卒埋葬一般法則**(遺体引渡不能の場合埋葬地に埋葬)	1.10	徴兵令布告
1877(明10)	4.1	大阪に陸軍臨時病院開設。西南戦争傷病者の治療にあたり、死没者の真田山埋葬を始める	2.15	西南戦争(～9月24日)
	9.–	凱旋中の船舶や汽車の中でコレラの感染が拡大		
1886(明19)		**陸軍隊附下士兵卒埋葬規則**		
1888(明21)			5.12	鎮台制を師団制に改編
1889(明22)			2.11	大日本帝国憲法発布
1894(明27)	7.17	**戦時陸軍埋葬規則**(戦場で火葬・埋葬ができることとなる)	8.1	日清戦争始まる(～95年4月17日。講和条約締結後台湾領有のための戦闘が長く続く)
	11.9	大阪陸軍臨時病院で死去した清国兵捕虜を埋葬(のちさらに6名)		
1897(明30)	8.17	**陸軍埋葬規則**(戦地で死亡、火葬されても、後に必ず編成地にある陸軍埋葬地に墓碑を建立することとなる)		
1900(明33)			6.–	北清事変(～01年9月7日)
1904(明37)	5.30	**戦場掃除及戦死者埋葬規則制定**	2.10	日露戦争(～05年9月5日講和条約調印)
1906(明39)	11.–	日露戦争戦病死者の合葬墓碑を階級別に4基建立		
1911(明44)	12.9	清水谷高等女学校、学校行事の義勇日で真田山墓参開始		
1914(大3)			8.23	ドイツに宣戦布告
1915(大4)	9.7	ドイツ兵俘虜中の病死者を真田山に埋葬(のちさらに1人埋葬)	5.9	対華21ヵ条要求
1918(大7)			8.2	シベリア出兵(～25年5月15日撤退完了)
1927(昭2)			4.1	徴兵令を兵役法に改める
1928(昭3)	3.3	埋葬地南側を大阪市立真田山尋常小学校に譲り、墓碑を大規模に移転、改葬		
1931(昭6)	5.5	第4師団師団長が参拝中、同じく墓参のドイツ領事と会う。碑文中「俘虜」の文字削除を決定	9.18	満州事変始まる(十五年戦争の開始)
1937(昭12)			7.7	盧溝橋事件(日中戦争へ)
1934(昭9)	9.–	満州事変戦病没将兵合葬墓を建立		
1938(昭13)	5.5	**陸軍墓地規則**(陸軍墓地と改称。埋葬地から遺骨の合葬・参拝の場へ)	4.1	国家総動員法公布

1939（昭14）	7.7	（財）大日本忠霊顕彰会、全国で忠霊塔建立運動を始める		
1941（昭16）	7.19	**陸軍墓地規則改正**、忠霊塔を陸軍墓地に位置づける	12.8	マレー半島上陸・真珠湾攻撃。対米英宣戦布告
1943（昭18）	8.25	大阪府仏教会、「仮忠霊堂」（納骨堂）を献納。第1回「分骨合祀祭」		
1945（昭20）	6.1	米軍の空襲で真田山陸軍墓地も被災	4.1	米軍、沖縄本島上陸（6月23日、沖縄守備軍全滅）
	8.15	大阪憲兵隊に留置の米軍捕虜搭乗員5人、真田山で殺害され埋められる	8.15	終戦の詔勅放送
			9.2	降伏文書調印
	10.31	真田山陸軍墓地、大蔵省大阪財務局所管となる	12.1	陸軍省、海軍省廃止
1946（昭21）	8.1	大蔵省大阪財務局、旧真田山陸軍墓地を大阪市に無償貸与	11.3	日本国憲法制定、戦争放棄の国是を定める
1947（昭22）	3.18	**大蔵内務両次官、旧軍用墓地の祭祀に自治体の関与を避けるよう通達**		
	11.15	（財）大阪靖国霊場維持会成立		
1948（昭23）	9.24	大阪府南河内郡野田村遺族会、墓地内に169基の墓碑を建立		
1950（昭25）			6.25	朝鮮戦争（～53年7月休戦協定）
			8.10	警察予備隊令公布
1951（昭26）			9.8	対日平和条約・日米安全保障条約調印
1952（昭27）	11.–	（財）大阪靖国霊場維持会、第1回秋季慰霊大法要を実施。遺族・一般参拝1500人		
1954（昭29）	12.–	（財）大阪靖国霊場維持会理事吉川秀信、私財で集会所などを建設し、同会に寄附		
1966（昭41）	8.18	大阪市、表門鉄扉を復旧		
1971（昭46）	9.30	大阪市、納骨堂を修復		
1975（昭50）			4.30	ベトナム戦争終結
1991（平3）			1.20	湾岸戦争始まる
1996（平8）	10.–	国立歴史民俗博物館、墓地を学術調査（～2000年）		
2001（平13）	10.28	旧真田山陸軍墓地とその保存を考える会（第1回）が行われる		
2003（平15）	11.–	（財）大阪靖国霊場維持会、規約改正し、（財）真田山陸軍墓地維持会と改称	3.20	イラク戦争始まる
2004（平16）	9.8	旧真田山陸軍墓地とその保存を考える会がNPO法人となる		
2010（平22）	6.–	納骨堂の悉皆調査開始（～13年3月）		
2013（平25）	4.1	（財）真田山陸軍墓地維持会が（公財）真田山陸軍墓地維持会となる		

橘　尚彦（たちばな　よりひこ）1952年生まれ
日本民俗学会会員、城南郷土史研究会会員
「日露戦争と『忠霊殿』——京都府相楽郡出身戦死者の祭祀をめぐって」（城南郷土史研究会『やましろ』20、2005年10月）、「京都忠霊塔と霊山観音——東山・霊山山麓における戦死者祭祀をめぐって」（京都民俗学会『京都民俗』28、2011年3月）

塚﨑昌之（つかさき　まさゆき）1956年生まれ
関西大学非常勤講師
『地域のなかの軍隊第7巻・植民地・帝国支配の最前線』（吉川弘文館、2015年、共著）『日本の戦争遺跡』（平凡社新書、2004年、共著）

冨井恭二（とみい　きょうじ）1947年生まれ
元大阪府立高校教諭
「旅順要塞攻略戦——後備歩兵第九聯隊の壊滅」（『兵士がみた日露戦争』雄山閣、2012年）、「西南戦争と屯田兵」（『旧真田山陸軍墓地研究年報』2、2014年）

中下秀夫（なかした　ひでお）1930年生まれ
商事会社退職
「真田山陸軍墓地に見る兵卒の自殺」（『旧真田山陸軍墓地研究年報』6、2018年3月）、「日清戦争の留守家族扶助——真田山陸軍墓地に見る」（『大阪民衆史研究』第71号、2018年7月）

藤田裕介（ふじた　ゆうすけ）1989年生まれ
京田辺市教育委員会市史編さん室専門員
「交友倶楽部の成立と貴族院」（『近代日本の政治と地域』吉川弘文館、2019年）、『京都南、移転集落水垂の歴史と生活』（文理閣、2015年、共著）

堀田暁生（ほった　あきお）1945年生まれ
前大阪市史編纂所長
『大阪川口居留地の研究』（思文閣出版、1995年、共編著）、『地域の中の軍隊』4（吉川弘文館、2015年、共編著）

横山篤夫（よこやま　あつお）1941年生まれ
元関西大学非常勤講師
『戦時下の社会——大阪の一隅から』（岩田書院、2001年、単著）、『兵士たちがみた日露戦争』（雄山閣、2012年、共編著）

吉岡　武（よしおか　たけし）1937年生まれ
公益財団法人真田山陸軍墓地維持会常務理事　元空堀振興町会会長
「陸軍墓地の戦中・戦後」（『陸軍墓地が語る日本の戦争』ミネルヴァ書房、2006年）

編者・著者紹介（順不同）

※全員〈NPO 法人旧真田山陸軍墓地とその保存を考える会〉会員であり、理事・監事の役職あるいは墓地案内ボランティアの経験を有している。

小田康徳（おだ　やすのり） 1946 年生まれ
大阪電気通信大学名誉教授
『陸軍墓地が語る日本の戦争』（ミネルヴァ書房、2006 年、共編著）、『近代大阪の工業化と都市形成――生活環境から見た都市発展の光と影』（明石書店、2011 年、単著）

飯沼雅行（いいぬま　まさゆき） 1957 年生まれ
大阪府立芥川高等学校非常勤講師
「幕府広域役の命令と情報の伝達――琉球使節通航時の綱引役の場合」（『ヒストリア』217、2009 年 10 月）、「近世中期の朝鮮人来聘国役――畿内近国を中心に」（『交通史研究』91、2017 年 10 月）

今西聡子（いまにし　さとこ） 1965 年生まれ
大阪市立大学で留学生教育に従事、神戸女学院大学大学院博士課程にて学ぶ
「日本陸軍の軍事医療――病院・療養所」（『地域のなかの軍隊』第 8 巻、吉川弘文館、2015 年）、「日露戦争の癈兵問題と旧真田山陸軍墓地に立つ石灯籠」（『旧真田山陸軍墓地研究年報』 4 、2016 年）

岡田祥子（おかだ　さちこ） 1957 年生まれ
元大阪市立高校教諭

岡田蕗子（おかだ　ふきこ） 1986 年生まれ
大阪大学大学院文学研究科演劇学研究室助教
「手話演劇の様相――車座の実践と岸田理生の戯曲を通して」（『待兼山論叢』48 号 , 大阪大学文学会 , 2015）、A Continuous Issue of Surveillance Society; KISHIDA Rio's Kakurega (shelter) (1992) and Its Reconstruction Door (2017), Forum of Theatre and Drama, Korea National University of Arts, 2017,

奥田裕樹（おくだ　ゆうき） 1980 年生まれ
京都産業大学大学史編纂事務室嘱託職員
「日露戦争と戦死者慰霊――常陸丸事件の戦死者葬を事例に」（原田敬一編『近代日本の軍隊と社会』吉川弘文館、2019 年）、『小林善九郎関係文書調査報告書』（京丹後市教育委員会、2014 年、共編著）

小田直寿（おだ　なおひさ） 1985 年生まれ
大阪電気通信大学非常勤講師
「木村蒹葭堂の人物像について」（『蒹葭堂だより』15 号、2015 年 11 月）、「家永三郎の思想的生涯の出発点」（『日本歴史』第 838 号、2018 年 3 月）

〔装丁〕清水　肇［prigraphics］
〔組版〕小山　光

旧真田山陸軍墓地、墓標との対話

2019年11月30日　初版第1刷発行

編 著 者――小田康徳

発 行 者――小笠原正仁

発 行 所――株式会社 阿 吽 社
〒602-0017 京都市上京区衣棚通上御霊前下ル上木ノ下町73-9
TEL 075-414-8951　FAX 075-414-8952
URL : aunsha.co.jp
E-mail : info@aunsha.co.jp
印刷・製本――モリモト印刷株式会社

ISBN978-4-907244-39-2 C0021
定価はカバーに表示してあります